国家示范性骨干高职院校建设项目
高职高专财务会计类专业规划教材

财务管理实务

张卫东　任翔燕　芦晓莉　主编

上海财经大学出版社

图书在版编目(CIP)数据

财务管理实务/张卫东,任翔燕,芦晓莉主编.—上海:上海财经大学出版社,2015.3
国家示范性骨干高职院校建设项目
高职高专财务会计类专业规划教材
ISBN 978-7-5642-2098-3/F·2098

Ⅰ.①财… Ⅱ.①张…②任…③芦… Ⅲ.①财务管理-高等职业教育-教材 Ⅳ.①F275

中国版本图书馆CIP数据核字(2015)第014996号

□ 责任编辑 顾晨溪
□ 封面设计 张克瑶

CAIWU GUANLI SHIWU
财 务 管 理 实 务
张卫东 任翔燕 芦晓莉 主编

上海财经大学出版社出版发行
(上海市中山北一路369号 邮编200083)
网 址:http://www.sufep.com
电子邮箱:webmaster @ sufep.com
全国新华书店经销
上海叶大印务发展有限公司印刷装订
2015年3月第1版 2018年5月第4次印刷

787mm×1092mm 1/16 16.75印张 428千字
印数:7 001—8 500 定价:38.00元

国家示范性骨干高职院校建设项目
高职高专财务会计类专业规划教材

前　言

《财务管理实务》是财经类专业核心课程。本门项目化课程的建设，从课程设计理念、课程标准、实训指导书设计、多媒体课件开发、案例库组织、理财背景资料、重点技能解析、网络资源的整合与使用等方面，做了诸多有益的探索，所有课程资源建设力求完备精良。

一、项目化课程设计思路

在项目化课程建设中，打破以知识传授为主的传统课程模式，转变为以工作项目任务为中心组织课程内容，在邀请会计行业专家对财务会计岗位群、财务管理岗位群相应的职业领域与岗位工作能力要求分析的基础上，以财务管理岗位为核心、以业务流程为主线，按照高职学生认知特点，开展项目化课程开发。《财务管理实务》项目化课程开发分为以下六个步骤：第一步，财经类岗位招聘能力需求研究；第二步，财务管理职业岗位群分析；第三步，财务管理岗位任务流程分析；第四步，财务管理工作项目分析；第五步，财务管理工作任务分析；第六步，制定项目化课程标准和配套实训实施方案。

按照“以岗定学、任务驱动、项目导向”的设计理念，从职业岗位能力出发，以工作过程为导向，按照专业与产业对接、课程内容与职业标准对接、教学过程与生产过程对接、学历证书与职业资格证书对接、职业教育与终身学习对接“五个对接”的原则，参考职业标准和岗位群工作能力要求进行项目化课程整体设计，确定课程目标、课程内容、能力训练项目，制定《财务管理实务课程标准》和《实训实施方案》。

项目化课程建设过程中的四个依据原则是：

(1)依据“以岗定学、任务驱动、项目导向”的项目化课程设计理念。

(2)依据“外部调研、整合重构，内部提炼、循环提升”课程体系设计思路。

(3)依据“理论与实践一体化、课堂与实训一体化”设计实训教学环节。

(4)依据“实践性、开放性、职业性”相互融合，组织项目化教学和实践教学。

在课程建设中，改革教学模式，运用项目化、系统化的课程开发方法，根据岗位分析、业务流程分解确定课程内容，遵循“产教结合、校企合作、工学结合”人才培养模式，打造“理论知识、实践操作、技能考证、顶岗实习”相融合的课岗证一体化的教学模式，注重学生职业综合能力和可持续发展能力的培养。

二、项目化课程目标制订

课程性质：《财务管理实务》是高等职业院校财务管理、会计学等专业的专业核心课程。它是以资本市场为背景、以公司制企业为研究对象、以财务管理的环节为主线，讲授企业资本运作各环节的筹划、决策、管理和分析。课程以“技术技能型人才”为培养目标，培养学生财务管理的专业能力、方法能力和社会能力。

课程目标：按照“以岗定学、校企融合”人才培养模式，通过项目教学与配套实习实训，使学生具备财务管理业务的基本操作方法和技能，掌握企业投资决策管理、筹资管理、营运资金管理、收益分配管理、财务预算、财务分析的专业方法，并具有一定的综合分析能力和解决实际问题的能力，能够胜任中小企业财务管理工作。

三、项目化课程教学内容选择

按照项目化课程开发思路，通过大量的社会行业岗位调研和工作流程分析，我们归纳确定财务管理工作的六大典型工作岗位：(1)筹资管理岗位；(2)投资管理岗位；(3)营运资金岗位；(4)收益分配岗位；(5)财务预算岗位；(6)财务分析岗位。

在专业岗位调研、岗位能力分析的基础上，由校企合作专家团队和骨干教师团队共同参与研讨，将财务管理工作项目化内容归纳整合为十大工作项目：财务管理基本认知、财务管理计算技能、筹资管理、资金成本与资本结构、项目投资管理、证券投资管理、营运资金管理、收益分配管理、财务预算管理、财务分析，并进一步细化为28个工作任务。

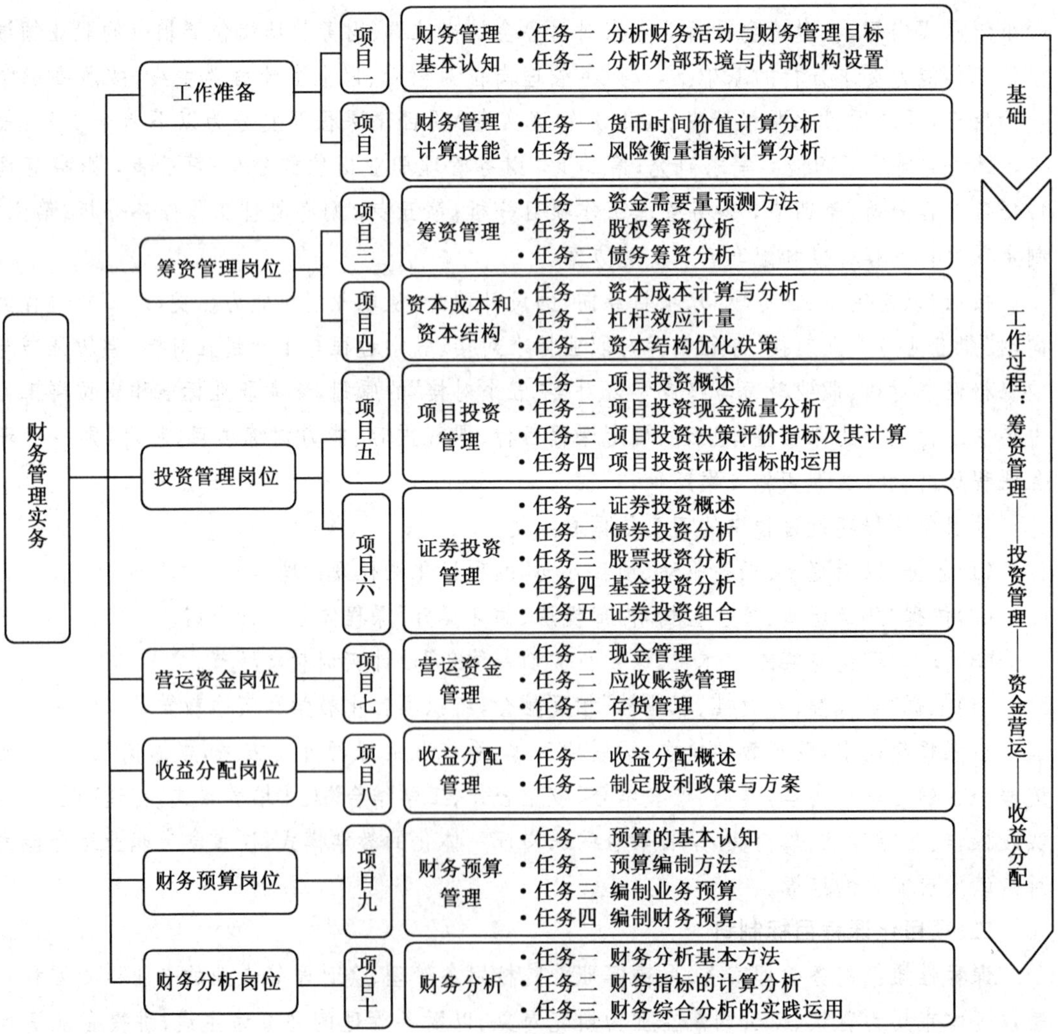

《财务管理实务》项目化课程建设取得了优异的成果，2012年12月成为山东省教育厅省级精品课程（课程网站：http://jpkc.jnvc.cn/cgkcq/cwgl/index.html）。以上是我们在课程建设领域的一些探索和心得，欢迎广大同行指正和交流。

本书由济南职业学院财经系张卫东、任翔燕、芦晓莉主编，具体分工如下：项目一、三、九、十由张卫东撰写，项目四、六、七由任翔燕撰写，项目二、五、八由芦晓莉撰写。本书在撰写过程中参阅了大量国内外的研究成果及同类教材，在此一并表示感谢。

济南商苑商贸有限公司总经理丁光亮为本规划教材的出版给予了大力支持与帮助，在此深表谢意。

由于时间仓促，加之作者水平有限，本书难免存在问题与不足，敬请读者批评指正。

编 者

2015年2月

目　录

项目一

财务管理基本认知

导学案例

小宋是刚从大学毕业的大学生，现在在华兴公司做财务工作。在公司工作一年后，小宋选择了自己创业。他经过和老师、亲朋的商量后，拟开办一家小型食品公司。

小宋在筹建食品公司时遇到了许多问题，让小宋有些手忙脚乱，可问题再多，公司还得开下去。小宋结合在大学所学的财务管理知识，经过认真的思考，列举了以下重要事项需要解决：(1)食品公司的选址与设计。(2)食品厂建造及其设备需要的费用。(3)钱从哪里来？(4)食品厂如何经营？如原材料采购、销售等。(5)公司有了收益后，如何分配？

小宋决定招聘一名财务顾问，帮助他规划、管理与财务相关的问题。

如果你是小宋的财务顾问，你将如何解决这些问题呢？

财务管理是伴随生产管理的需要而产生的。随着社会生产力的发展，财务管理也经历了一个由简单到复杂、由低级到高级的发展过程。

西方财务管理的发展过程大体经历了三个阶段：

第一阶段为萌芽阶段，从商品生产和商品交换的产生到19世纪中期。18世纪产业革命发生后，工厂化的机器生产方式取代了手工作坊、工场手工业生产方式，商品生产和商品交换有了进一步的发展，财务活动日益增多起来，但当时企业组织结构比较简单，企业内外部的财务关系比较单纯，其财务管理工作大多由企业业主直接进行，企业中没有独立的财务管理部门。

第二阶段为发展阶段，从19世纪末至20世纪40年代。这一阶段企业的生产经营规模不断扩大，股份公司和托拉斯不断建立，企业的资金需要量大为增加，财务活动越来越复杂，由企业主自己从事财务管理工作已不可能，专门的财务管理工作便应运而生。

第三阶段为现代化阶段，从20世纪50年代至今。这个时期，企业的财务活动和财务政策日益复杂和敏感，对财务管理提出了更高的要求。现代的西方企业财务管理，以创造最大价值为目标，在管理内容上，逐渐由资金筹集、资金运用扩展到资金分配；在管理手段上，广泛实行财务预测，加强预算控制，进行时间价值和风险价值分析；在管理方法上，普遍运用数量模型和计算机等现代化计算分析工具，使财务管理的综合性大为增强，财务管理逐渐成为现代企业管理的关键组成部分。

我国企业财务管理也经历了一个很长的历史发展过程。在漫长的封建社会中，商品经济处于从属地位,财务管理也处于一种萌芽状态。到了半殖民地半封建的旧中国,商品经济有了进一步的发展,一些较大的企业开始设置专门的财务管理部门,委派专职的财务管理人员,从而产生了独立的企业财务管理工作。

新中国成立后,我国建立了集中计划管理和统收统支的财务管理体制,企业财务管理的任务是完成国家下达的计划指标,企业无自主筹集资金的必要,也无自主使用资金的权力,财务管理工作相对薄弱。改革开放以后,随着我国社会主义市场经济体制的逐步建立,企业成为直接面向市场、自主经营、自负盈亏、自我发展、自我积累的经济实体,企业理财的环境和内容均有较大的变化,财务管理的地位和作用也不断增强。

财务管理产生和发展的历史表明:财务管理是商品经济条件下企业最基本的经济管理活动,商品经济越发达,市场经济越发展,财务管理就越重要。发展市场经济,必须高度重视和大力加强财务管理工作。

任务一　分析财务活动与财务管理目标

【知识目标】

1. 掌握企业财务活动;
2. 了解企业各方面的财务关系;
3. 掌握财务管理的目标;
4. 财务管理目标的协调。

【技能目标】

1. 能够分清企业各种财务活动及相互关联;
2. 能够分清企业各方面的财务关系特点;
3. 能够分析财务管理目标。

财务管理是组织企业财务活动、处理企业与各方财务关系的一项综合性管理工作。财务管理是企业最基本的管理活动,是在一定的整体目标下,企业组织财务活动、处理财务关系的一种经济管理行为。财务管理区别于其他管理的特点在于它是一种价值管理,利用资金价值规律合理配置经济资源,通过对企业各种资金的筹集、使用、收入和分配进行预测、决策、控制、核算、分析与考核,提高资源配置效率,促使企业以尽可能少的资金占用,取得尽可能多的经济效益。企业在进行各项财务活动时,又必然要与各方面发生财务关系。

一、财务活动与财务关系

(一)财务活动

企业在生产经营中客观存在着财务活动,必然要与各方面发生财务关系,财务管理正是基于企业再生产过程中客观存在的财务活动和财务关系而产生的,是企业组织财务活动、处理企业与各方面财务关系的一项经济管理工作。所谓财务活动,是指资金的筹集、运用、收回及分配等一系列行为,具体包括筹资活动、投资活动、资金营运活动、分配活动。

1. 筹资活动

筹资是指企业为了满足投资和资金营运的需要，筹集所需资金的行为。筹资活动可以看成公司理财中首要的、基本的环节。企业筹资决策所要解决的问题是如何取得企业经营发展所需要的资金，包括筹集规模、筹资时效、筹资渠道、筹资方式等问题。筹资决策的关键在于决定各种资金来源在总资金中所占的比重，即注重资本结构的合理安排，以使筹资风险、筹资成本与期望资金收益相匹配。

企业筹措的资金可分为两类：一是企业的股权资本。它是通过吸收直接投资、发行股票、企业内部留存收益等方式取得的。二是企业债务资金。它是企业通过向银行借款、发行债券、应付款项等方式取得的。

2. 投资活动

投资是指企业根据项目资金需要投出资金的行为。投资可以分为广义和狭义两种。广义的投资是指企业将筹集的资金投入使用的过程，包括企业内部使用资金的过程（如购置流动资产、固定资产、无形资产等）以及对外投放资金的过程（如投资购买其他企业的股票、债券或与其他企业合资经营）。狭义的投资仅指企业的对外投资。

投资活动是企业所有决策中最为关键、最为重要的活动，对企业未来经营成败具有根本性的影响。投资必须考虑投资规模、投资方向和投资方式的选择，确定合理的投资结构，以提高投资效益并同时降低投资风险。

3. 资金营运活动

资金营运活动主要是为满足企业日常经营活动的要求而垫付资金的行为。资金营运与生产经营周期具有一致性。在一定时期内资金周转越快，就可以利用相同数量的资金，生产出更多的产品，取得更多的收入，获得更多的报酬，因此，如何加速资金周转、提高资金利用效果，是日常财务管理的主要考量。

4. 分配活动

企业通过投资过程（包括对内投资和对外投资）取得价值增值，分配总是作为投资的结果而出现的。利润分配是针对非股份制企业而言的，股利分配是针对股份制企业而言的，两者主要指的是企业实现的净利润如何进行分配，即有多少分配给投资者（股东）、有多少留在企业作为再投资之用。

如果利润（股利）分配过多，会影响企业再投资能力，使未来收益减少，不利于企业发展；如果利润（股利）分配过少，可能引起投资者（股东）不满。因此，利润（股利）决策的关键是确定利润（股利）的支付率。影响企业利润（股利）决策的因素很多，企业必须根据自身的具体情况确定企业最佳的利润（股利）决策。

上述财务活动存在着相互作用、相互依存的逻辑关系，如图 1—1 所示，这四种不同的财务活动可以看成是为了实现价值目标的四种形式。

（二）财务关系

财务关系是指企业在进行财务活动过程中与有关方面所发生的经济利益关系。财务关系具体表现为：

（1）企业与所有者之间的财务关系，是指投资者按照投资合同、协议、章程的约定向企业投入资金，企业按照出资比例或合同、章程的规定向投资者支付投资报酬所形成的经济利益关系。

（2）企业与受资者之间的财务关系，是指企业以购买股票或直接投资的形式向其他企业投资，受资者应按规定分配给企业投资报酬所形成的经济利益关系。

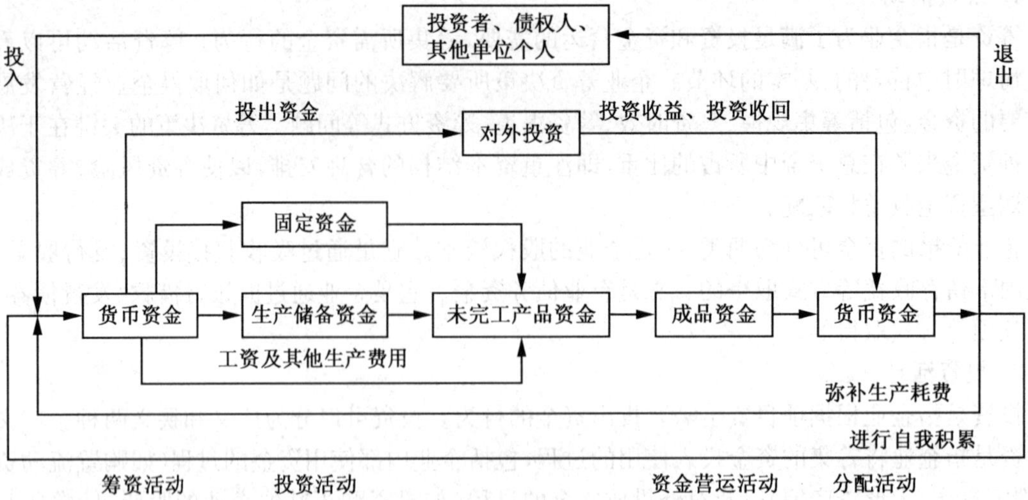

图1—1 财务活动的四个阶段

(3)企业与债权人之间的财务关系,是指企业向债权人借入资金、发行债券,并按借款合同等有关规定按时支付利息和归还本金,以及在购买活动中采用延期付款等与有关单位发生商业信用而形成的经济利益关系。

(4)企业与债务人之间的财务关系,是指企业向债务人提供借款、购买债券,并按照约定的条件要求债务人支付利息和归还本金,以及在营业活动中延期收款等发生商业信用而形成的经济利益关系。

(5)企业与内部各单位之间的财务关系,是指企业内部各单位之间在生产经营各环节中形成的资金结算关系。企业内部形成了各单位与财务部门之间的领款、报销、代收、代付等收支结算关系,反映了企业内部各单位之间的经济利益关系。

(6)企业与职工之间的财务关系,是指向职工支付工资、津贴、奖金等劳动报酬,按照规定提取福利费和公益金、为职工代垫款项等而形成的经济利益关系,反映了职工个人和企业在劳动成果上的分配关系。

(7)企业与税务机关之间的财务关系,是指企业按照国家税法规定向税务机关缴纳流转税、所得税、资源税和其他各种税款。

二、财务管理的目标

企业的目标就是创造价值。从企业长期生存需要来看,企业不能是一个唯利是图的机构,而应是一个对社会负责的平台,在生产社会需要产品的同时,在追求价值升值的要求下,以保证自身的生存为前提,获得更为长久的发展。

企业目标对财务管理的目标有着深远的影响,企业目标为生存、发展、获利。三个目标相互紧密关联。

(1)生存目标:力求保持以收抵支和偿还到期债务的能力,减少破产的风险,使企业能长期、稳定地生存下去。企业只有生存,才可能获利。

(2)发展目标:企业是在发展中求得生存的。企业的生产经营如"逆水行舟",不进则退。企业必须不断推出更好、更新、更受顾客欢迎的产品,才能在市场中立足。

(3)获利目标:企业必须能够获利,才有存在的价值。建立企业的目的是营利。

企业目标决定财务管理目标,财务管理目标是一切财务活动的出发点和归宿。当今关于企业对财务管理目标最具有代表性的观点主要有以下三种:

(一)利润最大化

利润最大化是西方微观经济学的理论基础。这种观点认为:利润是企业在一定期间全部收入与全部费用的差额,它代表了企业所创造的财富;同时,利润的多少在一定程度上反映企业经济效益的高低和竞争能力的大小。如果每个企业都最大限度地创造利润,整个社会的财富才可能实现最大化,从而带来社会的进步和发展。所以,利润最大化作为财务管理的目标,有其合理的一面。

利润最大化观点的优点是:企业追求利润最大化,就必须讲求经济核算,加强管理,改进技术,提高劳动生产率,降低产品成本。这些措施都有利于企业资源的合理配置,有利于企业整体经济效益的提高。

利润最大化作为财务管理目标存在以下缺点:

(1)没有考虑利润取得与投入资本额的关系。该利润是绝对指标,不能真正衡量企业经营业绩的优劣,也不利于本企业在同行业中竞争优势的确立。

(2)不符合货币时间价值的理财原则。它没有考虑利润的取得时间,不符合现代企业"时间就是价值"的理财理念。

(3)不符合风险—报酬均衡的理财原则。它没有考虑利润和所承担风险的关系,增大了企业的经营风险和财务风险。

(4)可能导致企业短期财务决策倾向,影响企业长远发展。即只顾实现目前的最大利润,而不顾企业的长远发展,如忽视产品开发、人才培养、技术装备水平等。

(5)利润额的确定受会计政策的影响较大,即利润额是一个受人为因素影响较大的会计指标,这就给企业管理当局提供了进行利润操纵的空间。利润最大化作为企业财务管理的目标,只是对经济效益浅层次的认识,所以并不是财务管理的最优目标。

(二)股东财富最大化

股东财富最大化是指企业财务管理以实现股东财富最大化为目标。在上市公司,股东财富是由其所拥有的股票数量和股票市场价格两方面决定的。在股票数量一定时,股票价格达到最高,股东财富也就达到最大。

与利润最大化相比,股东财富最大化的主要优点是:

(1)考虑了风险因素,因为通常股价会对风险作出较敏感的反应。

(2)在一定程度上能避免企业短期行为,因为不仅目前的利润会影响股票价格,其未来的利润同样会对股价产生重要影响。

(3)对上市公司而言,股东财富最大化目标比较容易量化,便于考核和奖惩。

以股东财富最大化作为财务管理目标也存在以下缺点:

(1)适用范围存在限制。该目标只适用于上市公司,不适用于非上市公司,因此不具有普遍的代表性。因为非上市公司无法像上市公司一样随时准确获得公司股价。

(2)股票价格的高低受各种因素的影响,如国家政策的调整、国内外经济形势的变化、股民的心理等,有些是非正常因素,这些因素对企业管理当局而言是不可控的。

(3)它强调得更多的是股东利益,证券市场既是股东筹资和投资的场所,也是债权人进行投资的重要场所,同时还是经理人市场形成的重要条件。股东财富最大化片面强调站在股东立场的资本市场的重要性，而对其他相关者的利益重视不够，不利于证券市场的全面发展。

(4)不符合理财主体假设。理财主体假设认为，财务管理工作应限制在每一个经营上和财务上具有独立性的单位组织内，而股东财富最大化将股东这一理财主体与企业这一理财主体相混同，不符合理财主体假设。

(三)企业价值最大化

企业价值最大化是指企业财务管理行为以实现企业的价值最大化为目标。企业价值可以理解为企业所有者权益的市场价值，或者是企业所能创造的预计未来现金流量的现值。未来现金流量这一概念，包含了资金的时间价值和风险价值两个方面的因素。企业价值最大化要求企业通过采用最优的财务政策，充分考虑资金的时间价值和风险与报酬的关系，在保证企业长期稳定发展的基础上使企业总价值达到最大。

企业价值最大化的主要优点是：

(1)考虑了取得报酬的时间，并用时间价值的原理进行了计量。

(2)考虑了风险与报酬的关系。

(3)将企业长期、稳定的发展和持续的获利能力放在首位，能克服企业在追求利润上的短期行为，因为不仅目前利润会影响企业的价值，预期未来的利润对企业价值增加也会产生重大影响。

(4)用价值代替价格克服了过多受外界市场因素的干扰，有效规避了企业的短期行为。

企业价值最大化作为财务管理目标也存在以下缺点：

(1)企业的价值过于理论化，不易操作。尽管对于上市公司而言，股票价格的变动在一定程度上揭示了企业价值的变化，但是，股价是多种因素共同作用的结果，特别是在资本市场效率低下的情况下，股票价格很难反映企业的价值。

(2)企业价值计量方面存在问题。首先把不同理财主体的自由现金流混合折现不具有可比性，其次把不同时点的现金流共同折现不具有说服力。

(3)对于非上市公司，只有对企业进行专门的评估才能确定其价值，而在评估企业的资产时，由于受评估标准和评估方式的影响，很难做到客观和准确。

近年来，随着上市公司数量的增加，以及上市公司在国民经济中地位、作用的增强，企业价值最大化目标逐渐得到了广泛认可，被作为财务管理的目标。

三、财务管理目标的协调

不同利益主体在财务管理目标上的矛盾与协调决定了企业财务目标是企业价值最大化，在这一目标上，对财务活动所涉及的不同利益主体之间的矛盾进行协调，是财务管理目标中必须解决的问题。

(一)所有者与经营者的矛盾与协调

设想你是一个公司的老板，毫无疑问，你创办公司的目的是赚钱。当公司具有一定规模时，你难以对所有的事情都亲自过问，于是聘请了一位总经理。你当然希望他尽心尽力，以你这个老板的利益为中心，但事实会如你所愿吗？企业价值最大化直接反映了企业出资者的利益。但是，经营者的目标可能不同于所有者的目标。如果经营者追求他们自己的目标而不是股东的目标，我们说企业目标将出现分歧。那么经营者所要追求的最大化目标又是什么呢？

威廉姆森(Williamson)提出了"费用偏好"的概念。他指出经营者通过某些费用获得了价值。特别是公司的小汽车、办公家具、办公地点和自主决定投资的资金，产生了过度在职消费的倾向。这种过度消费所带来的后果是股东的利益受到了损失。这就是经济学上常说的所有权和经营权两权分离带来的代理成本。

对所有者来讲，经营者所得的利益正是其所放弃的利益，在理论上，这种放弃的利益也称为经营者的享受成本，但问题的关键不是经营者享受成本的多少，而是经营者增加享受成本的同时，是否更多地提高了企业价值。经营者和所有者的主要矛盾就是经营者希望在提高企业价值和股东财富的同时，能更多地增加享受成本，而所有者和股东则希望以较小的享受成本提高企业价值或股东财富。

当所有者和经营者之间存在冲突的时候，到底是所有者还是经营者控制了公司？这就涉及对公司控制权的认识问题。理论上认为，股东拥有公司的剩余控制权，但同时会存在经营者偏离股东目标的行为，这就要采用相应的机制来加以校正。所有者可以使用以下几种措施将经营者与所有者的利益联系在一起：

1. 解聘

解聘是所有者通过行政手段约束经营者的一种有效办法。其发生的原因就在于公司所有者（即股东）和经营者（即总经理）作为不同的利益主体，在实现自身利益最大化的过程中，会发生矛盾冲突。如果经营者未能使企业价值达到最大，就解聘经营者，经营者害怕解聘而被迫实现财务管理目标。

2. 接收

接收是一种通过市场约束经营者的办法。如果经营者经营决策失误，经营不力，不能采取一切有效措施使企业价值提高，该公司就可能被其他公司强行接收或购并，相应的经营者也会被解聘。为此，经营者为了避免这种接收，必须采取一切措施搞好经营。

3. 激励

激励就是将经营者的报酬与其绩效直接挂钩，以使经营者自觉采取能提高所有者财富的措施。这种方式也许是最有效的一种机制，它符合我们社会所推崇的“双赢”原则。

激励通常有股票期权、绩效股两种方式：

(1)股票期权，即允许经营者以约定的价格购买一定数量的本企业股票，股票的市场价格高于约定价格的部分就是经营者所得的报酬。经营者为了获得更大的股票涨价益处，就必然主动采取能够提高股价的行动，从而增加所有者财富。

(2)绩效股，即企业运用每股收益、资产收益率等指标来评价经营者绩效，并视其绩效大小给予经营者数量不等的股票作为报酬。如果经营者绩效未能达到规定目标，经营者将丧失原先持有的部分绩效股。这种方式使经营者为了多得绩效股而不断采取措施提高经营绩效，而且为了使每股市价最大化，也会采取各种措施使股票市价稳定上升，从而增加所有者财富。

4. 职业经理人员市场的竞争

职业经理人员市场的竞争也可以促使管理者在经营中以股东利益为重，否则他们将被其他人取代。但这种机制以存在良好健全的职业经理人员市场为前提。职业经理人员市场之所以会起作用，关键在于经理人员作为职业人员，看重自身的职业声誉，如果没有职业声誉，也就没有职业经理价值。

(二)所有者与债权人的矛盾与协调

所有者的财务目标可能与债权人渴望实现的目标发生矛盾。首先，所有者可能未经债权人同意，要求经营者投资于比债权人预计风险高的项目，这会增大偿债的风险，债权人的负债价值也必然会降低。若高风险的项目成功，额外的利润就会被所有者独享；但若失败，债权人却要与所有者共同负担由此而造成的损失。这对债权人来说风险与收益是不对称的。其次，所有者或股东未征得现有债权人同意，而要求经营者发行新债券或借新债，致使旧债券价值降低(因为相应的偿债风险增加)。

所有者与债权人的上述矛盾可以通过以下方法解决：

(1)限制性借款。它是通过对借款的用途限制、借款的担保条款和借款的信用条件来防止利用上述两种方法剥夺债权人的债权价值。

(2)收回借款。它是当债权人发现公司有侵害其债权价值的意图时，采取收回债权和不予重新放款的措施，来保护自身的权益。

(3)债转股。即通过合约方式，将部分债务转为股本，从而使债权人角色转换为股东角色，以实现两者利益的协同。

任务二　分析外部环境与内部机构设置

【知识目标】

1. 了解财务管理外部环境；
2. 认识财务管理机构的设置；
3. 认识财务经理的职责；
4. 掌握财务管理环节及相互关系。

【技能目标】

1. 能够分析财务管理外部环境；
2. 能够绘制公司财务管理机构设置图；
3. 能够描述财务经理的职责；
4. 能够分析财务管理环节及相互关系。

一、财务管理的环境

财务管理环境又称理财环境，是指对企业财务活动、财务关系产生影响作用的一切因素的总和。了解企业的财务管理环境，可以提高企业财务行为对环境的适应能力、应变能力及利用能力，有助于企业顺利实现财务管理目标。

财务管理环境按其与企业的关系，可分为内部财务管理环境与外部财务管理环境两大部分。企业内部财务管理环境是指企业内部影响财务管理的各种因素，如企业的生产技术情况、经营规模、资产结构、生产周期、企业文化等。企业外部财务管理环境是指企业外部影响财务管理的各种因素，如国家政治形势、经济形势、法律制度、企业面临的市场状况等。相对而言，内部环境比较简单，企业容易把握，而外部环境则难以控制和改变，更多的是适应和因势利导。本任务着重介绍影响企业的最主要的外部财务管理环境：技术环境、经济环境、法律环境和金融环境。

(一)技术环境

技术环境，是指财务管理得以实现的技术手段和技术条件，它决定着财务管理的效率和效果。目前我国进行财务管理所依据的会计信息是通过会计系统所提供的，占企业经济信息总量的60%～70%。在企业内部，会计信息主要是提供给管理层决策使用，而在企业外部，会计信息则主要是为企业的投资者、债权人等提供服务。

我国正全面推进会计信息化工作，建立健全会计信息化法规体系和会计信息化标准体系，打造会计信息化人才队伍，实现大型企事业单位会计信息化与经营管理信息化的融合，提升企事业单位的管理水平和风险防范能力，做到数出一门、资源共享，便于不同信息使用者获取、分析和利用，进行投资和相关决策。企业会计信息化的全面推进，必将促使企业财务管理的技术环境进一步完善和优化。

（二）经济环境

经济环境，是指国家在一定时期的各种经济政策以及经济发展水平。在影响财务管理的各种外部环境中，经济环境是最为重要的。经济环境的内容十分广泛，具体包括经济周期、经济发展水平、市场环境、宏观经济政策及社会通货膨胀水平等。

1. 经济周期

在市场经济条件下，经济发展总是表现为"波浪式前进，螺旋式上升"的态势，大体上经历复苏、繁荣、衰退和萧条几个阶段的循环，这种循环称为经济周期(Economic Cycle)。经济周期性波动对企业理财有重要影响，一般而言，在萧条阶段，由于整个宏观经济的不景气，企业处于紧缩状态之中，产销量下降，投资锐减，有时资金供应紧张，有时出现资金闲置。在繁荣阶段，市场需求旺盛，企业销量大幅上升，为了扩大生产，企业就要扩大投资，雇用更多的劳动力，这就要求财务人员及时地筹集所需资金，为企业的生存与发展提供有力的财务保证。经济周期各阶段的特征，如表1—1所示。

表1—1　　经济周期各阶段的特征

	复　苏	繁　荣	衰　退	萧　条
设备投资	增加厂房设备 实行长期租赁	扩充厂房设备	停止扩张 出售多余设备	建立投资标准 放弃次要利益
存货储备	建立存货	继续建立存货	削减存货 停止长期采购	削减存货
人力资源	增加劳动力	增加劳动力	停止扩招雇员	裁减雇员
产品策略	开发新产品	提高产品价格 开展营销规划	停产不利产品	保持市场份额 压缩管理费用

财务管理的发展水平也同经济发展水平密切相关，经济发展水平越高，财务管理水平也越高；经济发展水平越低，财务管理水平也越低。

2. 经济发展水平

财务管理的发展水平是和经济发展水平密切相关的，经济发展水平越高，财务管理水平也越好。财务管理水平的提高，将推动企业降低成本，改进效率，提高效益，从而促进经济发展水平的提高；而经济发展水平的提高，将改变企业的财务战略、财务理念、财务管理模式和财务管理的方法手段，从而促进企业财务管理水平的提高。

3. 市场环境

在市场经济条件下，每个企业都面临着不同的市场环境，这都会影响和制约企业的理财行为。企业所处的市场环境，通常有下列四种：

(1)完全垄断市场。处于这种环境下的企业，销售一般都不成问题，价格波动也不会很大，企业的利润稳中有升，不会产生太大的波动，因而风险较小，可利用较多的债务来筹集资金。

(2)完全竞争市场。处于这种环境下的企业，销售价格完全由市场来决定，价格容易出现上下波动，企业利润也会出现上下波动，因而不宜过多地采用负债方式筹集资金。

(3)不完全竞争市场。处于这种环境下的企业，是指存在一定程度控制力的竞争市场。在这类市场上有许多商品生产者，但不同生产厂家的产品存在一定的差异(如质量、牌号等)。这样，消费者在购买时要有所选择，使得有些厂家可以在一定程度上控制和影响市场。

(4)寡头垄断市场。处于不完全竞争市场和寡头垄断市场的企业，为了在竞争中取胜，关键是要使自己的产品超越其他企业的产品，具有独特性和创新性。需要在新产品研究与开发上投入大量资金，研制出新的优质产品，搞好售后服务，给予优惠的信用条件等。为此，财务管理人员要筹集足够的资金，用于研究与开发和产品推销。

4. 宏观经济政策

经济体制改革的目标是建立市场经济体制，解放和发展生产力。我国已经并正在进行财税体制、金融体制、外汇体制、外贸体制、计划体制、价格体制、投资体制、社会保障制度等各项改革。这些改革措施，深刻影响着企业的发展和财务活动的运行。例如，金融政策中的货币发行量、信贷规模会影响企业投资的资金来源和投资的预期收益；财税政策会影响企业的资金结构和投资项目的选择；价格政策会影响资金的投向和投资的回收期及预期收益；会计制度的改革会影响会计要素的确认和计量，进而对企业财务活动的事前预测、决策及事后的评价产生影响等。

5. 社会通货膨胀水平

通货膨胀对企业财务活动的影响主要表现在：引起资金占用的大量增加，从而增加企业的资金需求；引起企业利润虚增，造成企业资金由于利润分配而流失；引起利润上升，加大企业的权益资金成本；引起有价证券价格下降，增加企业的筹资难度；引起资金供应紧张，增加企业的筹资困难。

企业应当采取措施防范通货膨胀。在通货膨胀初期，货币面临着贬值的风险，这时企业进行投资可以避免风险，实现资本保值；应与客户签订长期购货合同，以减少物价上涨造成的损失；取得长期负债，保持资本成本的稳定。在通货膨胀持续期，企业可以采用比较严格的信用条件，减少企业债权；调整财务政策，防止和减少企业资本流失等。

(三)法律环境

影响企业的法律环境主要有：企业组织形式、公司治理结构、税收法规。

1. 企业组织形式

了解企业的组织形式，有助于企业财务管理活动的开展。按其组织形式不同，可将企业分为个人独资企业、合伙企业和公司。

(1)个人独资企业。个人独资企业是指依法设立，由一个自然人投资，财产为投资人个人所有，投资人以其个人财产对公司债务承担无限责任的经营实体。

(2)合伙企业。合伙企业是依法设立，由各合伙人订立合伙协议，共同出资，合伙经营，共享收益，共担风险，并对合伙企业债务承担无限连带责任的营利组织。

合伙企业具有开办容易、信用相对较佳的优点，但也存在责任无限、权力不易集中、有时决策过程过于冗长等缺点。

(3)公司。公司是指有限责任公司和股份有限公司。

公司组织形式已经成为西方大企业所采用的普遍形式，也是我国建立现代企业制度过程中选择的企业组织形式之一。本书所讲的财务管理，主要是指公司的财务管理。

三种企业组织形式的比较如表1－2所示。

表1－2　　企业组织形式的比较

<table>
<tr><th colspan="2">企业组织形式</th><th>出资人数</th><th>责任承担方式</th><th>偿债限额</th><th>税收形式</th><th>财务管理
组织形式</th></tr>
<tr><td colspan="2">个人独资企业</td><td>一人出资</td><td>一人偿还</td><td>无限</td><td>仅交个人所得税</td><td rowspan="2">所有权与经营权统一，出资人享有财务管理所有权利</td></tr>
<tr><td colspan="2">合伙企业</td><td>2人以上合伙出资</td><td>合伙人连带偿还</td><td>普通:无限
有限:有限</td><td>各自交个人所得税</td></tr>
<tr><td rowspan="2">公司制</td><td>有限责任</td><td>2～50个股东出资</td><td rowspan="2">公司、股东共同承担</td><td rowspan="2">公司以全部财产承担，股东以出资额为限承担</td><td rowspan="2">公司交企业所得税，股东交个人所得税</td><td rowspan="2">所有权与经营权分离
所有者：权益变动的决策权
经营者：日常经营活动的决策权</td></tr>
<tr><td>股份有限</td><td>公开发行等额股份，5个以上发起人，无上限</td></tr>
</table>

2. 公司治理结构

公司治理结构是指明确界定股东大会、董事会、监事会和经理人员职责和功能的一种企业组织结构。上市公司治理结构涉及公司最高权力机构的股东大会、对股东大会负责的决策机构即董事会、对董事会负责的执行机构即高级管理机构、监督机构即监事会和外部独立审计；作为对《公司法》关于公司治理结构的补充，中国证监会在《关于在上市公司建立独立董事制度的指导意见》和《上市公司治理准则》中引入和强化了独立董事制度。

公司治理机制是公司治理结构在运行中的表现，包括内部治理机制和外部治理机制。

内部治理机制是指为保证投资利益在公司内部通过组织程序明确股东、董事会和高级管理人员的权力分配和制衡关系，具体表现为公司章程、董事会议事规则、决策权力分配等一系列内部控制制度。

外部治理机制是通过企业外部主体如政府、中介机构和市场监督约束发生作用的，这些外部的约束包括法律、法规、合同、协议等条款。外部治理机制常表现为事后保障机制，需要充分准确的公司信息披露。

信息披露特别是财务信息披露是公司治理的决定因素之一，而公司治理的体系和治理效果又直接影响信息披露的要求、内容和质量。

3. 税收法规

税收是国家为了实现其职能，按照法律预先规定的标准，凭借政治权力，强制地、固定地、无偿地征收货币或实物的一种经济活动，也是国家参与国民收入分配和再分配的一种方法。税收具有强制性、无偿性和固定性三个显著特征。

税收按不同的标准，有以下几种类型：(1)按征税对象的不同，可分为流转税类、收益税(所得税)类、财产税类、资源税类和行为税类等；(2)按中央和地方政府对税收的管辖不同，可分为中央税(或称国家税)、地方税、中央与地方共享税三类；(3)按税收负担能否转嫁，可分为直接税和间接税；(4)按征收的实体，可分为货币税和实物税。

税法是由国家机关制定的调整税收征纳关系及其管理关系的法律规范的总称。我国税法的构成要素主要包括：

(1)征税人，是指代表国家行使征税职责的国家税务机关，包括国家各级税务机关、海关和财政机关。

(2)纳税义务人,也称纳税人或纳税主体,是指税法上规定的直接负有纳税义务的单位和个人。纳税义务人可以是个人(自然人)、法人、非法人的企业和单位,这些个人、法人、单位既可以是本国人,也可以是外国人。

(3)课税对象,即课税客体,是指税法针对什么征税而言。课税对象是区别不同税种的重要依据和标志。

(4)税目,是指某一税种的具体征税项目。它具体反映某一单行税法的适用范围。

(5)税率,是指应纳税额与课税对象之间的比率。它是计算税额的尺度,是税法中的核心要素。我国现行税率主要有比例税率、定额税率和累进税率三种。

(6)纳税环节,是指税法对商品从生产到消费的整个过程所选择规定的应纳税环节。

(7)计税依据,是指计算应纳税金额的根据。

(8)纳税期限,是指纳税人按税法规定在发生纳税义务后,应向国家缴纳税款的时限。

(9)纳税地点,是指缴纳税款的地方。纳税地点一般为纳税人的住所地,也有规定在营业地、财产所在地或特定行为发生地。纳税地点关系到税收管辖权和是否便利纳税等问题,在税法中明确规定纳税地点有助于防止漏征或重复征税。

(10)减税免税,是指税法对特定的纳税人或征税对象给予鼓励和照顾的一种优待性规定。我国税法的减免税内容主要有起征点、免征额和减免规定。

(11)法律责任,是指纳税人存在违反税法行为所应承担的法律责任,包括由税务机关或司法机关所采取的惩罚措施。

(四)金融环境

企业从事投资和经营活动,除了自有资金之外,主要从金融机构和金融市场取得。金融政策的变化必然影响企业的筹资、投资和资金运营活动。金融环境是企业最为主要的环境因素之一。

1. 金融机构

金融机构主要是指银行和非银行金融机构。

银行是指经营存款、放款、汇兑、储蓄等金融业务,承担信用中介的金融机构。主要职能是充当信用中介、提供信用工具、充当投资手段和充当国民经济的宏观调控手段。中国人民银行是我国的中央银行,代表政府管理全国的金融机构和金融活动,经理国库。我国银行主要包括各种商业银行和政策性银行。商业银行,是指以经营存款、贷款,办理转账结算为主要业务,以营利为主要经营目标的金融企业,包括国有商业银行(如中国工商银行、中国农业银行、中国银行和中国建设银行)和其他商业银行(如交通银行、广东发展银行、招商银行、光大银行等)。政策性银行,是指由政府设立,以贯彻国家产业政策、区域发展政策为目的,不以营利为目的的金融机构,主要包括中国进出口银行、国家开发银行、农业发展银行。

非银行金融机构,主要包括:

保险公司,主要经营保险业务,包括财产保险、责任保险、保证保险和人身保险。目前,我国保险公司的资金运用被严格限制在银行存款、政府债券、金融债券和投资基金范围内。

信托投资公司,主要是以受托人的身份代人理财。其主要业务有经营资金和财产委托、代理资产保管、金融租赁、经济咨询以及投资等。

证券机构,是从事证券业务的机构,包括证券公司、证券交易所、登记结算公司。

财务公司,通常类似于投资银行。我国的财务公司是由企业集团内部各成员单位入股,向社会募集中长期资金,为企业提供服务的金融股份有限公司。

金融租赁公司，是指办理筹资租赁业务的公司组织。其主要业务有动产和不动产的租赁、转租赁、回租租赁等。

2. 金融工具

金融工具是指融通资金双方在金融市场上进行资金交易、转让的工具，借助金融工具，资金从供给方转移到需求方。金融工具一般具有期限性、流动性、风险性和收益性四个基本特征。

(1)期限性是指金融工具一般规定了偿还期。

(2)流动性是指金融工具在必要时迅速转变为现金而不致遭受损失的能力。

(3)风险性是指购买金融工具的本金和预定收益遭受损失的可能性。一般包括信用风险和市场风险两个方面。

(4)收益性是指持有金融工具所能够带来的一定收益。

金融工具分为基本金融工具和衍生金融工具两大类。常见的基本金融工具有货币、票据、债券、股票等。衍生金融工具又称派生金融工具，是在基本金融工具的基础上通过特定技术设计形成的新的融资工具，如各种远期合约、互换、掉期、资产支持证券等，种类非常复杂、繁多，具有高风险、高杠杆效应的特点。

3. 金融市场

金融市场是指资金供应者和资金需求者双方通过一定的金融工具进行交易而融通资金的场所。金融市场的构成要素包括资金供应者和资金需求者、金融工具、交易价格、组织方式等。金融市场为企业融资和投资提供了场所，可以帮助企业实现长短期资金转换、引导资本流向和流量，提高资本效率。

金融市场可以按照不同的标准进行分类，具体如表 1—3 所示。

(1)以期限为标准，金融市场可分为货币市场和资本市场。货币市场又称短期金融市场，是指以期限在 1 年以内的金融工具为媒介，进行短期资金融通的市场，包括同业拆借市场、票据市场、大额定期存单市场和短期债券市场；资本市场又称长期金融市场，是指以期限在 1 年以上的金融工具为媒介，进行长期资金交易活动的市场，包括股票市场和债券市场。

(2)以功能为标准，金融市场可分为发行市场(一级市场)和流通市场(二级市场)。

(3)以融资对象为标准，金融市场可分为资本市场、外汇市场和黄金市场。

(4)以所交易金融工具的属性为标准，金融市场可分为基础性金融市场与金融衍生品市场。

(5)以地理范围为标准，金融市场可分为地方性金融市场、全国性金融市场和国际性金融市场。

表 1—3　　金融市场的分类

分类标准	分　类	特　点
期限	货币市场 (短期金融市场)	(1)期限短，1 年以内； (2)交易目的是解决短期资金周转； (3)金融工具有较强的“货币性”，具有流动性强、价格平稳、风险较小等特性
	资本市场 (长期金融市场)	(1)期限长，1 年以上； (2)融资目的是解决长期投资性资本的需要； (3)资本借贷量大； (4)收益较高但风险也较大

续表

分类标准	分 类	特 点
功能	发行市场(一级市场)	主要处理金融工具的发行与最初购买者之间的交易
	流通市场(二级市场)	主要处理现有金融工具转让和变现的交易
融资对象	资本市场	以货币和资本为交易对象
	外汇市场	以各种外汇金融工具为交易对象
	黄金市场	集中进行黄金买卖和金币兑换的交易市场
所交易金融工具的属性	基础性金融市场	以基础性金融产品为交易对象的金融市场,如商业票据、企业债券、企业股票的交易市场
	金融衍生品市场	以金融衍生产品为交易对象的金融市场,如远期、期货、掉期(互换)、期权,以及具有远期、期货、掉期(互换)、期权中一种或多种特征的结构化金融工具的交易市场
地理范围	地方性金融市场、全国性金融市场和国际性金融市场	

4. 利率

利率是利息占本金的百分比指标,是资金使用权的价格,可按照不同的标准进行分类:

(1)按利率之间的变动关系,分为基准利率和套算利率。

基准利率又称基本利率,是指在多种利率并存的条件下起决定作用的利率。套算利率是指在基准利率确定后,各金融机构根据基准利率和借贷款项的特点而换算出的利率。

(2)按利率与市场资金供求情况的关系,分为固定利率和浮动利率。

固定利率是指在借贷期内固定不变的利率,受通货膨胀的影响,实行固定利率会使债权人的利益受到损害。浮动利率是指在借贷期内可以调整的利率,在通货膨胀条件下采用浮动利率,可使债权人减少损失。

(3)按利率形成机制不同,分为市场利率和法定利率。

市场利率是指根据资金市场上的供求关系,随着市场而自由变动的利率。法定利率是指由政府金融管理部门或者中央银行确定的利率。

资金的利率通常由三部分组成:纯利率、通货膨胀补偿率、风险报酬率。

利率的一般计算公式如下:

利率=纯利率+通货膨胀补偿率+风险报酬率

纯利率是指没有风险和通货膨胀情况下的均衡点利率。

通货膨胀补偿率是指由于持续的通货膨胀会不断降低货币的实际购买力,为补偿其购买力损失而要求提高的利率。

风险报酬率包括违约风险报酬率、流动性风险报酬率和期限风险报酬率。违约风险报酬率是指为了弥补因债务人无法按时还本付息而带来的风险,由债权人要求提高的利率;流动性风险报酬率是指为了弥补因债务人资产流动不好而带来的风险,由债权人要求提高的利率;期限风险报酬率是指为弥补因偿债期长而带来的风险,由债权人要求提高的利率。

二、财务管理体制和内部机构的设置

(一)财务管理体制

1. 财务管理体制的一般模式

(1)集权型财务管理体制。集权型财务管理体制是指企业对各所属单位的所有财务管理决策都进行集中统一，各所属单位没有财务决策权，企业总部财务部门不但参与决策和执行决策，在特定情况下还直接参与各所属单位的执行过程。即主要管理权限集中于企业总部，各所属单位执行企业总部的各项指令。

(2)分权型财务管理体制。分权型财务管理体制是指企业将财务决策权与管理权完全下放到各所属单位，各所属单位只需对一些决策结果报请企业总部备案即可。

(3)集权与分权相结合型财务管理体制。集权与分权相结合型财务管理体制实质就是集权下的分权，企业对各所属单位在所有重大问题的决策与处理上实行高度集权，各所属单位则对日常经营活动具有较大的自主权。

2. 集权与分权的选择与应用

企业的财务特征决定了分权的必然性，而企业的规模效益、风险防范又要求集权。集权和分权各有利弊和特点：

财务管理体制的集权和分权，需要考虑企业与所属单位之间的资本关系和业务关系的具体特征，以及集权与分权的"成本"和"利益"。

集中的"成本"主要是各所属单位积极性的损失和财务决策效率的下降，分散的"成本"主要是可能发生的各所属单位财务决策目标及财务行为与企业整体财务目标的背离以及财务资源利用效率的下降。集中的"利益"主要是容易使企业财务目标协调和提高财务资源的利用效率，分散的"利益"主要是提高财务决策和调动各所属单位的积极性。

集权型或分权型财务管理体制的选择，本质上体现着企业的管理政策，是企业基于环境约束与发展战略考虑顺势而定的权变性策略。

3. 集权与分权相结合型财务管理体制的一般内容

总结中国企业的实践，集权与分权相结合型财务管理体制的核心内容，是企业总部应做到制度统一、资金集中、信息集成和人员委派。

具体集权内容主要有"七集中"：集中制度制定权，集中筹资、融资权，集中投资权，集中用资、担保权，集中固定资产购置权，集中财务机构设置权，集中收益分配权。

具体分权内容主要有"四分散"：分散经营自主权、分散人员管理权、分散业务定价权、分散费用开支审批权。

(二)内部机构的设置

不同的企业财务管理体制决定了企业设置不同的财务管理机构，但总体上可以分为三种类型：

1. 以会计为轴心的财务管理机构

会计核算职能与财务管理职能不进行分工，该机构同时履行这两种职能。内部以会计核算职能为轴心来划分内部职能，一般设总会计师、财务部经理、财务主管、总账报表与财务分析、出纳、费用核算、销售与应收项目核算、成本核算、存货与应付项目核算、权益与分配类核算、固定资产、无形资产、待摊项目、预提项目核算等岗位。

事实上，这样一种机构履行的主要是会计管理职能。

2. 与会计机构并行的财务管理机构

这种机构实行会计管理与财务管理职能分离，财务管理职能由独立于会计部门的财务管理部门执行。财务管理部门专施筹资、投资、分配岗位之职，以财务管理职能或财务管理活动为轴心来设立内部职能部门，划分内部职责。企业财务管理机构的设置如图1—2所示。

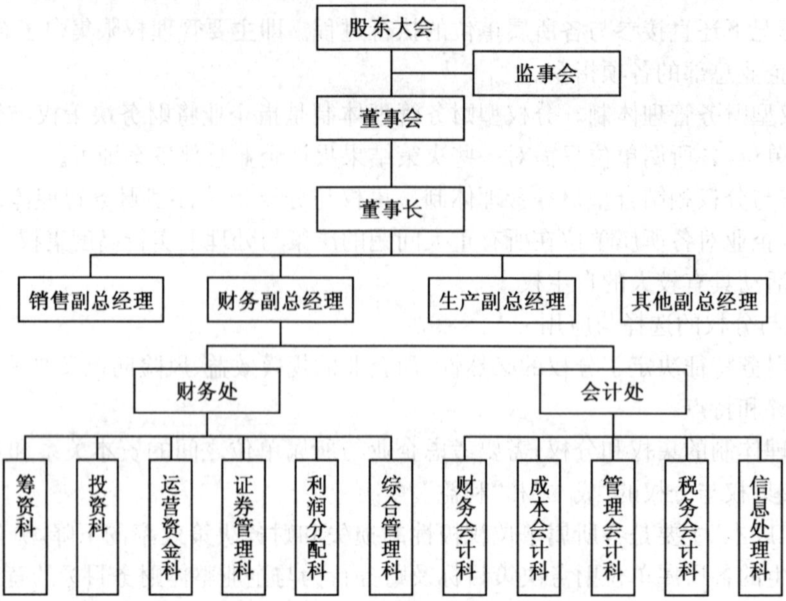

图 1—2 财务管理机构的设置

3. 公司型财务管理机构

一般设立于集团公司或者跨国公司内部。该种组织形式的职责包括：

(1)负责整个集团公司或者跨国公司的资金筹集，即从外部筹资，通常是通过金融市场业务取得资金。

(2)运用整个集团公司或者跨国公司的盈余资金或者单独筹集资金从事金融市场投资，买卖金融商品、提高信用放贷等。

(3)担当集团公司或者跨国公司内部银行的角色，在各成员企业之间融通资金、办理结算等。这种财务管理机构通常称为财务公司。

(三)财务经理的职责

在实务中，公司财务管理通常与公司高层管理人员有关，如财务副总裁(Vice-President of Finance，VP)或财务经理(或称首席财务官，Chief Financial Officer，CFO)。财务经理的大部分工作在于通过财务和会计工作为公司创造价值。

财务经理需要回答两个基本问题：一是如何在商品市场上进行实物资产投资，为公司未来创造价值；二是如何在金融市场上筹措资本，为投资者创造价值。对第一个问题的回答是公司的投资决策，也称资本预算决策，即根据公司的战略规划确定公司资本预算方法和程序，参与投资方案的财务评估；对第二个问题的回答是公司的筹资决策，即根据公司的需要与商业银行或投资银行一起选择或设计各种筹资工具、估算资本成本、设置资本结构和股利政策。

财务经理的职责可通过图 1—3 反映。

在发达国家，CFO 负责公司的财务管理工作，其下设立会计部门和财务部门，分别由主计长(Controller)和司库(Treasurer)负责，其下再根据工作内容设置若干科室。主计长的职责主要是通过各种会计核算工作向外部投资者和公司管理当局提供各种数量化的财务信息。司库的职责主要是负责公司的现金管理、资本筹措，以及与银行、股东及其他投资者保持联系。

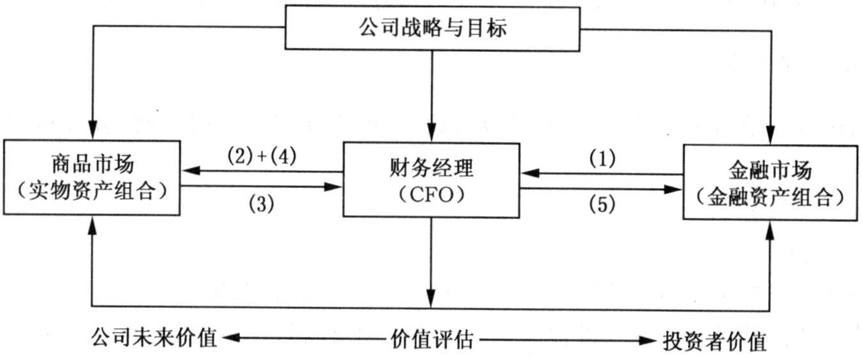

图 1—3　财务经理的职责

公司 CFO 的主要职责不仅是监管主计长和司库的工作，更重要的是根据公司战略规划和经营目标编制和调整财务计划，制定公司的财务政策等。在上述各种管理职责中，有的集中在财务部门，也有的由几个部门共同管理。如应收账款中的信贷限额可由财务部负责，也可由市场部负责，但由此引起的现金流量则必须通过财务部才能完成。

莱瑞・吉特曼和查尔斯・马克两位学者在 20 世纪 90 年代曾对美国1 000家大型公司中的财务经理进行调查，了解他们如何分配自己的工作时间。调查结果显示：在财务经理的工作时间中，大约 35%的时间用于公司财务计划的编制与预算，32%的时间用于公司营运资本管理，19%的时间用于资本预算管理，14%的时间用于长期资本筹集管理；在投资管理和筹资管理方面，大约 58%的时间用于资产管理，42%的时间用于负债和股权资本管理；在长短期资本管理方面，60%的时间用于短期资本管理，40%的时间用于长期资本管理。

20 世纪末，信息技术进步和金融市场全球化改变了公司商业运作模式和价值创造过程。在一个复杂多变的管理世界里，公司不仅期待着 CFO 能够具备扎实的专业技能并且固守职业操守，还应能有效地筹集资本、参与部署公司战略并沟通市场。CFO 的战略视野和沟通能力被视为 CFO 的重要技能，其重要性甚至超过财务专业技能。国际会计师联盟（IFAC）下属的财务与管理会计委员会（FMAC）于 2002 年 1 月发表了一份题为《2010 年首席财务执行官的任务》的研究报告。该报告对财务经理未来职责的展望，主要表现在以下八个方面：

（1）战略规划已成为 CFO 工作中的关键部分。他们将以全球化的视野积极参与公司的战略管理（收购与兼并），关注公司战略远胜于财务数据。

（2）在电子商务蓬勃发展、公司数字化生存的环境下，对信息进行流程化管理，远非过去的财务信息的编制者甚或会计数字的"魔术师"。

（3）公司财务仍然是 CFO 的基本职责，但重心将转向以价值为基础的财务运营管理，包括税务、现金流量管理、业绩评估和风险管理等方面。

（4）CFO 在构建公司治理结构中将更有所作为，结构简单、坚守诚信将成为主流选择。

（5）沟通将是全方位、多角度的，CFO 的关注点将从财务监控与信息加工中解脱出来，成为沟通公司内外的信息桥梁。

（6）CFO 在高层经营班子里将扮演一个积极成员的角色。CFO 与 CEO 是建立在相互信任基础上的战略伙伴关系，两者相辅相成，彼此默契配合。

（7）在资本全球化的大趋势下，在不同国度面对不同的投资者，为公司营造良好的投资者关系是 CFO 面临的重大挑战。

(8)如果能够出现一套全球统一的会计准则和财务报告标准,将大大简化公司披露成本。

三、财务管理的环节

财务管理的环节是指财务管理的工作步骤和一般程序,包括计划与预算、决策与控制、分析与考核等内容。

(一)计划与预算

1. 财务预测

财务预测是根据企业财务活动的历史资料,考虑现实的要求和条件,对企业未来的财务活动作出较为具体的预计和测算的过程。财务预测是财务决策的基础,是编制财务计划和预算的前提,是组织企业日常财务活动的必要条件。

财务预测的方法主要有定性预测和定量预测两类。

定性预测法是利用一些直观资料,依靠财务人员过去的经验和各方面的意见进行分析判断,预测企业未来的发展状况和发展变动趋势。

定量预测法是根据比较完整的资料,运用数学方法,建立数学模型,对企业的未来进行预测。在实际工作中,通常将两者结合起来进行预测。

财务预测一般包括以下工作步骤:(1)确定预测对象和目的。(2)搜集和整理相关资料。(3)建立数学模型进行财务预测。

2. 财务计划

财务计划是根据企业整体战略目标和规划,结合财务预测的结果,对财务活动进行规划,并以指标形式落实到每一计划期间的过程。

确定财务计划指标的方法主要有平衡法、因素法、比例法和定额法等。

3. 财务预算

财务预算是根据财务战略、财务计划和各种预测信息,确定预算期内各种预算指标的过程。

财务预算的方法主要包括固定预算与弹性预算、增量预算与零基预算、定期预算和滚动预算等。

(二)决策与控制

1. 财务决策

财务决策是按照财务战略目标的总体要求,利用专门的方法对各种备选方案进行比较和分析,从中选出最佳方案的过程。它不是拍板决定的瞬间行为,而是提出问题、分析问题、解决问题的全过程。财务决策的正确与否,往往关系到企业的兴衰成败,因而是财务管理的核心。财务决策包括以下工作步骤:确定决策对象;提出备选方案;选择最优方案。

2. 财务控制

财务控制是利用有关信息和特定手段,对企业的财务活动施加影响或调节,以便实现计划所规定的财务目标的过程。

财务控制的方法主要有前馈控制、过程控制、反馈控制几种。一般包括如下工作步骤:(1)制定控制标准,分解和落实计划指标。(2)实施追踪控制。(3)确定和调整差异。(4)搞好考核奖惩。

(三)分析与考核

1. 财务分析

财务分析是根据企业财务报表等信息资料，采用专门方法系统分析和评价企业偿债能力、营运能力、获利能力和发展能力。

财务分析的方法主要有比较分析、比率分析、综合分析等。财务分析一般包括如下工作步骤：(1)进行指标对比，作出评价。(2)分析原因，明确责任。(3)落实措施，改进工作。

2. 财务考核

财务考核是将报告期实际完成数与规定的考核指标进行对比，确定有关责任单位和个人是否完成任务的过程。财务考核的形式是多种多样的，可以用绝对指标、相对指标、完成百分比考核，也可用多种财务指标进行综合评价考核。

财务管理各个环节互相联系、互相制约，形成周而复始的财务管理循环过程，构成财务管理的完整工作体系。

拓展阅读

青岛海尔：强强联手阿里巴巴

2013 年 12 月 9 日，阿里巴巴集团与海尔集团宣布达成战略合作。阿里巴巴集团对海尔集团子公司海尔电器进行总额为 28.22 亿元港币(约合人民币 22.13 亿元)的投资。双方将联手打造家电及大件商品的物流配送、安装服务等整套体系及标准，该体系将对全社会开放。

(1)阿里巴巴投资日日顺物流。阿里巴巴集团对海尔电器旗下日日顺物流投资 18.57 亿元港币，设立合资公司，包括：①认购日日顺物流 9.9%的股权，金额是 5.41 亿元港币；②认购海尔电器发行的金额为 13.16 亿元港币的可转换债券，该可转换债券未来可转换成日日顺物流 24.1%的股份。此外，阿里巴巴集团以认购新股的方式对海尔电器投资 9.65 亿元港币，投资后获得海尔电器 2%的股份。

(2)投资海尔电器，打造阿里线上销售和海尔线下渠道相结合的新日日顺。海尔旗下的日日顺物流在三四线市场的大物件物流上具有一定优势：在全国拥有 9 个发运基地、90 个物流配送中心，仓储面积达 200 万平方米以上，在全国2 800多个县建立了物流配送站和17 000多家服务商网点。上半年公司的渠道服务收入增长 57.9%，收入占比 17.65%，毛利率为 11.75%，保持稳定增长。此次海尔与电商巨头的合作，意在利用阿里巴巴的线上开放平台，增强自身的线上销售能力，打通线上、线下平台，同时通过线上平台的销售，及时收集消费者的反馈信息和使用习惯，能够调整自身的大白电生产计划。同时，阿里巴巴也能通过日日顺补充自身在大物件配送上的不足，可谓是强强互补。强强联手的新日日顺将充分发挥其在线上销售和线下三四线市场物流配送上的优势，销售收入将加快增长，收入占比进一步提高。

(3)加强与电商合作，开辟渠道新路径。近两年电子商务的规模加速扩张，尤其在家电市场中电商应用增长尤为明显，据奥维咨询预测，2013 年家电线上销售增长 79%，占比由 3.6%提升到 6%。青岛海尔与阿里巴巴的合作也是看中了家电线上销售的巨大市场潜力，充分利用其“天猫”的线上平台，做到家电制造商与互联网的无缝衔接，加快推广公司的中高端家电产品，同时也有利于强化日日顺的非海尔系订单销售。

(4)盈利预测及评级。公司未来将依托网络化服务，搭建网络化平台，整合虚实网络，引入战略投资者，大力发展智能家电，同时随着集团资产的不断注入，公司的整体实力仍有较大提升空间。预计公司2013年、2014年、2015年的每股收益分别为1.51元、1.87元、2.15元(前次预测分别为1.42元、1.62元、1.86元),对应2013年12月10日股价的利润收益率分别为13x、11x、9x,继续维持公司"增持"评级。

(资料来源:信达证券,2013年12月。)

案例分析

财务活动案例分析

恒远生物制品有限公司总经理盛某将大量的销售货款截留在代理出口单位甚至转移。盛某通过少开发票的手段,截留贪污了销售款400多万元,并通过代理出口单位将贪污的货款转移到了其私人开的公司。该公司财务管理混乱为盛某贪污行为打开了方便之门:财务处根据盛某的指令开具销售发票,盛说多少就是多少;仓库里没有库存明细账及货物进出库记录,销售成本按估算的毛利率计算;产成品因为只有总账,所以产品存货应该是多少,谁也说不清,以至于通过库存盘点,实物结存数量与按产成品总账计算出的产品单位成本大大超过售价。试从本案例分析的根据、企业存在的问题、你的建议三个方面展开案例分析。

1. 分析该案例的根据是什么?

分析该案例的根据是《中华人民共和国会计法》《企业会计准则》《企业内部会计控制规范》《企业内部控制规范》《会计基础工作规范》。内部会计控制是指主要运用会计程序、措施、方法对单位内部经济活动进行管理控制的一种方法。即为了提高会计信息质量,保证资产安全、完整,确保有关法律法规和规章制度的贯彻执行,而对单位经济活动制定实施的一系列内部控制方法。

2. 你认为该企业存在什么问题?

企业存在以下问题:(1)盛某和该企业的行为是严重违法行为,《会计法》规定:任何单位或者个人不得以任何方式授意、指使、强令会计机构、会计人员伪造、变造会计凭证、会计账簿和其他会计资料,提供虚假财务会计报告。各单位应当定期将会计账簿记录与实物、款项及有关资料相互核对,保证会计账簿记录与实物及款项的实有数额相符、会计账簿记录与会计凭证的有关内容相符、会计账簿之间相对应的记录相符、会计账簿记录与会计报表的有关内容相符。公司、企业进行会计核算不得有虚列或者隐瞒收入,推迟或者提前确认收入;随意改变费用、成本的确认标准或者计量方法,虚列、多列、不列或者少列费用、成本的行为。(2)这种违法行为除了盛某个人主观原因外,更重要的是企业内部会计控制制度的缺陷。①货币资金控制缺失;②销售和收款控制缺失;③账簿设置不符合法律法规的规定;④原始凭证——出入库凭证缺失。⑤核算不正确,生产企业销售成本不能按毛利率估算。

3. 你有何建议?

(1)依法对盛某作出严肃处理。(2)加强会计基础工作和对会计人员的职业道德和业务素质的培训。(3)建立健全内部会计控制制度。包括:①建立健全货币资金、存货、销售的内部控制制度,正确设置存货进出明细账和出入库凭证,保证账账相符、账证相符;②按照企业会计准则的要求正确进行会计特别是收入、销售成本、产品成本和存货成本的核算;③加强稽核工作,建立健全内部审计制度。

职业能力训练

一、名词解释

财务管理 利润最大化 企业价值最大化 财务预测 财务决策 财务计划 财务控制 财务分析

二、单项选择题

1. 企业财务管理的对象是(　　)。

A. 资金运动及其体现的财务关系　　B. 资金的数量增减变动

C. 资金的循环与周转　　D. 资金投入、退出和周转

2. 企业的财务活动是指企业的(　　)。

A. 货币资金收支活动　　B. 资金分配活动

C. 资金的投入和收回　　D. 资金的筹集、运用、收回及分配

3. 财务管理最为主要的环境因素是(　　)。

A. 经济环境　　B. 法律环境　　C. 体制环境　　D. 金融环境

4. 企业与债权人的财务关系在性质上是一种(　　)。

A. 经营权与所有权关系　　B. 投资与被投资关系

C. 委托代理关系　　D. 债权债务关系

5.(　　)是财务预测和财务决策的具体化,是财务控制和财务分析的依据。

A. 财务管理　　B. 财务预算　　C. 财务关系　　D. 财务活动

6. 在下列财务管理目标中,通常被认为比较合理的是(　　)。

A. 利润最大化　　B. 企业价值最大化　　C. 每股收益最大化　　D. 股东财富最大化

7. 从公司当局可控因素来看,影响报酬率和风险的财务活动是(　　)。

A. 筹资活动　　B. 投资活动　　C. 营运活动　　D. 分配活动

8. 以企业价值最大化作为财务管理目标存在的问题有(　　)。

A. 没有考虑资金的时间价值　　B. 没有考虑资金的风险价值

C. 企业的价值难以评定　　D. 容易引起企业的短期行为

9. 没有风险和通货膨胀情况下的利率是指(　　)。

A. 浮动利率　　B. 市场利率　　C. 纯利率　　D. 法定利率

10. 公司与政府之间的财务关系体现为(　　)。

A. 债权债务关系　　B. 强制和无偿分配的关系

C. 风险收益对等关系　　D. 资金结算关系

11. 股东和经营者发生冲突的根本原因在于(　　)。

A. 具体行为目标不一致　　B. 掌握的信息不一致

C. 利益动机不同　　D. 在企业中的地位不同

三、多项选择题

1. 企业管理的目标是(　　)。

A. 生存　　B. 权益资本净利润最大化

C. 发展　　D. 获利

2. 利润最大化目标的主要缺点是(　　)。

A. 没有考虑资金的时间价值

B. 没有考虑资金的风险价值

C. 是一个绝对值指标,未能考虑投入和产出之间的关系

D. 容易引起企业的短期行为

3. 以每股收益最大化作为企业财务管理的目标，它所存在的问题有(　　)。

A. 没有把企业的利润与投资者投入的资本联系起来

B. 没有把企业获取的利润与所承担的风险联系起来

C. 没有考虑资金时间价值因素

D. 不利于企业之间收益水平的比较

E. 容易诱发企业经营中的短期行为

4. 金融市场利率由(　　)构成。

A. 基础利率　　B. 风险补偿率　　C. 通货膨胀补贴率　　D. 资本利润率

5. 对企业财务管理而言，下列因素中的(　　)只能加以适应和利用，但不能改变它。

A. 国家的经济政策　　B. 金融市场环境　　C. 企业经营规模　　D. 国家的财务法规

四、判断题

1. 如果企业长期亏损，扭亏无望，所有者应主动终止经营。(　　)

2. 股东财富最大化目标考虑了众多相关利益主体的不同利益。(　　)

3. 企业所有者、经营者在财务管理工作中的目标是完全一致的，所以没有任何利益冲突。(　　)

4. 企业财务活动的内容，也是企业财务管理的基本内容。(　　)

5. 解聘是一种通过市场约束经营者的办法。(　　)

6. 金融市场的基础利率没有考虑风险和通货膨胀因素。(　　)

7. 人们在进行财务决策时，之所以选择低风险的方案，是因为低风险会带来高收益，而高风险方案则往往收益偏低。(　　)

8. 由于未来金融市场的利率难以准确地预测，因此，财务管理人员不得不合理搭配长短期资金来源，以使企业适应任何利率环境。(　　)

9. 到期风险附加率是指债权人因承担到期不能收回投出资金本息的风险而向债权人额外提出的补偿要求。(　　)

五、简答题

1. 什么是财务活动？财务活动的内容是什么？

2. 企业的财务关系可以概括为几个方面？

3. 利润最大化作为公司理财的目标有何优缺点？

4. 企业价值最大化作为公司理财的目标有何优缺点？

5. 财务管理的基本环节有哪些？相互之间存在什么关系？

项目二

财务管理计算技能

导学案例

1797年3月，法国总统拿破仑在卢森堡第一国立小学演讲时，潇洒地把一束价值3路易的玫瑰花送给该校的校长，并且说了这样一番话："为了答谢贵校对我尤其是对我夫人约瑟芬的盛情款待，我不仅今天呈献上一束玫瑰花，并且在未来的日子里，只要我们法兰西存在一天，每年的今天我都将派人送给贵校一束价值相等的玫瑰花，作为法兰西与卢森堡友谊的象征。"从此卢森堡这个小国即对这"欧洲'巨人'与卢森堡孩子亲切、和谐相处的一刻"念念不忘，并载入史册。后来，拿破仑穷于应付连绵的战争和此起彼伏的政治事件，并最终因失败而被流放到圣赫勒那岛，自然也把对卢森堡的承诺忘得一干二净。

谁都不曾料到，1984年年底，卢森堡人竟旧事重提，向法国政府提出这"赠送玫瑰花"的诺言，并且要求索赔。他们要求法国政府：(1)要么从1798年起，用3个路易作为一束玫瑰花的本金，以5厘复利计息全部清偿；(2)要么在法国各大报刊上公开承认拿破仑是个言而无信的小人。法国政府当然不想有损拿破仑的声誉，但电脑算出来的数字让他们惊呆了：原本3路易的许诺，至今本息已高达1 375 596法郎。最后，法国政府通过冥思苦想，才找到一个使卢森堡比较满意的答复，即："以后无论在精神上还是在物质上，法国将始终不渝地对卢森堡大公国的中小学教育事业予以支持与赞助，来兑现我们的拿破仑将军那一诺千金的玫瑰花信誓。"

任务一　货币时间价值计算分析

【知识目标】

1. 理解货币时间价值的概念和实质；
2. 掌握复利、年金的终值和现值的计算。

【技能目标】

1. 树立时间价值的财务管理观念；
2. 学会运用复利和年金进行终值与现值的计算。

一、货币时间价值概述

货币时间价值是指一定量货币资本在不同时点上的价值量差额，源于货币进入社会再生产过程后所增加的价值。货币时间价值是客观存在的，离开货币时间价值就无法正确评价企业盈亏。

通常情况下，货币时间价值是没有风险、没有通货膨胀情况下的社会平均利润率。比如，年初存入银行10 000元，在年利率为3%的情况下，一年后该笔存款的本息和为10 300元，多出的300元就是货币经历一年时间产生的时间价值。但是，今年的10 000元与明年今天的10 000元因为时间价值的存在价值是不相等的，根据货币时间价值理论，可以将不同时点发生的货币折算到同一时点进行价值量的比较。

二、货币时间价值计算

计算货币时间价值首先要明确两个概念：终值和现值。终值(Future Value)是指现在一定量资金折算到在未来某一时点上的价值，俗称本利和，通常记作F。现值(Present Value)又称本金，是指未来某一时点上的一定量资金折算到现在的价值，通常记作P。终值与现值的计算涉及利息计算方式的选择。目前，有两种利息计算方式：单利和复利。

(一)单利终值和现值

单利方式下，每期都按照初始本金计算利息，计息基础不变。即只就本金计算利息，产生的利息不再计入本金。

1. 单利终值的计算

$$F=P+I=P\times i\times n=P\times(1+i\times n)$$

其中：P为现值；F为终值；I为利息；i为利息率；n为计息期。

(计息期是指相邻两次计息的间隔，如年、月、日等，除非特别说明，计息期一般为1年。)

2. 单利现值的计算

单利现值的计算就是终值的逆运算：

$$P=\frac{F}{1+i\times n}$$

【做中学2-1】 张明今年存入银行100万元，想5年后投资一个建设项目，假设目前存款利率为3%，5年后能从银行取出多少钱？

$F=100+100\times3\%\times5=100\times(1+3\%\times5)=115$(万元)

【做中学2-2】 假定银行存款利率为3%，张明希望在3年后从银行取出200万元进行项目建设，那么现在需要存入银行多少钱？

$P=\dfrac{200}{1+3\%\times3}\approx183.49$(万元)

(二)复利终值和现值

复利方式下不仅本金要计算利息，利息也要计入本金再计息，俗称“利滚利”。因为复利计息方式更加科学客观，所以财务估值中一般都按照复利方式计算资金时间价值。

1. 复利终值

复利终值是指一定量的本金按照复利计算若干期后的本利和。计算公式为：

$$F=P\times(1+i)^n$$

其中：$(1+i)^n$称为1元复利终值系数，记作$(F/P,i,n)$(参见附录一“1元复利终值系数表”)。复利终值的计算公式简写为：

$$F=P\times(F/P,i,n)$$

【做中学 2—3】 假定华中公司董事长决定从今年留存收益中提取 120 000 元存入银行，准备 8 年后用来更新设备。若目前银行利率为 6%，8 年后可用来更新设备的金额有多少？

$F=120\ 000\times(1+6\%)^8=120\ 000\times(F/P,6\%,8)=191\ 256$(元)

华中公司 8 年后可向银行取得本利和为 191 256 元用来更新设备。

由复利终值系数表可以看出，除了根据 i 和 n 查找复利终值系数外，也可以利用该表在已知复利终值系数的情况下，根据 i 查找 n，或根据 n 查找 i。

【做中学 2—4】 李洋投入股票市场 10 万元资金，假设近年市场平均投资报酬率为 6%，那么李洋的投入经过多少年才能增长 1 倍？

$F=P\times(1+i)^n$

$20=10\times(1+6\%)^n$

$(1+6\%)^n=2$

即：$(F/P,6\%,n)=2$

查阅“1 元复利终值系数表”得到：$(F/P,6\%,12)=2.012\ 2$

所以，李洋的资金要等 12 年才可以翻番。

2. 复利现值

复利现值是为取得将来一定本利和现在所需要的本金，由终值求现值也叫作贴现。计算公式为：

$$P=\frac{F}{(1+i)^n}=F\times(1+i)^{-n}$$

其中：$(1+i)^{-n}$ 称为 1 元复利现值系数，记作 $(P/F,i,n)$（参见附录二“1 元复利现值系数表”)。复利现值的计算公式简写为：

$$P=F\times(P/F,i,n)$$

【做中学 2—5】 华中公司打算在 5 年后获得 10 000 万元资金用于分公司的建立，假设投资报酬率为 10%，那么现在公司应投入多少钱？

$P=\dfrac{10\ 000}{(1+10\%)^5}=10\ 000\times(P/F,10\%,5)=6\ 209$(元)

3. 名义利率与实际利率

复利的计算通常以年为计息周期，但在实际经济生活中，也有按照半年、季、月或日计息的时候，当利率的时间单位和计息周期不一致时，就出现了名义利率和实际利率的区分。

计算利息时实际采用的有效利率就是实际利率，当利息在一年内需要复利多次时，所给出的年利率就是名义利率。通常所说的年利率都是名义利率，如果不对计息期加以说明，则表示一年计息一次。

名义利率和实际利率之间的关系如下：

$$i=\left(1+\frac{r}{M}\right)^M-1$$

其中：i 为实际利率；r 为名义利率；M 为每年复利次数。

【做中学 2—6】 王昊投资了某理财产品 10 000 元，为期 3 年，年利率 4%，每半年复利一次，他实际取得的利息有多少？该产品的实际利率又是多少？

每半年利率 $=4\%\div2=2\%$

复利次数＝3×2＝6(次)

$F=10\ 000\times(1+2\%)^6=10\ 000\times(F/P,2\%,6)=11\ 262$(元)

$I=11\ 262-10\ 000=1\ 262$(元)

若按照4%的名义利率计算利息：$I=10\ 000\times(F/P,4\%,3)-10\ 000=1\ 249$(元)

实际取得利息比按照名义利率计算利息高出13元(1 262－1 249)，所以当计息周期短于一年时，实际取得的利息比按照名义利率计算的利息高，此时的实际利率大于名义利率。

利用上式可直接计算每半年复利的实际利率：

$$i=\left(1+\frac{4\%}{2}\right)^2-1=4.04\%$$

(三)年金终值和现值

年金是指间隔期相等的系列等额收付款项。年金是复利的特殊形式，其特点是间隔期相等，收付金额相等。比如折旧、利息、租金、保险费等都为年金的形式。年金根据每年收支的具体时间不同，可分为普通年金、预付年金、递延年金、永续年金。

1. 普通年金

从第一期起，收付款项发生在每期期末的年金叫作普通年金，也称为后付年金。

(1)普通年金终值。

根据复利终值的计算方法，普通年金终值的计算公式为：

$$F=A(1+i)^0+A(1+i)^1+A(1+i)^2+\cdots+A(1+i)^{n-1}$$

其中：A为年金，i为利率，n为期数。

将上式两边同乘$(1+i)$得：

$$(1+i)F=A(1+i)^1+A(1+i)^2+A(1+i)^3+\cdots+A(1+i)^n$$

两式相减得：

$$(1+i)F-F=A(1+i)^n-A$$

普通年金终值公式为：

$$F=A\times\frac{(1+i)^n-1}{i}$$

公式中的$\frac{(1+i)^n-1}{i}$称为年金终值系数，记作$(F/A,i,n)$(参见附录三"1元年金终值系数表")。

普通年金终值公式可以简写为：

$$F=A\times(F/A,i,n)$$

【做中学2－7】 华润企业打算向一所希望小学捐款资助，在今后5年中，每年年末投入资金100 000元，在利率为8%时，第5年年末的总资助额达到多少？

$$F=100\ 000\times\frac{(1+8\%)^5-1}{8\%}=100\ 000\times(F/A,8\%,5)=586\ 660(元)$$

【做中学2－8】 王维在大学期间一直得到国家助学贷款的资助，共计30 000元，他打算在工作后5年内还清，从现在起计划每年年末等额存入银行一笔款项用于还债。假设利率为10%，每年需要存入多少钱？

$$A=30\ 000\times\frac{1}{(F/A,10\%,5)}=30\ 000\times\frac{1}{6.105\ 1}=4\ 913.92(元)$$

王维每年存入银行4 913.92元，5年后可以清偿30 000元的债务。

(2)普通年金现值。

根据复利现值的计算方法，普通年金现值的计算公式为：

$$P=A(1+i)^{-1}+A(1+i)^{-2}+\cdots+A(1+i)^{-n}$$

等式两边同乘$(1+i)$得：

$$P(1+i)=A+A(1+i)^{-1}+A(1+i)^{-2}+\cdots+A(1+i)^{-n}+A(1+i)^{-(n-1)}$$

两式相减得：

$$P=A\times\frac{1-(1+i)^{-n}}{i}$$

公式中的$\frac{1-(1+i)^{-n}}{i}$称为年金现值系数，记作$(P/A,i,n)$(参见附录四“1 元年金现值系数表”)。

普通年金的现值公式可以简写为：

$$P=A\times(P/A,i,n)$$

【做中学 2—9】 星源公司为提高产品质量，决定向日本松下购买专用技术，双方在合同中约定星源公司分 6 年支付技术转让费。每年年末支付 48 000 元，假定银行存款年利率为 9%，星源公司现在购买该项专用技术转让费的价格为多少？

$$P=48\,000\times\frac{1-(1+9\%)^{-6}}{9\%}=48\,000\times(P/A,9\%,6)$$

$$=48\,000\times4.485\,9=215\,323.2(\text{元})$$

【做中学 2—10】 建鑫公司借得了 1 000 万元的贷款，若想在 10 年内以年利率 12%等额偿还，每年应偿还多少钱？

根据题意，已知年金现值为 1 000 万元，在利率为 12%、期数为 10 年的前提下，求解年金 A 即可。

$$A=1\,000\times\frac{1}{(P/A,12\%,10)}=1\,000\times\frac{1}{5.650\,2}$$

$$=1\,000\times0.177=177(\text{万元})$$

每年应付金额 177 万元就可以在 10 年内偿还 1 000 万元的贷款。

2. 预付年金

凡从第一期起，在每期期初收付相等金额的系列款项，叫作预付年金或先付年金。预付年金和普通年金的区别在于收付款项时间点不同，所以在计算终值或现值时，预付年金比 n 期的普通年金要多计一期利息。

(1)预付年金终值。

$$F=A\times(1+i)+A\times(1+i)^2+\cdots+A\times(1+i)^n$$

$$F=A\times\frac{(1+i)^n-1}{i}\times(1+i)=A\times\left[\frac{(1+i)^{n+1}-1}{i}-1\right]$$

公式中的$\left[\frac{(1+i)^{n+1}-1}{i}-1\right]$称为预付年金终值系数，记作$[(F/A,i,n+1)-1]$。

预付年金终值公式可简写为：

$$F=A\times(F/A,i,n)\times(1+i)=A\times[(F/A,i,n+1)-1]$$

【做中学 2—11】 中华公司有一基建项目分 5 次投资，每年年初投入 100 万元，预计第五年建成，若该公司贷款投资，银行年利率为 12%，该项目 5 年后的投资总额应为多少？

$$F=A\times[(F/A,i,n+1)-1]=100\times[(F/A,12\%,6)-1]$$

$=100\times(8.1152-1)=711.52$(万元)

(2)预付年金现值。

预付年金现值可在普通年金的基础上进行调整,比普通年金现值多算一期利息。

$$P=A+A(1+i)^{-1}+A(1+i)^{-2}+\cdots+A(1+i)^{-(n-1)}$$

$$P=A\times\frac{1-(1+i)^{-n}}{i}\times(1+i)=A\times\left[\frac{1-(1+i)^{-(n-1)}}{i}+1\right]$$

公式中的$\left[\frac{1-(1+i)^{-(n-1)}}{i}+1\right]$称为预付年金现值系数,记作$[(P/A,i,n-1)+1]$。

预付年金现值公式可简写为:

$$P=A\times(P/A,i,n)\times(1+i)=A\times[(P/A,i,n-1)+1]$$

【做中学 2-12】 张宇泰打算分 5 年分期付款购买一台笔记本电脑,每年年初支付1 000 元,如果银行年利率为 10%,该分期付款相当于现在一次性支付的买价是多少?

$P=A\times[(P/A,i,n-1)+1]$

$=1\,000\times[(P/A,10\%,4)+1]$

$=1\,000\times(3.1699+1)=4\,169.9$(元)

即相当于现在一次性支付 4 169.9 元。

3. 递延年金

递延年金是指在递延了最初若干期后,从后面若干期才开始等额的系列收付款项,即第一次年金的支付发生在第二期或第二期以后,是普通年金的特殊形式。

(1)递延年金终值。

递延年金终值与普通年金终值计算相同。计算公式为:

$$F=A\times(F/A,i,n)$$

注意:期数 n 表示发生年金的期数,与递延期无关。

【做中学 2-13】 银行发行了一张 10 年期债券,利率为 12%,发行条例上载明前 3 年不偿还本息,从第 4 年起每年年末每张债券还本付息 200 元。试问第 10 年年末,每张债券共还本付息多少金额?

由题意可知,实际发生年金的期数有 7 期,所以:

$F=200\times(F/A,12\%,7)$

$=200\times10.089=2\,017.8$(元)

(2)递延年金现值。

计算递延年金现值有三种方法:

方法一:把递延年金视为普通年金,先求出递延期期末的现值,然后再贴现至期初。其计算公式为:

$$P=A\times(P/A,i,n)\times(P/F,i,m)$$

其中:m 为递延期;n 为年金期。

方法二:先求出 $m+n$ 期的年金现值,再减去递延期 m 的年金现值。其计算公式为:

$$P=A\times[(P/A,i,m+n)-(P/A,i,m)]$$

方法三:先求出递延年金的终值,再折现为现值。其计算公式为:

$$P=A\times(F/A,i,n)\times(P/F,i,m+n)$$

【做中学 2-14】 假定三亚公司于今年年初发行一种 8 年期的公司债券,当时的票面利率为 12%,发行条例上规定:前 2 年不偿还本息,但从第 3 年起至第 8 年止每年每张公司债券还本付息 240 元。请问:(1)计算到第 8 年年末,每张公司债券共还本付息多少金额?(2)根据上述资料,计算市场上的潜在投资者购买该公司债券每张最多愿出价多少?

(1)第 8 年年末债券的还本付息的总金额即递延年金终值。

$F=240\times(F/A,12\%,6)=240\times8.1152=1\,947.65$(元)

(2)市场上潜在的投资者认可公司债券的购买价格就是求解递延年金现值。

其中,递延期 $m=2,n=6$

方法一:

$P=A\times(P/A,i,n)\times(P/F,i,m)$

$=240\times(P/A,12\%,6)\times(P/F,12\%,2)$

$=240\times4.1114\times0.7972$

$=786.63$(元)

方法二:

$P=A\times[(P/A,i,m+n)-(P/A,i,m)]$

$=240\times[(P/A,12\%,8)-(P/A,12\%,2)]$

$=240\times(4.9676-1.6901)$

$=786.60$(元)

方法三:

$P=A\times(F/A,i,n)\times(P/F,i,m+n)$

$=240\times(F/A,12\%,6)\times(P/F,12\%,8)$

$=240\times8.1152\times0.4039$

$=786.66$(元)

4. 永续年金

无限期收付相等金额款项的年金,叫作永续年金,如优先股股利、奖学金等,都具有永续年金的特点。永续年金的期限趋于无穷,所以没有终值。永续年金的现值可以通过普通年金现值的计算公式推导得出:

$$P=A\times\frac{1-(1+i)^{-n}}{i}$$

当 $n\to+\infty$ 时,$(1+i)^{-n}$ 的极限为零,永续年金的现值公式为:

$$P=\frac{A}{i}$$

【做中学 2－15】 某高校拟建立一项永久性奖学金用来奖励优等生,每年计划颁发 10 000元奖金,银行利率为 10%,学校要拿出多少钱设立奖励基金?

$P=\frac{A}{i}=\frac{10\,000}{10\%}=100\,000$(元)

学校要拿出 10 万元作为奖励基金,才能确保该项奖学金的运行。

(四)利率和期数的推算

1. 利率的推算

在已知终值、现值和期数的情况下,可以推算出利率。

首先计算复利(年金)系数,然后通过查阅系数表,找到与已知系数最接近的两个系数及其所对应的利率,通过插值法计算求解。插值法的计算公式如下:

$$i=i_1+\frac{B-B_1}{B_2-B_1}\times(i_2-i_1)$$

其中：i 为所求利率；B 为 i 对应的系数；B_1 和 B_2 是与 B 相邻的系数；i_1 和 i_2 是 B_1 和 B_2 对应的系数。

【做中学 2—16】 星海企业向银行申请贷款进行产品技术革新，第一年年初贷入35 000元，以后每年年末还本付息5 000元，连续 10 年还清款项。试问该项贷款利率是多高？

每年年末有等额支付款项存在，属于后付年金。依据年金现值公式：

$P=A\times(P/A,i,n)$

$35\ 000=5\ 000\times(P/A,i,10)$

$(P/A,i,10)=7$

查阅“1 元年金现值系数表”，可得：

$(P/A,7\%,10)=7.023\ 6$

$(P/A,8\%,10)=6.710\ 1$

运用插值法可得：

$$i=7\%+\frac{7-7.023\ 6}{6.710\ 1-7.023\ 6}\times(8\%-7\%)=7.08\%$$

2. 期数的推算

同利率的推算类似，在已知终值、现值和利率的情况下，可以根据插值法公式推算出期数。

【做中学 2—17】 已知企业有一笔贷款为 300 000 元，打算每年年末偿还 50 000 元，在银行利率为 10%的情况下，多少年能还清？

$P=A\times(P/A,i,n)$

$300\ 000=50\ 000\times(P/A,10\%,n)$

$(P/A,10\%,n)=6$

查阅“1 元年金现值系数表”，可得：

$(P/A,10\%,9)=5.759\ 0$

$(P/A,10\%,10)=6.144\ 6$

运用插值法可得：

$$n=9+\frac{6-5.759\ 0}{6.144\ 6-5.759\ 0}\times(10-9)=9.625(年)$$

即该笔贷款在 10%的利率水平下，预计 9.625 年能还清。

任务二　风险衡量指标计算分析

【知识目标】

1. 理解风险的含义和类别；
2. 掌握风险衡量的步骤和计算方法；
3. 掌握风险与收益的关系及其对策。

【技能目标】

1. 能够正确计算风险报酬；

2. 能够正确衡量项目的投资报酬率;

3. 能够根据风险和收益的关系作出决策。

一、风险的含义与类别

(一)风险的含义

风险是指收益的不确定性。虽然风险的存在可能使收益增加,但人们更关注的是风险带来损失的可能性,所以,从财务管理的角度来看,风险就是企业在各项财务活动中,由于各种难以预料和无法控制的因素作用,使企业的实际收益与预计收益发生背离,从而蒙受经济损失的可能性。风险是客观存在的,企业的财务决策几乎都是在风险和不确定性的情况下作出的。

风险是具有价值的,这也是投资者甘愿冒风险进行投资的原因之一,冒风险需要有相应的超过货币时间价值的报酬作为补偿,而且风险越大,额外报酬越高。风险报酬,即投资者由于冒风险进行投资而获得的超过资金时间价值的额外收益,也称为投资的风险价值或风险收益。

通常风险报酬有两种表示方法:风险报酬额和风险报酬率。风险报酬额是绝对量,表示投资者由于冒风险进行投资而获得的超过资金时间价值的额外收益额;风险报酬率是相对数,表示风险报酬额与原始投资额的比率。在财务管理中,风险报酬通常用风险报酬率来衡量。

(二)风险的类别

1. 从个人投资主体的角度来看,风险可以分为市场风险和公司特有风险

(1)市场风险,是指影响所有公司的因素而引起的风险,如战争、经济衰退、通货膨胀、高利率等。这类风险涉及所有的投资对象,不能通过多元化投资来分散,因此又称不可分散风险或系统风险。

(2)公司特有风险,是指发生于个别公司的特有事件造成的风险,如罢工、新产品开发失败、没有争取到重要合同、诉讼失败等。这类事件是随机发生的,因而可以通过多元化投资来分散,即发生于一家公司的不利事件可以被其他公司的有利事件所抵消。这类风险称为可分散风险或非系统风险。

2. 从公司本身来看,风险可以分为经营风险和财务风险

(1)经营风险,是指生产经营的不确定性带来的风险,是任何商业活动都有的,也称商业风险。比如,开发自然资源时能否找到矿藏、开发新产品能否成功、原材料供应情况如何等问题都是经营风险。经营风险主要来自市场销售、生产成本、生产技术和其他方面。

(2)财务风险,是指由于企业采用不同方式筹措资金而形成的风险,特别是企业负债所面临的风险,也称筹资风险。

二、风险的衡量

风险的衡量就是风险价值的计算,通常需要使用概率和统计方法,运用资产收益率的离散程度来衡量。离散程度是资产收益率的各种可能结果与预期收益率的偏差。衡量风险的指标主要有方差、标准差和标准离差率。

(一)概率分布

概率就是指随机事件发生的可能性。概率分布则是指一项活动可能出现的所有结果的概率集合。肯定会发生事件的概率一定为1,肯定不会发生的事件的概率一定为0,一般随机事件的概率是介于0～1的某个数。

概率分布须符合下列两个要求:

(1)所有的概率 P_i 都在0～1之间,即 $0<P_i<1$。

(2)所有结果的概率之和应等于1,即 $\sum_{i=1}^{n} p_i = 1$。

【做中学2－18】 ABC公司有两个投资机会。甲项目是一个高科技项目,该领域竞争很激烈,如果搞好,利润会很大,否则利润很小甚至亏本。乙项目是一个老产品并且是必需品,销售前景可以准确预测出来。假设未来的经济情况只有三种:繁荣、正常、衰退,有关的概率分布和预期报酬率如表2－1所示。

表2－1 甲、乙项目概率分布和预期收益 单位:万元

经济情况	发生概率	甲项目 预期收益	乙项目 预期收益
繁荣	0.3	90	20
正常	0.4	10	15
衰退	0.3	−60	10
合 计	1.0	—	—

(二)期望值

期望值是随机变量的所有可能结果,是以相应的概率为权数的加权平均数,可以反映随机变动结果的平均化,代表着投资者合理的预期收益,通常用符号 $\overline{E}$ 表示。其计算公式为:

$$\overline{E} = \sum_{i=1}^{n} X_i P_i$$

其中:$\overline{E}$ 表示期望值;X_i 表示第 i 种可能结果的预计收益额;P_i 表示第 i 种可能结果的概率;n 表示结果的个数。

【做中学2－19】 假定华能公司计划年度准备以2 000万元进行投资创办饮料厂,根据市场调查,预计在三种不同的市场情况下可能获得的年净收益及其概率如表2－2所示。

表2－2 预期收益及概率表

市场情况	预计年净收益(X_i)(万元)	概率(P_i)
繁荣	600	0.2
一般	400	0.5
衰退	200	0.3

试求该公司的期望净收益是多少?

$\overline{E}=600\times0.2+400\times0.5+200\times0.3=380$(万元)

(三)方差与标准差

标准离差简称标准差,也称均方差,是反映概率分布中各种可能报酬额对期望值的偏离程度,是方差的平方根,通常用符号 δ 表示。其计算公式为:

$$\delta = \sqrt{\sum_{i=1}^{n} (X_i - \overline{E})^2 \times P_i}$$

其中:δ 表示标准离差;X_i 表示第 i 种可能结果的预计收益额;$\overline{E}$ 表示期望值;P_i 表示第 i 种可能结果的概率;n 表示结果的个数。

标准离差以绝对数衡量投资项目的全部风险，在预期期望值相同的情况下，标准离差越大，风险越大；标准离差越小，风险程度越小。

【做中学 2—20】 以【做中学 2—19】中的有关数据为例，计算甲公司的标准差。

$\delta=\sqrt{(600-380)^2\times0.2+(400-380)^2\times0.5+(200-380)^2\times0.3}=140$（万元）

标准差作为反映随机变量离散程度的绝对指标，通常用于期望值相同时不同方案的决策；如果各方案期望值不同，则需要考虑标准离差率。

(四)标准离差率

标准离差率是标准差与期望值的比值，也称标准离差系数或离散系数，通常用 V 表示。其计算公式为：

$$V=\frac{\delta}{E}$$

在期望值不同的情况下，标准离差率越大，风险越大；标准离差率越小，风险越小。

【做中学 2—21】 以【做中学 2—19】中的有关数据为例，计算甲公司的标准离差率。

$V=\frac{140}{380}=0.368\ 4$

即该投资项目的风险程度为 0.368 4。

(五)风险收益率

风险投资的目的是为了获得风险报酬。风险报酬通常有两种表现形式：一种是用绝对数表示的“风险报酬额”，另一种是用相对数表示的“风险报酬率”。

风险投资所要求的投资报酬率（即期望投资报酬率）在不考虑通货膨胀的情况下，应该包括两部分：一部分是资金时间价值，即无风险报酬率，通常可以用政府债券或存款利率替代；另一部分是风险价值，即风险报酬率。

期望投资报酬率＝无风险报酬率＋风险报酬率

【做中学 2—22】 假如某项投资的风险报酬率为 4%，目前国库券的利率为 6%，在不考虑通货膨胀的情况下，该项投资期望的报酬率为：

期望投资报酬率＝6%＋4%＝10%

根据风险与收益的关系，投资者往往愿意选择低风险、高收益的方案，然而高收益必然携带高风险，投资人必须对报酬和风险做出权衡，为追求较高报酬而承担较大风险，或为减少风险而接受较低的报酬。所以在财务决策中要权衡好两者的关系。

对投资者而言，风险报酬率是衡量一个投资项目是否值得投资的依据，通过预测投资方案的风险收益率，与应得的风险收益率相比较，可以初步判断出企业所冒风险程度，与收益相比较便于正确决策。

拓展阅读

24 美元买下曼哈顿

“明白了复利作用的威力和了解了想要取得它的难度状况，就是认识其他投资事项的开端。”——查理·芒格

24 美元买下曼哈顿！这并不是一个荒唐的痴人说梦，而是一个流传已久的故事，也是一

个可以实现的愿望,更是一个老生常谈的投资方式,但是做到的人并不多。

故事是这样的:1626 年,荷属美洲新尼德兰省总督 PeterMinuit 花了大约 24 美元从印第安人手中买下了曼哈顿岛。而到 2000 年 1 月 1 日,曼哈顿岛的价值已经达到了约 2.5 万亿美元。以 24 美元买下曼哈顿,PeterMinuit 无疑占了一个天大的便宜。但是,如果转换一下思路,PeterMinuit 也许并没有占到便宜。如果当时的印第安人拿着这 24 美元去投资,按照 11%(美国近 70 年股市的平均投资收益率)的投资收益计算,到 2000 年,这 24 美元将变成 2 380 000亿美元,远远高于曼哈顿岛的价值 2.5 万亿美元,几乎是其现在价值的 10 万倍。(美国著名基金经理彼得·林奇计算过,如果当时的印第安人把这 24 美元存在银行里,每年仅得到 8%的利息,到了今日,连本带利,数额已经远超过曼哈顿地产今日的总价值。并且最值得惊讶的是,这个总额是曼哈顿地产总值的1 000倍。当然,这种观点对印第安人是不公平的,而且纯粹是资本主义的"强盗"逻辑,如果当时的印第安人有这么精明的头脑,是不会被白人欺负得无还手之力的。)

但是,从复利的观点来看,这绝对是正确而且科学的!

如此看来,PeterMinuit 是吃了一个大亏。是什么神奇的力量让资产实现了如此巨大的倍增?是复利。长期投资的复利效应将实现资产的翻倍增值。爱因斯坦就说过,"宇宙间最大的能量是复利,世界的第八大奇迹是复利"。一个不大的基数,以一个即使很微小的量增长,假以时日,都将膨胀为一个庞大的天文数字。那么,即使以像 24 美元这样的起点,经过一定的时间之后,你也一样可以买得起曼哈顿这样的超级岛屿。

案例分析

房贷的两种还款方式

常见的购房按揭的还款方式主要有两种:等额本息还款法(等额法)和等额本金还款法(递减法)。

等额本息还款法即把按揭贷款的本金总额与利息总额相加,然后平均分摊到还款期限的每个月中,每个月的还款额是固定的,但每月还款额中的本金比重逐月递增、利息比重逐月递减。这种方法是目前最为普遍,也是大部分银行长期推荐的方式。

由于每月的还款额相等,因此,在贷款初期每月的还款中,剔除按月结清的利息后,所还的贷款本金就较少;在贷款末期每月的还款中,剔除按月结清的利息后,所还的贷款本金就较多。这种还款方式,实际占用银行贷款的数量更多、占用的时间更长,同时它还便于借款人合理安排每月的生活和进行理财(如以租养房等),对于精通投资、擅长于"以钱生钱"的人来说,无疑是最好的选择。其计算公式为:

$$\text{每月还款额}=\text{贷款本金}\times[\text{月利率}\times(1+\text{月利率})^{\text{还款月数}}]\div[(1+\text{月利率})^{\text{还款月数}}-1]$$

等额本金还款法即借款人每月按相等的金额(贷款金额/贷款月数)偿还贷款本金,每月贷款利息按月初剩余贷款本金计算并逐月结清,两者合计即为每月的还款额。其计算公式为:

$$\text{每月应还本金}=a/n$$

$$\text{每月应还利息}=a_n\times i/30\times d_n$$

$$\text{等额本金法每月应还利息}=\text{贷款结余金额}\times\text{年利率}/12$$

其中:a 为贷款本金;i 为贷款月利率;n 为贷款月数;a_n 为第 n 个月贷款剩余本金,$a_1=$

a，$a_2=a-a/n$，$a_3=a-2\times a/n$，以此类推；d_n 为第 n 个月的实际天数，如平年2月就为28，3月就为31，4月就为30，以此类推。

由于每月所还本金固定，而每月贷款利息随着本金余额的减少而逐月递减，因此，等额本金还款法在贷款初期月还款额大，此后逐月递减(月递减额=月还本金×月利率)。

举例说明：

吴明打算购房，申请商业贷款10万元，期限20年，年利率为6.12%，分别用等额本息及等额本金还款方式计算。

等额本息还款方式：首月还款金额为723.37元，其中本金213.37元，利息510元，以后每月还款金额不变，但月还本金逐月增加，月还利息逐月减少。

期末，利息总计为73 609元，本息合计为173 609.07元。

等额本金还款方式：首月还款金额为926.67元，其中本金416.67元，利息510元，以后每月月还本金不变，月还款金额与月还利息逐月减少。

期末，利息总计为61 455元，本息合计为161 455元。

在正常还款情况下，两者的差额为12 154.07元(173 609.07−161 455)。

从某种意义上说，购房还贷，等额本金法(递减法)未必优于等额本息法(等额法)，到底选择什么样的还贷方法还要因人而异。等额本息还款法就是借款人每月始终以相等的金额偿还贷款本金和利息，偿还初期利息支出最大，本金就还得少，以后随着每月利息支出的逐步减少，归还本金就逐步增大；等额本金还款法(递减法)就是借款人每月以相等的额度偿还贷款本金，利息随本金逐月递减，每月还款额亦逐月递减。

两种还款方法都是随着剩余本金的逐月减少，利息也将逐月递减，都是按照客户占用管理中心资金的时间价值来计算的。由于等额本金还款法较等额本息还款法而言同期较多地归还贷款本金，因此以后各期确定贷款利息时作为计算利息的基数变小，所归还的总利息相对就少。

职业能力训练

一、名词解释

资金时间价值　终值　现值　名义利率　年金　普通年金　递延年金　系统风险　风险报酬　期望值

二、单项选择题

1. 若希望在3年后取得500元，利率为10%，则单利情况下现在应存入银行(　　)元。

A. 384.6　　B. 650　　C. 375.6　　D. 665.5

2. 一定时期内每期期初等额收付的系列款项称为(　　)。

A. 永续年金　　B. 预付年金　　C. 普通年金　　D. 递延年金

3. 某高校设立永久性奖学金，每年计划颁发50 000元，若年利率为8%，采用复利方式计息，该奖学金的本金应为(　　)元。

A. 625 000　　B. 605 000　　C. 700 000　　D. 725 000

4. 甲方案在5年中每年年初付款2 000元，乙方案在5年中每年年末付款2 000元，若利率相同，则两者在第5年年末时的终值(　　)。

A. 相等　　B. 前者大于后者

C. 前者小于后者　　D. 可能会出现上述三种情况中的任何一种

5. 恒发企业年初借得 50 000 元贷款用于产房建设，贷期 10 年，利率为 12%，每年年末等额偿还，每年应付金额为(　　)元。

A. 8 849　B. 5 000　C. 6 000　D. 2 825

6. 在普通年金终值系数的基础上，期数加 1、系数减 1 所得的结果，在数值上等于(　　)。

A. 普通年金现值系数　B. 即付年金现值系数　C. 普通年金终值系数　D. 即付年金终值系数

7. 有一项年金，前 3 年无流入，后 5 年每年年初流入 500 万元，假设年利率为 10%，其现值为(　　)元。

A. 1 994.59　B. 1 565.68　C. 1 813.48　D. 1 423.21

8. 王强年初存入银行 10 000 元，假设银行按每年 8% 的复利计息，每年年末取出 2 000 元，则最后一次能够足额(2 000 元)提款的时间是(　　)。

A. 第 6 年　B. 第 7 年年末　C. 第 8 年　D. 第 9 年年末

9. 投资者因冒风险进行投资，所获得超过货币时间价值的那部分额外报酬称为(　　)。

A. 无风险报酬　B. 风险报酬　C. 平均报酬　D. 投资报酬

10. 甲、乙两投资方案的期望值不同，甲投资方案的标准差系数为 10%，乙投资方案的标准差系数为 8%，则下列判断正确的是(　　)。

A. 甲方案比乙方案风险大　B. 甲方案比乙方案风险小

C. 甲、乙两方案风险相同　D. 无法判断

11. 企业拟进行一项存在一定风险的投资项目，有甲、乙两个方案可供选择。已知甲方案净现值的期望值为1 000万元，标准离差为 300 万元；乙方案净现值的期望值为1 200万元，标准离差为 330 万元。则下列结论中正确的是(　　)。

A. 甲方案优于乙方案　B. 甲方案的风险大于乙方案

C. 甲方案的风险小于乙方案　D. 无法评价甲、乙方案的风险

12. 从投资人的角度看，下列观点中不能被认同的是(　　)。

A. 有些风险可以分散，有些风险则不能分散　B. 额外的风险要通过额外的收益来补偿

C. 投资分散化是好的事件与不好事件的相互抵消　D. 投资分散化降低了风险，也降低了预期收益

三、多项选择题

1. 下列关于资金的时间价值的表述中，正确的有(　　)。

A. 资金的时间价值是由时间创造的　B. 资金的时间价值是由劳动创造的

C. 资金的时间价值是在资金周转中产生的　D. 资金的时间价值可用社会平均资金利润率表示

2. 下列表述中，正确的有(　　)。

A. 复利终值系数和复利现值系数互为倒数

B. 普通年金终值系数和普通年金现值系数互为倒数

C. 普通年金终值系数和偿债基金系数互为倒数

D. 普通年金现值系数和资本回收系数互为倒数

3. 下列各项中，属于年金形式的有(　　)。

A. 直线法计提的折旧额　B. 等额分期付款

C. 优先股股利　D. 按月发放的养老金

4. 年金按其每期收付款发生的时点不同，可分为(　　)。

A. 普通年金　B. 即付年金　C. 递延年金　D. 永续年金

5. 下列表述中，正确的是(　　)。

A. 偿债基金系数是普通年金终值系数的倒数　B. 资本回收系数是普通年金现值系数的倒数

C. 递延年金的终值与递延期无关　D. 永续年金无终值

6. 在不考虑通货膨胀的前提下，风险与期望投资报酬率的关系可正确表示为(　　)。

A. 期望投资报酬率＝无风险报酬率＋风险报酬率

B. 期望投资报酬率＝无风险报酬率＋风险程度

C. 期望投资报酬率＝资金时间价值＋通货膨胀补偿率＋风险报酬率

D. 期望投资报酬率＝资金时间价值＋风险报酬率

7. 风险按形成的原因可以分为(　　)。

A. 财务风险　　B. 市场风险　　C. 经营风险　　D. 公司特有风险

8. 企业因借款而增加的风险称为(　　)。

A. 经营风险　　B. 财务风险　　C. 市场风险　　D. 筹资风险

9. 对风险进行衡量时应着重考虑的因素有(　　)。

A. 期望值　　B. 标准离差　　C. 标准离差率　　D. 无风险报酬率

10. 关于投资者要求的投资报酬率,下列说法中正确的有(　　)。

A. 风险程度越高,要求的报酬率越低

B. 无风险报酬率越高,要求的报酬率越高

C. 无风险报酬率越低,要求的报酬率越高

D. 风险程度、无风险报酬率越高,要求的报酬率越高

11. 若甲的期望值高于乙的期望值,且甲的标准离差小于乙的标准离差,则下列表述中不正确的是(　　)。

A. 甲的风险小,应选择甲方案

B. 乙的风险小,应选择乙方案

C. 甲的风险与乙的风险相同

D. 难以确定,因期望值不同,需进一步计算标准离差率

四、判断题

1. 通常情况下,资金时间价值是在既没有风险也没有通货膨胀条件下的社会平均利润率。(　　)

2. 没有经营风险的企业也就没有财务风险;反之,没有财务风险的企业也就没有经营风险。(　　)

3. 永续年金与其他年金一样,既有现值又有终值。(　　)

4. 递延年金终值的大小与递延期无关,所以计算方法和普通年金终值相同。(　　)

5. 在利息率和计息期相同的条件下,复利现值系数与复利终值系数互为倒数。(　　)

6. 名义利率是指一年内多次复利时给出的年利率,它等于每期利率与年内复利次数的乘积。(　　)

7. 普通年金现值系数加1等于同期、同利率的预付年金现值系数。(　　)

8. 在终值一定的情况下,贴现率越低,计算期越少,则复利现值越大。(　　)

9. 若A投资方案的标准差系数为5.67%,B投资方案的标准差系数为3.46%,则可以判断B投资方案的风险一定比A投资方案的风险小。(　　)

五、简答题

1. 简述单利与复利的主要区别。

2. 简述后付年金与预付年金的区别与联系。

3. 如何计算递延年金的现值?

4. 控制风险的对策有几种?

5. 如何进行风险与收益间的决策?

六、实务训练题

1. ABC公司存入银行123 600元,准备7年后用这笔款项的本利来购买一台设备。当时银行存款利率为复利10%,该设备的预计价格为240 000元。

要求:通过计算说明7年后能否用这笔款项的本利和购买该设备。

2. 时代公司需要一台包装用设备，买价为 1 600 元，可用 10 年。如果租用，则每年年初需付租金 200 元。假设其他情况相同，利率为 6%。

要求：作出公司是购买还是租用该设备的决策。

3. 王翔计划在 3 年以后得到 20 000 元，用于偿还到期的债务，银行的存款利息率为年利率 4%，采用复利计息方法。

要求：通过计算，说明现在应存入银行多少钱，才能在 3 年后得到 20 000 元？

4. 大名企业向银行借入一笔款项，银行贷款利率为 10%，每年复利一次。银行规定前 10 年不用还本付息，第 11 年至第 20 年年末偿还本息 5 000 元。

要求：计算这笔借款的现值。

5. 5 年前发行的一种第 20 年年末一次还本 100 元的债券，债券票面利率为 6%，每年年末付息一次，第五次利息刚刚付过，目前发行的与之风险相当的债券的票面利率为 8%。

要求：计算该债券的市价。

6. 向阳公司准备购买一套办公用房，有两个付款方案可供选择：

(1)甲方案：从现在起每年年初付款 200 万元，连续支付 10 年，共计 2 000 万元。

(2)乙方案：从第 5 年起，每年年初付款 250 万元，连续支付 10 年，共计 2 500 万元。

要求：假定该公司的资金成本为 10%，通过计算说明应选择哪个方案。

7. 康乐公司有一投资项目，在第 1 年年初需投资 8 万元，前 3 年没有投资收益，从第 4 年至第 8 年每年年末可得到投资收益 3 万元。该企业的资金成本率为 6%。

要求：通过计算，说明该投资项目是否可行。

8. 利恩企业欲购置一台设备，现有三种付款方式：第一种是第 1 年年初一次性付款240 000元；第二种是每年年初付50 000元，连续付 5 年；第三种是第 1 年、第 2 年年初各付 40 000 元，第 3 年至第 5 年年初各付 60 000元。假设利率为 8%。

要求：通过计算，说明企业应采用哪种方式付款有利？

9. 某项投资的资产利润率概率估计情况如下表所示。

可能出现的情况	概　率	资产利润率
经济状况好	0.3	20%
经济状况一般	0.5	10%
经济状况差	0.2	−5%

要求：

(1)计算资产利润率的期望值。

(2)计算资产利润率的标准离差。

(3)计算资产利润率的标准离差率。

10. 健力企业准备投资开发新产品，现有三个方案可供选择。根据市场预测，三种不同市场状况的预计年报酬如下表所示。

市场状况	发生概率	预计年报酬率		
		A 产品	B 产品	C 产品
繁荣	0.30	30%	40%	50%
一般	0.50	15%	15%	15%
衰退	0.20	0	−15%	−30%

要求：计算投资开发各种新产品的风险。

项目三

筹资管理

导学案例

小王想开一家小咖啡店，面积大约在150平方米以下，位置在商务区附近，主要经营一般咖啡品种、饮品、简单西餐等，咖啡店可以无线上网。他想雇一个一般水平的西餐厨师和一个服务员，还需要买设备，装修等。他有35万元，但不知道资金够不够？大约需要投资多少？请你帮他算算前期要投入多少？多久可以收回成本？

方案建议：以半年为限

房租	90 000(元)
家具、装修	200 000(元)
器具	30 000(元)
物资准备	20 000(元)
西餐物料准备	20 000(元)
物业费	30 000(元)
人工费	36 000(元)
杂费	30 000(元)

这次总投资大约需要456 000元，生意清淡情况下坚持半年，再准备50 000元备急，总共需要50万元左右的资金。

1. 业务流程图

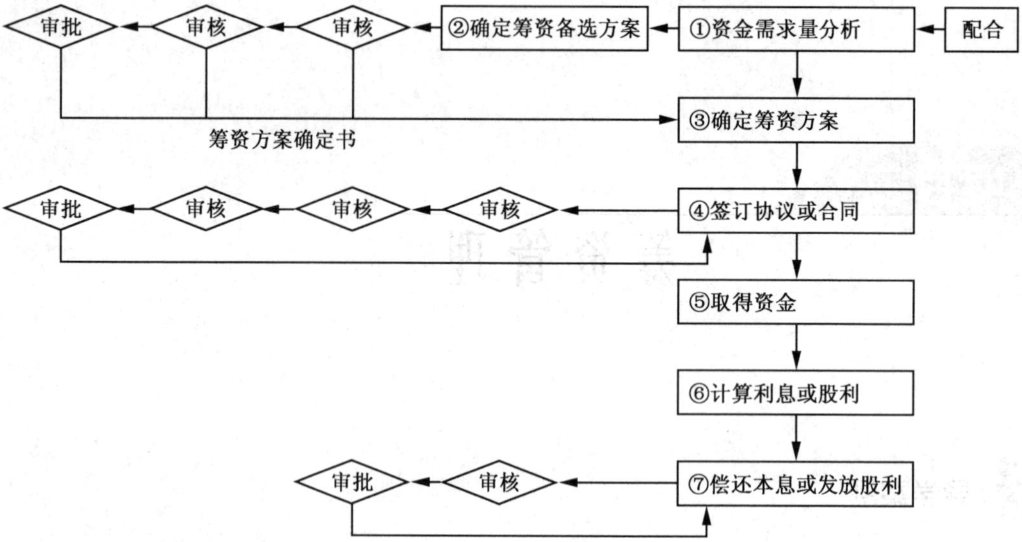

2. 主要岗位职责

职责内容

(1) 负责企业所有融资项目的成本预算，组织协调实施融资预算，设计融资方案。
(2) 负责分析市场和项目融资风险，对企业短期及较长期的资金需求进行预测，及时出具分析报告，提出相应的应对措施，制定并实施相应的融资解决方案。
(3) 积极开拓金融市场，与国内外目标融资机构沟通，建立多元化的企业融资渠道，与各金融机构建立和保持良好的合作关系。
(4) 通过对企业资产和负债进行全面分析，针对不同银行的特点设计融资项目和方式。
(5) 执行融资决策，实现企业融资的流动性，为资金平衡奠定基础。
(6) 进行资金分析和调配，监督各项资金的运营，优化资金结构，提高资金使用效率。
(7) 按时完成领导交办的其他相关工作。

任务一　资金需要量预测方法

【知识目标】

1. 了解筹资的种类；
2. 了解筹资的渠道和方式；
3. 掌握资金需要量的预测的计算。

【技能目标】

1. 能够分析筹资的种类；
2. 能够分清筹资的渠道和方式的配合；
3. 能够进行资金需要量的预测的量化计算与分析。

一、筹资目的

筹资是企业生存和发展的基本前提，没有资金，企业将难以生存，更不可能发展。企业筹资是指企业为了满足其经营活动、投资活动、资本结构调整等需要，运用一定的筹资方式，筹措和获取所需资金的一种行为。

企业筹资应服务于企业财务管理的总体目标，其基本目的是满足正常的生产经营需要，主要表现在：

(1)企业设立的需要。新企业的设立必须准备充足的开业资金，以便购置厂房、机器设备，购进原材料，支付开办费等。资金是企业设立的前提，筹资活动是财务活动的起点。

(2)生产经营的需要。为满足生产经营需要而进行的筹资活动是最为经常性的财务活动，一是满足简单再生产的资金需要；二是满足扩大再生产的资金需要，如追加对外投资等。

(3)资金结构调整的需要。资金结构的调整是企业为降低筹资风险、减少资金成本而对资本与负债间的比例关系进行的调整，属于企业重大的财务决策事项，也是企业筹资管理的重要内容。

二、筹资分类

(一)根据资金的权益特性不同，分为股权筹资、债务筹资和衍生工具筹资

1. 股权筹资

股权筹资形成股权资本，是指企业依法长期拥有、能够自主调配运用的资本。股权资本在企业持续经营期间内，投资者不得抽回。股权资本是企业从事生产经营活动和偿还债务的本钱，是代表企业基本资信状况的一个主要指标。企业的股权资本通过吸收直接投资、发行股票、内部积累等方式取得。股权资本由于一般不用还本，形成了企业的永久性资本，因而财务风险小，但付出的资本成本相对较高。股权筹资项目，包括实收资本(股本)、资本公积金、盈余公积金和未分配利润等，可分别划入实收资本(或股本)和留存收益两大类。

从投资者的角度看，企业的权益资金是投资者投入企业的资产及其权益准备。一般认为，作为投资者总是期望其投资能够保值并在一定程度上增值。站在投资者立场，权益资金是投资者的一项高风险资产。站在受资企业的立场，权益资金是一种高成本、低风险资金。其高成本是指筹资的成本较高，具体为投资者期望得到与高风险相对等的较高的必要报酬率；其低风险是指权益资金无须还本付息，没有偿债压力，可作为负债资金支付的保障。

2. 债务筹资

债务筹资，是指企业通过借款、发行债券、融资租赁以及赊销商品或服务等方式取得的资金形成在规定期限内需要清偿的债务。由于债务筹资到期要归还本金和支付利息，对企业的经营状况不承担责任，因而具有较大的财务风险，但付出的资本成本相对较低。

如果将股权筹资、债务筹资进行一定的筹资组合，则企业既能够利用股权筹资降低财务风险，又能够利用债务筹资的低成本从而取得高收益。财务上将股权筹资、债务筹资的组合称为财务结构或资本结构。它们两者间的主要差异见表3－1。

表3－1　股权筹资与债务筹资的主要差异

特　征	权益资金筹集	负债资金筹集
主要筹资方式	吸收直接投资、发行股票、利用留存收益等方式	银行借款、发行债券、融资租赁、利用商业信用等方式
主要筹资成本	支付股利	支付利息

续表

特　征	权益资金筹集	负债资金筹集
税收地位	股利不属于企业费用,企业必须先缴纳企业所得税,然后支付股利给股东 股东还要为此缴纳个人所得税	利息属于企业的财务费用,在企业计算应缴纳所得税时,可以扣除这部分费用
控制权	有企业表决权	无企业表决权,但可以根据契约行使控制权
筹资期限	永久使用,无到期日	约定了固定到期日
违约风险	不用还本,企业也不会因没有支付股利而破产	企业具有法定还本付息义务,否则将直接导致企业破产
清偿权	在财务困境或企业破产时有最后财产清偿权	在财务困境或企业破产时有优先财产清偿权

3. 衍生工具筹资

衍生工具筹资包括兼具股权与债务特性的混合融资和其他衍生工具融资。上市公司目前最常见的混合融资是可转换债券融资,最常见的其他衍生工具融资是认股权证融资。

(二)根据资金的使用期限,分为长期资金和短期资金

1. 长期资金

长期资金,是指企业筹集使用期限在1年以上的资金,主要通过吸收直接投资、发行股票、发行长期债券、长期银行借款、融资租赁和利用留存收益等形式来筹集。长期资金主要用于购建固定资产、形成无形资产、进行对外长期投资、垫支流动资金、产品和技术研发等。

长期资金的筹集从资金的供应方来看,期限越长,未来的不可知性越大,因而其风险也增大,成本相对较高。所以也是一对矛盾的集合体,一方面是使用上的低风险,另一方面是其高成本。从资金权益性质来看,长期资金可以是股权资金,也可以是债务资金。

2. 短期资金

短期资金,是指使用期限在1年以内的资金,主要用于企业的流动资产和日常资金周转。短期资金主要通过短期借款、商业信用、保理业务等方式来筹集。

筹资的目的就是以较低的筹资成本和较小的筹资风险,获取较多的资金。因此,如何扬长避短,借助于长短期资金的组合与搭配,使得企业所占用的资金时间相对较长、风险较小,而又保持较低的综合成本,便是筹资管理的又一目的。

(三)根据筹资活动是否通过金融机构为媒介,分为直接筹资与间接筹资

1. 直接筹资

直接筹资,是指企业直接与资金供应者协商融通资本的一种筹资活动。直接筹资方式主要有吸收直接投资、发行股票、发行债券等。公司股票、公司债券等有价证券的发行需要通过证券公司等中介机构进行,但证券公司所起到的只是承销的作用,资金拥有者并未向证券公司让渡资金使用权,因此发行股票、债券属于直接向社会筹资。

2. 间接筹资

间接筹资,是指企业借助于银行等金融机构进行的筹资活动,其主要形式为银行借款、非银行金融机构借款、融资租赁等。间接融资是目前我国企业最为重要的筹资方式,在此方式下,银行等金融机构发挥了中介的作用,预先集聚资金,资金拥有者首先向银行等金融机构让渡资金的使用权,然后由银行等金融机构将资金提供给企业。间接筹资形成的主要是债务资金。

(四)根据资金的取得方式,分为内部筹资和外部筹资

1. 内部筹资

内部筹资,是指从企业内部所筹集的资本,它主要表现为内源性的资本积累,如内部留存收益和折旧。

2. 外部筹资

外部筹资,是指从外部市场取得的资本,如发行股票、债券、银行借款等。从西方资本结构理论中的优序理论和多数企业筹资实践来看,内部筹资是企业筹资的首选,只有当企业内部筹资不能满足需要时,方可进行借款、发行债券及最后发行股票等外部筹资。

三、筹资的渠道和方式

筹集资金需要通过一定的渠道,采用一定的方式,并使两者合理地配合起来。

(一)筹资渠道

筹资渠道是指筹措资金来源的方向与通道,体现着资金的源泉和流量。认识筹资渠道的种类及每种渠道的特点,有利于企业充分开拓和正确利用筹资渠道。现阶段我国企业的筹资渠道主要有以下几种:

1. 国家资金

国家对企业的投资主要是对国有企业,国有企业的资金来源大部分是过去由国家以拨款方式投资形成的,国家财政资金具有广阔的源泉和稳固的基础。从产权关系上看,它们都属于国家投入的资金,产权归国家所有。

2. 银行信贷资金

银行对企业的各种贷款,是我国目前各类企业最为重要的资金来源。银行一般分为商业性银行和政策性银行。前者为各类企业提供商业性贷款,后者主要为特定企业发放政策性贷款。银行信贷资金有居民储蓄、单位存款等经常性的资金来源,贷款方式多种多样,可以适应各类企业的多种资金需要。

3. 非银行金融机构资金

非银行金融机构主要有信托投资公司、租赁公司、保险公司、证券公司、企业集团的财务公司等。它们有的承销证券,有的融资融物,有的为了一定目的而集聚资金,可以为一些企业直接提供部分资金或为企业筹资提供服务。这种筹资渠道的财力比银行要小,但具有广阔的发展前景。

4. 其他企业资金

企业在生产经营过程中往往形成部分暂时闲置的资金,同时为了一定的目的也需要相互投资,这都为筹资企业提供了资金来源。

5. 居民个人资金

企业职工和城乡居民的节余货币,可以对企业进行投资,形成民间资金渠道,为企业所利用。

6. 企业自留资金

企业内部形成的资金,主要是计提折旧、提取公积金和未分配利润而形成的资金。这是企业的“自动化”筹资渠道。

7. 外商资金

外商资金是外国投资者以及我国香港、澳门和台湾地区投资者投入的资金,是外商投资企业的重要资金来源。

(二)筹资方式

筹资方式是指企业筹措资金所采取的具体形式,体现着资金的属性。认识筹资方式的种类及每种筹资方式的属性,有利于选择适宜的筹资方式和进行筹资组合。筹资方式一般有以下几种:(1)吸收直接投资;(2)发行股票;(3)利用留存收益;(4)银行借款;(5)发行公司债券;(6)商业信用;(7)融资租赁。

(三)筹资渠道和筹资方式的对应关系

筹资渠道解决的是资金来源问题,筹资方式解决的是企业通过何种方式取得资金的问题,它们之间存在一定的对应关系,特定的筹资渠道只能配以相应的筹资方式,而一定的筹资方式只能适用于某一特定的筹资渠道。筹资渠道和筹资方式的配合见表3—2。

表3—2 筹资渠道和筹资方式的配合

资金来源	直接投资	股票	借款	债券	信用	租赁
国家财政资金	√	√				
银行信贷资金			√			
非银行金融机构资金	√	√	√	√		
其他企业资金	√	√		√	√	√
居民个人资金	√	√		√		√
企业自留资金	√					

四、筹资原则

企业在筹资过程中,必须对影响筹资活动的各种因素进行分析,并遵循一定的筹资原则,才能提高筹资效率、降低筹资风险与筹资成本,并最终实现筹资目标。为了有效地筹集企业所需资金,企业应遵循以下原则:

(一)规模适度原则

企业在筹资过程中,无论通过何种渠道、采用何种方式筹资,都应预先确定资金的需要量,使筹资量与需要量相互平衡,防止筹资不足而影响生产经营活动的正常开展,同时也避免筹资过剩而降低筹资效益。

(二)结构合理原则

企业在筹资时,必须使企业的权益资金和负债资金保持合理的结构关系,使负债的多少与权益资金和偿债能力的要求相适应,防止负债过多而增加财务风险,降低偿债能力。

(三)成本节约原则

企业筹资要综合考虑股权资金与债务资金的关系、长期资金与短期资金的关系、内部筹资与外部筹资的关系,合理安排资本结构,保持适当的偿债能力,防范企业财务危机,提高筹资效益。

(四)时机得当原则

企业在筹资过程中,必须按照投资机会来把握筹资时机,从投资计划或时间安排上,确定合理的筹资计划与筹资时机,以避免因取得资金过早而造成投资前的闲置,或者取得资金的相对滞后而影响投资时机。

(五)依法筹措原则

企业在筹资过程中,必须接受国家有关法律法规及政策的指导,依法筹资,履行约定的责任,维护投资者权益。

以上原则在具体的筹资活动中,要根据筹资的目的、具体的经济环境等灵活运用,才能达到最佳的经济效果。

五、资金需要量的预测

预测企业资金需要量是筹集资金的基础性工作,企业在筹资之前,应当采用一定的方法预测资金需要量,才能使筹集的资金既能保证满足生产经营的需要,又不会有太多的闲置。企业资金需要量的预测可以采用定性预测法、定量预测法。

(一)定性预测法

定性预测法是指利用直观的资料,依靠个人的经验和主观分析、判断能力,对未来资金需要量作出预测的方法。其预测过程是:首先,由熟悉财务情况和生产经营情况的专家,根据过去所积累的经验进行分析判断,提出预测的初步意见;然后,通过召开座谈会或发出各种表格等形式,对上述预测的初步意见进行修正补充。这样经过一次或几次以后,得出预测的最终结果。

定性预测法虽然十分实用,但它不能揭示资金需要量与有关因素之间的数量关系。通常在企业缺乏完备、准确的历史资料的情况下采用。

(二)定量预测法

定量预测法是以历史资料为依据,采用数学模型对未来时期资金需要量进行预测的方法。这种方法预测的结果科学而准确,有较高的可行性,但计算较为复杂,要求具有完备的历史资料。定量预测法常用的方法有因素分析法、销售百分比法和线性回归分析法。

1. 因素分析法

因素分析法又称分析调整法,是以有关项目基期年度的平均资金需要量为基础,根据预测年度的生产经营任务和资金周转加速的要求,进行分析调整,从而预测资金需要量的一种方法。这种方法计算简便,容易掌握,但预测结果不太精确。它通常用于品种繁多、规格复杂、资金用量小的项目。因素分析法的计算公式如下:

$$\text{资金需要量}=\left(\frac{\text{基期资金}}{\text{平均占用额}}-\frac{\text{不合理资金}}{\text{占用额}}\right)\times\left(1\pm\frac{\text{预测期销售}}{\text{增减额}}\right)\times\left(1\pm\frac{\text{预测期资金周转}}{\text{速度变动率}}\right)$$

【做中学3—1】 某公司上年度资金平均占用额为4 000万元,其中不合理的部分是100万元,预计本年度销售额增长率为−3%,资金周转速度提高1%,预测年度资金需要量。

预测年度资金需要量=(4 000−100)×(1−3%)×(1−1%)=3 745(万元)

2. 销售百分比法

销售百分比法是根据资产负债表中各个项目与销售收入总额之间的依存关系,按照计划期销售额的增长情况来预测资金需要量的方法,是目前最常用的预测资金需要量的方法。

使用这一方法的前提是假设某报表项目与销售指标的比率已知且固定不变,要点是资产为企业资金占用,而负债和所有者权益是资金的来源。即满足会计恒等式:资产=负债+所有者权益。

$$\text{外界资金需要量}=\text{增加的资产}-\text{增加的负债}-\text{增加的留存收益}$$

(1)分析基期资产负债表各个项目与销售收入总额之间的依存关系,计算各敏感项目的销售百分比。

资产负债表中有一些项目会因销售额的增长而相应地增加，这些项目称为敏感项目，包括现金、应收账款、存货、应付账款、应付费用和其他应付款等。而其他如对外投资、固定资产净值、短期借款、长期负债、实收资本等项目，一般不会随销售额的增长而增加，因此将其称为非敏感项目。

(2)计算预测期各项目预计数，填入预计资产负债表，确定需要增加的资金量。

某敏感项目预计数＝预计销售额×某项目销售百分比

(3)确定对外界资金的筹资数量。

$$\text{外部融资需求量}=\frac{A}{S_1}\times\Delta S-\frac{B}{S_1}\times\Delta S-P\times E\times S_2$$

其中：A 为随销售而变化的敏感性资产；B 为随销售而变化的敏感性负债；S_1 为基期销售额；S_2 为预测期销售额；ΔS 为销售变动额；P 为销售净利率；E 为利润留存率；A/S_1 为敏感资产与销售额的关系百分比；B/S_1 为敏感负债与销售额的关系百分比。

【做中学 3—2】 星海公司 2014 年 12 月 31 日的资产负债表如表 3—3 所示。

表 3—3　　**2014 年资产负债表**　　单位：万元

资　产	金　额	负债与所有者权益	金　额
现金	10 000	应付票据	8 000
应收账款	24 000	应付费用	4 000
存货	50 000	应付账款	20 000
预付费用	4 000	短期借款	50 000
固定资产净值	212 000	长期负债	80 000
		实收资本	128 000
		留用利润	10 000
资产总额	300 000	负债与所有者权益总额	300 000

该企业 2014 年的销售收入为200 000万元，税后净利润为20 000万元，销售净利率为10%，已按 50%的比例发放普通股股利10 000万元。目前企业尚有剩余生产能力，即增加收入不需要进行固定资产方面的投资。假定销售净利率仍保持上年水平，预计 2015 年销售收入将提高到240 000万元，年末股利发放比例预计将增加至 70%，预测 2015 年需要增加资金的数量。

(1)根据 2014 年资产负债表，编制 2015 年预计资产负债表(见表 3—4)。

表 3—4　　**2015 年预计资产负债表**　　单位：万元

资　产	百分比(%)	金　额(元)	负债与所有者权益	百分比(%)	金　额(元)
现金	5	12 000	应付票据	4	9 600
应收账款	12	28 800	应付费用	10	4 800
存货	25	60 000	应付账款	2	24 000
预付费用	2	4 800	短期借款	N	50 000
固定资产净值	N	212 000	长期负债	N	80 000

续表

资　产	百分比（%）	金　额（元）	负债与所有者权益	百分比（%）	金　额（元）
			实收资本	N	128 000
			留用利润	N	10 000
			追加资金	N	11 200
资产总额	44	317 600	负债与所有者权益总额	16	317 600

(2)确定需要增加的资金。第一，可根据预计资产负债表直接确认需追加的资金额。表 3—4中预计资产总额为317 600万元，而负债与所有者权益为306 400万元，资金占用大于资金来源，则需追加资金11 200万元。第二，也可分析测算需追加的资金额。表 3—4 中销售收入每增加 100 元，须增加 44 元的资金占用，但同时自动产生 16 元的资金来源。因此，每增加 100 元的销售收入，必须取得 28 元的资金来源。在本例中，销售收入从200 000万元增加到240 000万元，增加了40 000万元，按照 28%的比率可测算出将增加11 200万元的资金需求。

(3)确定对外界资金需求的数量。上述11 200万元的资金需求可通过企业内部筹集和外部筹集两种方式解决，2014 年预计净利润为24 000万元(240 000×10%)，如果公司的利润分配给投资者的比率为 70%，则将有 30%的利润即7 200万元被留存下来，从11 200万元中减去7 200万元的留存收益，则还有4 000万元的资金必须从外界融资解决。此外，也可根据上述资料采用公式求得对外界资金的需求量。

对外筹资金额＝44%×40 000－16%×40 000－10%×30%×240 000＝4 000(万元)

销售百分比法的优点，是能为筹资管理提供短期预计的财务报表，以适应外部筹资的需要，且易于使用。但在有关因素发生变动的情况下，必须相应地调整原有的销售百分比。

3. 回归分析法

回归分析法就是应用最小平方法的原理，对过去若干期间的销售额及资金总量(即资金占用量)的历史资料进行分析，按 $y=a+bx$ 的公式来确定反映销售收入总额 x 和资金总量 y 之间关系的回归直线方程，据以预测计划期间资金需要量的一种方法。

该方法是在资金变动与产销量变动关系的基础上，将企业资金划分为不变资金和变动资金，然后结合预计的产销量来预测资金需要量。不变资金是指不随产销量变动而变动的资金需要量；变动资金是指随着产销量的变动呈正比例变动的资金需要量。基本模型为：

资金占用量(y)＝不变资金(a)＋变动资金(bx)

＝不变资金(a)＋单位产销量所需的变动资金(b)×产销量(x)

即：

$$y=a+bx$$

根据历史资料求出 a 和 b 并代入上式，建立预测模型，只要测定出产销量 x，就可以预测出资金占用量。a 和 b 的计算公式是：

$$a=\frac{\sum x^2 \sum y-\sum x \sum xy}{n \sum x^2-(\sum x)^2}$$

$$b=\frac{n \sum xy-\sum x \sum y}{n \sum x^2-(\sum x)^2}$$

【做中学 3—3】 星海公司产销量和资金变化情况如表 3—5 所示。

表 3—5 产销量与资金变化情况(1)

年　份	产销量(x)(万元)	资金占用量(y)(万元)
2010	15	200
2011	25	220
2012	40	250
2013	35	240
2014	55	280

预计 2015 年产销量为 90 万件,试计算 2015 年的资金需要量。

(1)根据表 3—5,编制表 3—6。

表 3—6 产销量与资金变化情况(2)

年　份	产销量(x)	资金占用量(y)	xy	x^2
2010	15	200	300	225
2011	25	220	5 500	625
2012	40	250	10 000	1 600
2013	35	240	8 400	1 225
2014	55	280	15 400	3 025
$n=5$	$\sum x=170$	$\sum y=1\ 190$	$\sum xy=42\ 300$	$\sum x^2=6\ 700$

(2)把表 3—6 的资料代入公式,解得:$a=170$,$b=2$。

(3)把 $a=170$,$b=2$ 代入 $y=a+bx$,求得 $y=170+2x$。

(4)将 2015 年预计销售量 90 万件代入上式,得出:

$y=170+2\times 90=350$(万元)

任务二　股权筹资分析

【知识目标】

1. 了解股权筹资的种类与特点;
2. 了解股票种类、股票上市发行的内容;
3. 掌握股票融资的优缺点;
4. 了解衍生工具筹资。

【技能目标】

1. 能够分清股权筹资的种类;
2. 能讲述股票与股票上市发行的内容;
3. 能分析股票融资的优缺点;
4. 能分清衍生工具筹资的可转换债券、认股权证。

股权筹资方式主要有吸收直接投资、发行普通股、发行优先股和利用留存收益。

一、吸收直接投资

吸收直接投资是企业按照"共同投资、共同经营、共担风险、共享利润"的原则，以合同、协议等形式直接吸收国家、企业、个人和外商等主体投入资金的筹资方式。它是非股份制企业筹集权益资本的基本方式，采用吸收直接投资的企业，资本不分为等额股份、无须公开发行股票。吸收直接投资实际出资额，注册资本部分形成实收资本；超过注册资本部分属于资本溢价，形成资本公积。

(一)吸收直接投资中的出资方式

企业在采用吸收直接投资方式筹集资金时，投资者可以用现金、厂房、机器设备、材料物资、无形资产等作价出资。出资方式主要有以下几种：

(1)以现金出资。现金出资是吸收投资中一种最主要的出资方式。

(2)以实物出资。实物出资就是投资者以厂房、建筑物、设备等固定资产和原材料、商品等流动资产所进行的投资。

(3)以工业产权出资。工业产权出资是指投资者以专有技术、商标权、专利权等无形资产所进行的投资。

(4)以土地使用权出资。

(二)吸收直接投资的成本

吸收直接投资的成本，是企业因吸收直接投资而支付给直接投资者的代价。吸收直接投资的成本除无须考虑筹资费用外，其计算方法与普通股筹资基本相同。

(三)吸收直接投资的优缺点

1. 吸收直接投资的优点

(1)筹资方式简便、快捷。与股票等筹资方式相比，吸收直接投资履行的法律程序相对简单，无须经过审批等中间环节，投资双方协商一致即可完成。

(2)吸收直接投资所筹资本属于权益资本，与债务资本相比，能提高企业资信程度和举债能力，减少财务风险，增强企业信誉。

(3)有利于尽快形成生产力。吸收直接投资不仅可以筹集现金，而且可以直接获取投资者的先进设备和技术，从而能尽快形成企业的生产能力。

2. 吸收直接投资的缺点

(1)吸收直接投资所筹资金是权益资金，与债务资金相比，投资者的分红不能像债务利息那样在所得税前扣减，没有避税效应，因而资金成本相对较高。

(2)吸收非现金投资，存在资产不易作价的问题。

(3)不利于公司治理；不利于产权交易。

二、普通股筹资

股票是股份有限公司为筹措股权资本而发行的有价证券，是公司签发的证明股东持有公司股份的凭证。股票作为一种所有权凭证，代表着股东对发行公司净资产的所有权。股票只能由股份有限公司发行。股票的特点包括永久性、流通性、风险性、参与性。股东的权利包括公司管理权、收益分享权、股份转让权、优先认股权、剩余财产要求权。

(一)股票的种类

根据不同的标准,可以对股票进行下列分类:

(1)按股东权利划分,可分为普通股股票和优先股股票。

普通股是公司资本的最基本部分,其持有者依法享有对公司的经营管理权限,并根据公司经营效益的大小分得股利,同时承担相应的风险。

优先股不同于普通股,主要表现在:持有者获得的股息是预先固定的,不随公司经营效益的好坏发生变化;在公司清偿时,优先股的清偿顺序排列在普通股之前,即其风险程度较普通股低。

(2)按股票票面是否有记名为标准划分,可分为记名股票和无记名股票。

(3)按股票票面上是否有金额划分,可分为面额股票和无面额股票。

(4)按股票发行交易方式和上市地区划分,可分为 A 股、B 股、H 股和 N 股和 S 股等。

(二)普通股股东的权利

普通股股票的持有人称为普通股股东,普通股股东一般具有以下权利:

(1)公司管理权。普通股股东的管理权主要体现为在董事会选举中有选举权和被选举权,通过选出的董事会代表所有股东对企业进行控制和管理。具体来说,普通股股东的管理权主要包括投票权、查账权、阻止越权经营的权利。

(2)分享盈余权。普通股股东经董事会决定后有从净利润中分得股息和红利的权利。

(3)出让股份权。即股东有权出售或转让股票。

(4)优先认股权。即普通股股东拥有优先于其他投资者购买公司增发新股票的权利。

(5)剩余财产要求权。即当公司解散、清算时,普通股股东对剩余财产有要求权。但是,公司破产清算时,财产的变价收入,首先要用来清偿债务,然后支付优先股股东,最后才能分配给普通股股东。

(三)股票发行和股票上市

1. 股票发行

我国股份公司发行股票必须符合《证券法》和《上市公司证券发行管理办法》规定的发行条件。股票发行管理规定,主要包括股票发行条件、发行程序和方式、销售方式。

(1)股票发行方式:

①公开间接发行。公开发行有两种市场:初级市场(一级市场)和次级市场(二级市场)。我国股份有限公司采用募集设立方式向社会公开发行新股时,须向证券经营机构承销的做法,就属于股票的公开间接发行。

②不公开直接发行。即不公开对外发行股票,只向少数特定的对象直接发行,因而无须经中介机构承销。

(2)股票销售方式:

①自销方式。股票发行的自销方式,是指发行公司自己直接将股票销售给认购者。这种方式可以节省发行费用,但往往筹资时间长,发行公司要承担全部发行风险,并需要发行公司有较高的知名度、信誉和实力。

②承销方式。即发行公司将股票销售委托给证券经营机构代理。这种销售方式是发行股票所普遍采用的。

我国《公司法》规定股份有限公司向社会公开发行股票,必须与依法设立的证券经营机构签订承销协议,由证券经营机构承销。股票承销又分为包销和代销两种具体办法。

包销是根据承销协议规定的价格，由证券经营机构一次全部购进股份公司公开募集的全部股份，然后以较高的价格出售给社会上的认购者。对于股票发行公司来说，包销可及时获得资金，免于承担发行风险，但发行成本较高；代销是指股票发行公司委托证券经营机构代理发行公司股票，并支付一定的手续费，证券经营机构不承担发行风险。

2. 股票上市

股票上市，是指股份有限公司公开发行的股票经批准在证券交易所挂牌交易。我国《公司法》规定，股份有限公司申请其股票上市，必须符合相关法律法规的条件。

(四)引入战略投资者

1. 战略投资者的概念

战略投资者是能够通过帮助公司融资、提供营销与销售支持的业务，或通过个人关系增加投资价值的公司或个人投资者。作为战略投资者的基本要求是：

(1)要与公司的经营业务联系紧密；

(2)要出于长期投资目的而较长时期地持有股票；

(3)要具有相当的资金实力，且持股数量较多。

2. 引入战略投资者的作用

战略投资者具有资金、技术、管理、市场、人才等方面的优势，能够增强企业的核心竞争力和创新能力。上市公司引入战略投资者，使其能够和上市公司之间形成紧密的、伙伴式的合作关系，并由此增强公司经营实力、提高公司管理水平、改善公司治理结构。因此，对战略投资者的基本资质条件要求是：拥有比较雄厚的资金、核心的技术、先进的管理等，同时要有较好的实业基础和较强的投融资能力。引入战略投资者具体有以下几方面的作用：

(1)提升公司形象，提高资本市场认同度。

(2)优化股权结构，健全公司法人治理。

(3)提高公司资源整合能力，增强公司的核心竞争力。

(4)达到阶段性的融资目标，加快实现公司上市融资的进程。

目前我国上市公司确定战略投资者还处于募集资金最大化的实用原则阶段。谁的申购价格高，谁就能成为战略投资者，管理型、技术型的战略投资者还很少见。

(五)股票上市的影响

1. 股票上市对公司的有利影响

(1)有助于改善财务状况。公司公开发行股票可以筹得自有资金，能迅速改善公司财务状况，并有条件得到利率更低的贷款。同时，公司一旦上市，就可以有更多的机会从证券市场上筹集资金。

(2)利用股票收购其他公司。一些公司常用出让股票而不是付现金的方式对其他企业进行收购。被收购企业也乐意接受上市公司的股票。因为上市的股票具有良好的流通性，持股人可以很容易将股票出手而得到资金。

(3)利用股票市场客观评价企业。对于已上市的公司来说，每时每日的股市行情，都是对企业客观的市场估价。

(4)利用股票可激励职员。上市公司利用股票作为激励关键人员的有效手段。

2. 股票上市对公司的不利影响

(1)容易泄露商业机密，使公司失去隐私权。公开上市的公司必须向社会公众公布其经营成果及重大经营事项等，以便让社会公众和股东随时了解公司的经营状况。这就使得上市公司隐私权消失，从而加大了经理人员的操作难度。

(2)公开上市需要很高的费用，包括资产评估费用、股票承销佣金、律师费、注册会计师费、材料印刷费、登记费等。这些费用的具体数额取决于每一个企业的具体情况、整个上市过程的难易程度和上市数额等因素。公司上市后尚需花费一些费用为证券交易所、股东等提供资料，聘请注册会计师、律师等。

(六)股票发行价格

股票的发行价格是指股份有限公司在股票发行市场上将股票出售给投资者所采用的价格。股票的发行价格一般有以下三种：等价、时价、中间价。等价是以股票面值为发行价格发行股票，它一般适用于初次发行股票或原有股东认购新股；时价，也称市价，是以公司原发行同种股票的现行市场价格为基准来选择增发新股的发行价格；中间价就是以时价和等价的中间值确定的股票发行价格。

股票的时价和中间价可能高于或低于股票的面值，当股票的发行价高于股票面值时叫溢价发行；当股票发行价低于股票面值时叫折价发行；以面值发行的股票叫平价发行。以募集设立方式设立公司首次发行的股票价格，由发起人决定；公司增资发行新股的股票价格，由股东大会作出决议。

按照国际惯例，股票通常采用溢价或平价发行。我国《公司法》规定，股票发行价格可以等于票面金额(等价)，也可以超过票面金额(溢价)，但不得低于票面金额(折价)。如属溢价发行，发行公司所获得的溢价部分计入资本公积。

三、优先股筹资

优先股是股份公司发行的具有一定优先权、股利固定的股票，它是介于普通股与债券之间的一种有价证券。

优先股没有到期日，股利要从税后利润中支付，从这些方面看，优先股与普通股是相似的。另一方面，优先股有固定的股利率，在分配股利时，优先股先于普通股分得股利；在公司清算时，优先股先于普通股、后于债权人获得清偿。优先股股东不享有公司的经营管理权，优先股股东一般没有表决权，对股份公司的重大经营无投票权。从这方面看，其性质与债券相同。优先股股票虽然同时具有主权资本与债务资本的若干特征，但法律认为优先股是股票，属于主权资本范畴。

四、留存收益筹资

留存收益是权益资金的一种，是指企业的盈余公积、未分配利润等，与其他权益资金相比，留存收益的取得更为主动简便，它无须进行筹资活动，没有筹资费用，因此这种筹资方式既节约了成本，又提高了企业的信誉。

留存收益的实质是投资者对企业的再投资，但这种筹资方式受制于企业盈利的多寡及企业的分配政策。

股权筹资中的吸收直接投资、发行股票和利用留存收益三种主要形式，其资金成本表现为：吸收直接投资＞普通股筹资＞留存收益。

五、股权筹资的优缺点

(一)股权筹资的优点

(1)股权筹资是企业稳定的资本基础。股权资本没有固定的到期日，无须偿还，是企业的永久性资本，除非企业清算时才有可能予以偿还。

(2)股权筹资是企业良好的信誉基础。股权资本代表了公司的资本实力，是企业经营业务活动的信誉基础。同时也是其他方式筹资的基础，尤其可为债务筹资，包括银行借款、发行公司债券等提供信用保障。

(3)企业财务风险较小。股权资本不存在还本付息的财务风险。相对于债务资本而言，股权资本筹资限制少，资本使用上也无特别限制。企业可以根据其经营状况和业绩的好坏，决定向投资者支付报酬的多少，资本成本负担比较灵活。

(二)股权筹资的缺点

(1)资本成本负担较重。一是股权筹资的资本成本要高于债务筹资。这是由于投资者投资于股权特别是投资于股票的风险较高，投资者或股东相应要求得到较高的报酬率。企业长期不派发利润和股利，将会影响企业的市场价值。二是股利、红利从税后利润中支付，而使用债务资本的资本成本允许税前扣除。三是普通股的发行、上市等费用十分庞大。

(2)容易分散企业的控制权。利用股权筹资，由于引进了新的投资者或出售了新的股票，必然会导致企业控制权结构的改变，分散了企业的控制权。

(3)信息沟通与披露成本较大。投资者或股东作为企业的所有者，有了解企业经营业务、财务状况、经营成果等的权利。特别是上市公司，其股东众多而分散，只能通过公司的公开信息披露了解公司状况，这就需要公司花更多的精力，有些还需要设置专门的部门，用于公司的信息披露和投资者关系管理。

六、衍生工具筹资

衍生工具筹资主要包括兼具股权与债务特性的混合融资和其他衍生工具融资。我国上市公司目前最常见的主要有可转换债券、认股权证。

(一)可转换债券

可转换债券是一种混合型证券，是公司普通债券与证券期权的组合体。可转换债券的持有人在一定期限内，可以按照事先规定的价格或者转换比例，自由地选择是否转换为公司普通股。可转换债券具有双重属性，即债券性和期权性。

1. 可转换债券的要素

(1)可转换的标的：标的物是可以转换成的股票，可转换债券的标的股票一般是其发行公司自己的股票，但也有的是其他公司的股票，如该公司的上市子公司的股票。

(2)票面利率：一般会低于普通债券的票面利率，有时甚至低于同期银行存款利率。

(3)转换价格：是将可转换债券转换为普通股的每股普通股价格。《可转换公司债券管理暂行办法》规定，上市公司发行可转换公司债券，以发行前1个月股票的平均价格为基准，上浮一定幅度作为转股价格。如每股20元，即是指可转换债券到期时，将债券金额按每股20元转换为相应股数的股票。

(4)转换比率：是每份可转换债券能够转换的普通股股数。可转换债券的面值、转换价格、转换比率之间存在下列关系：

$$\text{转换比率}=\frac{\text{债券面值}}{\text{转换价格}}$$

(5)转换期：是指可转换债券的持有人行使转换权的有效期限。可转换债券的转换期可以与债券的期限相同，也可以短于债券的期限。

(6)赎回条款:是指发债公司按事先约定的价格买回未转股债券的条件规定。赎回一般发生在公司股票价格在一段时期内连续高于转股价格达到某一幅度时。

(7)回售条款:是指债券持有人有权按照事前约定的价格将债券卖回给发债公司的条件规定。回售一般发生在公司股票价格在一段时期内连续低于转股价格达到某一幅度时。

(8)强制性转换调整条款:是指在某些条件具备之后,债券持有人必须将可转换债券转换为股票,无权要求偿还债权本金的规定。

2. 可转换债券的发行条件

(1)最近3年连续盈利,且最近3年净资产收益率平均在10%以上;属于能源、原材料、基础设施类的公司可以略低,但不得低于7%。

(2)可转换债券发行后,公司资产负债率不高于70%。

(3)累计债券余额不超过公司净资产额的40%。

(4)上市公司发行可转换债券,还应当符合关于公开发行股票的条件。

3. 可转换债券的特点

作为一种新型的有价证券,可转换债券在某种程度上克服了股票筹资与债券筹资的不足,但同时又兼具两者的不足。

可转换债券筹资的优点:

(1)公司可以固定价格向投资人销售股票,只要股价不出现剧烈波动,可转换债券都将转换成股票,就相当于提前发行股票,筹集权益性资金,从而降低筹资费用。

(2)转换前的利息可以免税,筹资成本较低。

(3)避免控制权分散。可转换债券作为介于股票和债券之间的融资工具,可以保障公司原股东对控制权的要求,同时保障投资人对稳定收益的要求,减少筹资中的利益冲突。

可转换债券筹资的缺点:

(1)股价上扬风险。当股票市价猛涨且大大高于普通股转换价格时,公司只能以较低的固定转换价格换出股票,反而使公司蒙受了财务损失,降低了公司的股权筹资额。

(2)财务风险。发行可转换债券后,持券者没有如期转换普通股,可转换债券的转换就无法实现,会增加公司偿还债务的压力,加大公司的财务风险。

(3)丧失低息优势。可转换债券转换成普通股后,其原有的低利息优势不复存在,公司将要承担较高的普通股成本,从而导致公司的综合资本成本上升。

(4)分散经营管理权。转换实现本身就意味着对公司原有股东参与权的稀释。

(二)认股权证

认股权证全称为股票认购授权证,是上市公司发行的证明文件,持有人有权在一定时间内以约定价格认购该公司发行的一定数量的股票。

1. 认股权证的基本性质

(1)证券期权性。认股权证本质上是一种股票期权,属于衍生金融工具,具有实现融资和股票期权激励的双重功能。但认股权证本身是一种认购普通股的期权,它没有普通股的红利收入,也没有普通股相应的投票权。

(2)认股权证是一种投资工具。投资者可以通过购买认股权证获得市场价与认购价之间的股票差价收益,因此它是一种具有内在价值的投资工具。

2. 认股权证的种类

(1)美式认股权证与欧式认股权证。美式认股权证,是指权证持有人在到期日前,可以随时提出履约要求，买进约定数量的标的股票。欧式认股权证，则是指权证持有人只能于到期日当天，才可买进标的股票。无论认股权证属于欧式或美式，投资者均可在到期日前在市场上出售转让其持有的认股权证。最终只有小部分权证持有人会选择行权，大部分投资者均会在到期日前沽出权证。

(2)长期认股权证与短期认股权证。短期认股权证的认股期限一般在 90 天以内。认股权证期限超过 90 天的，为长期认股权证。

3. 认股权证的筹资特点

(1)认股权证是一种融资促进工具，可以促使公司在规定的期限内完成股票融资计划。

(2)有助于改善上市公司的治理结构。采用认股权证进行融资，融资是缓期分批实现的，上市公司管理层及其大股东的任何有损公司价值的行为，都可能降低上市公司的股价，从而降低投资者执行认股权证的可能性。因此，认股权证将有效约束上市公司的败德行为。

(3)作为激励机制的认股权证有利于推进上市公司的股权激励机制。

任务三 债务筹资分析

【知识目标】

1. 了解债务筹资的种类与特点；
2. 了解银行借款的特点；
3. 掌握发行债券的要素与价格；
4. 掌握融资租赁的特点和租金的计算；
5. 掌握商业信用决策。

【技能目标】

1. 能分清债务筹资的种类与特点；
2. 会比较长短期银行借款的特点；
3. 会计算债券发行的价格；
4. 会计算融资租赁的租金；
5. 能够进行商业信用决策分析。

负债资金的筹集方式主要有银行借款、发行债券、融资租赁、商业信用等。

一、银行借款

银行借款是指企业根据借款合同从银行或非银行金融机构借入的需要还本付息的款项。银行借款有以下分类：

(1)按照借款期限，分为长期借款和短期借款。

(2)按照借款的条件(是否需要担保)，分为信用借款、担保借款和票据贴现。

(3)按照贷款发放机构，分为政策性银行借款、商业性银行借款和其他金融机构借款。

(一)短期银行借款

短期银行借款是指企业向银行借取的偿还期在 1 年以内的款项，主要用于满足企业流动资金周转的需要，包括生产(商品)周转借款、临时借款、结算借款和票据贴现等。

1. 短期银行借款的信用条件

一般来讲，银行短期借款的信用条件包括贷款期限和贷款偿还方式、贷款利率和利息支付方式、信贷额度、周转信贷协定、补偿性余额、借款抵押等几个方面。

(1)贷款期限和贷款偿还方式。短期贷款的期限不超过1年，在银行与借款企业之间签订的协议中都明确规定了具体的贷款期限。根据我国金融制度的规定，贷款到期后仍无能力偿还的，视为逾期贷款，银行要照章加收逾期罚息。贷款的偿还有到期一次偿还和在贷款期内定期等额偿还两种方式。一般来说，企业不希望采用后一种方式，因为这会提高贷款的实际利率；而银行则不希望采用前一种方式，因为这会加重企业还款时的财务负担，增加企业的拒付风险，同时会降低实际贷款利率。不同的偿还方式，对企业的财务负担和筹资成本有不同的影响，企业应根据自身情况作出选择。

(2)贷款利率和利息支付方式。短期贷款一般采用固定利率，银行在确定贷款利率时又根据不同的企业分别采用优惠利率和非优惠利率。优惠利率是银行向财力雄厚、经营状况好的企业贷款时收取的名义利率；而非优惠利率则是银行向一般企业贷款时收取的高于优惠利率的利率。非优惠利率一般是在优惠利率的基础上加一定的百分比，所加百分比的高低由借款企业的信誉、与银行的往来关系等因素决定。

短期贷款的利息支付方式有三种：一是收款法，又称利随本清法，是借款企业在借款到期时一次性向银行支付利息的方法。二是贴现法，即银行在向企业发放贷款时，先从本金中扣除利息部分，企业所得到的贷款额只有贷款本金减去利息部分后的差额，而到期时企业仍要偿还贷款全部本金的付息方式。三是加息法，是企业向银行借款，银行要求企业借款本息要分期等额偿还，即银行根据名义利率计算利息，加到贷款本金上计算本息和，企业在贷款期限内分期等额偿还本息和的金额。

(3)信贷额度。信贷额度即贷款限额，是银行与借款人之间达成的正式或非正式的在一定期限内(通常为1年)的最大借款额的协定。如借款人超过规定限额继续向银行借款，银行则停止办理。如果企业信誉恶化，即使银行曾经同意按信贷限额提供贷款，企业也可能得不到借款。这时，银行不会承担法律责任。

银行可根据企业生产经营状况的好坏核准或调整信贷限额。通常在信贷限额内，企业可随时向银行申请借款。

例如，银行核定某企业某一年内的信贷限额为200万元，那么该企业在这一年内如需要资金，可在限额内向银行申请借款，但累积的借款数额不能超过核准的信贷限额200万元。银行并不承担提供全部信贷限额的义务。

(4)周转信贷协定。周转信贷协定是指银行与企业签订的具有法律义务地承诺提供不超过某一最高限额的贷款的协定。它是一种正式的信贷限额。在协定的有效期内，只要企业的借款总额未超过最高限额，银行必须满足企业任何时候提出的借款要求。

企业享用周转信贷协定，通常要对贷款限额的未使用部分付给银行一笔承诺费。即在规定的期限内对未使用的信贷额度要向银行支付一定比例的费用，以补偿银行所做出的承诺。

【做中学3－4】 某企业与银行商定的2014年的周转信贷额为1 000万元，承诺费率为0.4%，1月1日借入500万元，8月1日又借入300万元，年利率为8%，则该企业2014年度向银行支付的利息费和承诺费各是多少？

承诺费＝200×0.4%＋300×0.4%×7/12＝1.5(万元)

利息费＝500×8%＋300×8%×5/12＝50(万元)

(5)补偿性余额。补偿性余额是指银行要求借款人在银行中保持按贷款限额或实际借用额的一定百分比(通常为10%～20%)计算的最低存款余额。补偿性余额有助于银行降低贷款风险，补偿其可能遭受的损失；但对借款企业来说，补偿性余额则提高了借款的实际利率，加重了企业的利息负担。

【做中学3－5】 某公司因生产周转原因需要资金10 000元，拟向银行借款，支付银行贷款利息。有以下三种支付利息的方案：

A方案：采用收款法付息，利息率为14%；

B方案：采用贴现法付息，利息率为12%；

C方案：利息率为10%，银行要求的补偿性余额比例为20%。

要求：分析企业应选择哪种借款方式，并说明理由。

采取收款法：实际利率＝名义利率＝14%

采取贴现法：实际利率＝(10 000×12%)/[10 000×(1－12%)]＝13.6%

采取补偿性余额：实际利率＝(10 000×10%)/10 000×(1－20%)＝12.5%

通过三者比较，采取补偿性余额实际利率最低，因此应选用C方案对公司最有利。

(6)借款抵押。银行向财务风险较大、信誉不好的企业发放贷款时，往往需要有抵押品担保，以减少自己蒙受损失的风险。借款的抵押品通常是借款企业的应收账款、存货、股票、债券以及房屋等。银行接受抵押品后，根据抵押品的账面价值决定贷款金额，一般为抵押品账面价值的30%～50%。这一比率的高低取决于抵押品的变现能力和银行的风险偏好。抵押借款的资金成本通常高于非抵押借款，这是因为银行主要向信誉好的客户提供非抵押贷款，而将抵押贷款视为一种风险贷款，因而收取较高的利息；此外，银行管理抵押贷款比管理非抵押贷款更为困难，为此往往另外收取手续费。

2. 短期借款的成本

通常人们将银行借款利率作为短期借款的成本，但是，由于短期借款本息偿付方式及其他附加条件的影响，常常使借款的实际利率与名义利率发生差异。因此，考虑短期借款成本必须结合本息偿付方式及其他附加条件，才能作出正确评价。

(1)收款法下的借款成本。收款法下，借款本息都在到期时一次清偿，这时借款名义利率与实际利率一致。因此，收款法下的借款成本就是借款利率，但是，如果有其他附加条件，则应另行加以考虑。

(2)贴现法下的借款成本。贴现法下，企业取得借款时要事先支付贷款利息，从而使企业能够使用的资金低于贷款总额，故其实际利率总是高于名义利率。这时的借款成本可按下式计算：

实际利率＝本金×名义利率÷实际借款额

＝本金×名义利率÷(本金－利息)

＝名义利率÷(1－名义利率)

【做中学3－6】 某企业从银行以贴现的方式取得利率为8%的一年期借款100万元，则其实际利率为：

实际利率＝100×8%÷(100－100×8%)＝8.7%

(3)加息法。加息法是企业向银行借款，银行要求企业借款本息要分期等额偿还，即银行根据名义利率计算利息，加到贷款本金上计算本息和。企业在贷款期限内分期等额偿还本息和的金额。在这种偿还方式下，借款企业实际上只使用了本金的一半，企业所负担的实际利率是名义利率的2倍。其借款利率的计算公式为：

实际借款利率＝利息费用÷(借款金额÷2)×100%

【做中学3—7】 某企业向银行取得利率为8%、期限为一年的短期借款100万元，银行要求采用每月分期等额偿还方式，则企业借款的实际利率为：

实际利率＝100×8%÷[(100÷2)]×100%＝16%

(二)长期借款筹资

长期借款是指企业向银行等金融机构借入的期限在1年以上的各种借款，主要用于固定资产的投资和满足长期资金占用的需要。

1. 长期借款的种类

(1)按借款有无担保，分为信用贷款和抵押贷款。信用贷款是指不要求借款企业以实物抵押做担保，仅凭借款企业的信誉或借款担保人的信誉所发放的贷款。抵押贷款是指要求借款企业以实物资产作抵押而取得贷款。通常作为抵押品的实物资产主要是不动产。

(2)按提供借款的机构，分为政策性银行贷款、商业银行贷款、保险公司贷款等。政策性银行贷款一般是指办理国家政策性贷款业务的银行向企业发放的贷款。商业银行贷款是指由各商业银行向各类企业提供的贷款。保险公司贷款是由保险公司向企业提供的贷款，其期限一般比银行贷款长，但利率高，对贷款对象的选择也较严格。此外，信托投资公司、财务公司等也向企业提供各种中长期贷款。

2. 长期借款程序

企业从银行获得长期借款，都需要按照一定程序办理必要的手续：

(1)提出借款申请。递交借款申请报告，说明借款原因、借款时间、借款数额、使用计划、还款计划等内容。

(2)银行审批。

(3)签订借款合同。合同应具备以下基本条款：①贷款种类；②借款用途；③借款金额；④借款利率；⑤借款期限；⑥还款资金来源及还款方式；⑦保证条款；⑧违约责任等。

(4)取得借款。

(5)归还借款。

3. 借款合同的限制条款

放款银行避免和降低贷款风险的一个重要措施，是要求借款人接受基本条款以外的其他限制性条款，包括：(1)持有一定的现金及其他流动资产，保持合理的流动性及还款能力；(2)限制现金股利的支付，限制资本支出的规模；(3)限制借入其他长期债务；(4)定期向银行报送财务报表；(5)及时偿付到期债务；(6)限制资产出售；(7)禁止应收账款出售或贴现；(8)违约责任等。

借款合同中，保护性条款大致有以下三类：

一般性保护条款：应用于大多数借款合同。根据具体情况，合同内容主要包括：(1)对借款企业流动资金持有量的规定；(2)对支付现金股利和再购入股票的限制；(3)对资本支出规模的限制；(4)限制其他长期债务。

例行性保护条款：在大多数借款合同中都存在，主要包括：(1)定期提交财务报表；(2)不准在正常情况下出售较多的资产；(3)如期缴纳税金和清偿其他债务；(4)不准以任何资产作为其他承诺的担保和抵押，以避免企业过重的负担；(5)不准贴现应收票据和出售应收账款，以避免或有负债;(6)限制租赁固定资产规模。

特殊性保护条款:特殊性保护条款是针对某些特殊情况而出现在部分借款合同中的,主要包括:(1)专款专用;(2)不准企业投放于短期内不能受益的投资项目;(3)限制企业高级职员的薪金和奖金总额;(4)要求企业领导人在合同有效期内担任领导职务;(5)要求企业领导人购买人身保险。

4. 长期借款筹资的优缺点

长期借款筹资的优点:

(1)筹资速度快,手续简便。向银行借款,通常只需银行审批,而无须其他行政管理部门或社会中介机构的工作,只要具备条件,可在较短的时间内,花较少的费用取得。

(2)资金成本低。长期借款利率一般低于债券利率,且利息费用可全部在所得税前列支,而且由于借款是在企业与银行之间直接协商确定,故不存在交易成本,因此其资金成本相对较低。

(3)借款弹性大。借款合同只要双方同意即可修改其内容,因此,当企业在借款期内发生财务困难或其他影响偿债能力的事项,而不能按期还本付息时,可通过与银行协商修改借款条件,缓解财务困难,扩大筹资弹性。

长期借款筹资的缺点:

(1)筹资风险较大。当企业不能按期还本付息而又不能修改借款条件时,放款银行可采用扣押、拍卖抵押资产,要求企业破产偿债等措施,从而使企业陷入财务或经营困境,加大了筹资的风险。

(2)限制条件较多。如前所述,银行借款通常附加有许多限制条件,如资产控制权、再借款自主权等,从而影响企业未来的筹资和投资活动。

(3)筹资数量有限。

二、发行债券

公司债券是指企业为筹集资金而发行的、向债权人承诺按期支付利息和偿还本金的书面凭证。它是一种要式证券,体现的是持有人与发行企业之间的债权债务关系。

发行债券筹集资金是企业借入资金的一种重要方式,其发行目的通常是为建设项目筹集大笔长期资金。

(一)债券的种类

(1)按债券券面是否记名,分为记名债券和不记名债券。记名债券是指券面上记载有债权人的姓名,本息只向登记人支付,转让需办理过户手续的债券。不记名债券是指券面上无债权人姓名,本息直接向持有人支付,可由持有人自由转让的债券。

(2)按债券有无担保,分为抵押债券和信用债券。抵押债券是指以发行企业的特定财产作为抵押品的债券。信用债券是指单纯凭企业信誉或信托契约而发行的债券,通常由信誉较好、财务能力较强的企业发行。

(3)按债券利率是否固定,分为固定利率债券和浮动利率债券。固定利率债券是指债券发行时确定的券面利率在债券有效期内不能改变的债券。浮动利率债券是指在债券发行时实际付息根据将来市场利率的变动情况予以调整的债券。

(4)按债券付息方式不同,分为附息票式债券和存单式债券。附息票式债券是指债券上附有各期息票,息票上注明付息日期和利息金额,持券人在息票到期时凭息票即可支取利息的债券。存单式债券是全部利息在债券到期时与本金一同支付的利随本清式债券。

(5)按偿还方式不同，分为到期一次债券和分期债券。发行公司于债券到期日一次集中清偿本金的，为到期一次债券；一次发行而分期、分批偿还的债券为分期债券。

(6)按其他特征，分为收益公司债券、附认股权债券、附属信用债券等。此外，还有可按一定条件在将来转换成股票等资产的可转换债券等。

(二)债券发行条件

《公司法》规定，股份有限公司、国有独资公司、两个以上的国有企业或者其他两个以上的国有投资主体设立的有限责任公司，为筹集生产经营资金，可以发行公司债券。上述规定对发行资格的限制包括两个方面：其一是发行主体必须符合要求；其二是所筹资金的用途必须符合要求，即公司发行债券筹集的资金，必须用于审批机关批准的用途，不得用于弥补亏损和非生产性支出。

《公司法》对公司债券发行的条件作了明确的规定：

(1)股份有限公司净资产额不低于3 000万元，有限责任公司净资产额不低于6 000万元。

(2)累计债券总额不超过净资产的40%。

(3)最近3年平均可分配的利润足以支付公司债券1年的利息。

(4)筹集资金投向要符合国家产业政策。

(5)债券的利率不得超过国务院限定的水平。

(6)国务院规定的其他条件。

(三)发行债券的要素

债券的基本要素包括以下内容：

(1)债券的面值。债券面值包括债券的币种和金额。面值的币种可以是本国货币，也可以是外国货币，债券的票面金额到期必须足额偿还。

(2)债券的期限。债券的期限是指从发行债券日起到偿还债券本息日止的时间。

(3)债券利率。债券上注明的利率一般是年利率，在不计复利的情况下，面值与利率相乘可得出年利息。

(4)债券偿还方式。偿还方式有分期付息、到期还本和到期一次还本付息两种。

(5)债券的发行价格。债券的发行价格有三种：一是按债券面值等价发行，等价发行又称面值发行；二是按低于债券面值折价发行；三是按高于债券面值溢价发行。

债券之所以偏离面值，是因为债券票面利率与市场平均利率水平不一致造成的：若债券票面利率高于市场平均利率，则债券溢价发行，溢价是由于票面利率高于市场平均利率而应对每期支付给债券持有人的利息的扣减；若债券票面利率低于市场平均利率，则债券折价发行，折价是由于债券票面利率低于市场平均利率而对每期支付给债券持有人的利息的补偿；若债券票面利率等于市场平均利率，则债券平价发行。

【做中学3-8】 扬子公司发行债券筹资，面值为100元，期限为5年，发行时市场利率为10%，每年年末付息，到期还本。分别按票面利率8%、10%、12%计算债券的发行价格。

若票面利率为8%：

发行价格 $=100\times8\%\times(P/A,10\%,5)+100\times(P/F,10\%,5)$

$=8\times3.790\ 8+100\times0.620\ 9=92.42$(元)

若票面利率为10%：

发行价格 $=100\times10\%\times(P/A,10\%,5)+100\times(P/F,10\%,5)$

$=10\times3.7908+100\times0.6209=100$(元)

若票面利率为12%：

发行价格$=100\times12\%\times(P/A,10\%,5)+100\times(P/F,10\%,5)$

$=12\times3.7908+100\times0.6209=107.58$(元)

如果利息改成单利计息，到期一次还本付息，则债券的发行价格为：

若票面利率为8%：

发行价格$=100\times(1+5\times8\%)\times(P/F,10\%,5)$

$=140\times0.6209=86.93$(元)

若票面利率为10%：

发行价格$=100\times(1+5\times10\%)\times(P/F,10\%,5)$

$=150\times0.6209=93.14$(元)

若票面利率为12%：

发行价格$=100\times(1+5\times12\%)\times(P/F,10\%,5)$

$=160\times0.6209=99.34$(元)

通过计算可以得出以下结论：市场利率低于票面利率，溢价发行；市场利率等于票面利率，等价发行；市场利率高于票面利率，折价发行。对于债券的发行价格，发行企业与投资者是从不同角度来看待的。发行人考虑的是发行收入能否补偿未来所应支付的本息；投资者考虑的则是放弃资金使用权而应该获取的收益。由于公司债券的还本期限一般在1年以上，因此确定债券发行价格时，不仅应考虑债券票面利率与市场利率之间的关系，还应考虑债券资金所包含的时间价值。

债券之所以会存在溢价发行和折价发行，是因为资金市场上的利息率是经常变化的，而企业债券上的利息率，一经确定，便不易再进行调整。从债券的开印到正式发行，往往需要经过一段时间，在这段时间内如果资金市场上的利率发生变化，就要靠调整发行价格来使债券顺利发行。但无论以哪种价格发行债券，投资者的收益都保持在与市场利率相等的水平上。

(四)债券的优缺点

债券是公司基本的长期债务证券，是一张长期本票。公司债券的发行者(借款者)许诺在某一特定的未来日期偿还一定金额，并按规定利率支付利息。

1. 公司采用债券筹措资金的主要优点

(1)债券利息率低(低于优先股与普通股的股息率)，债券资本成本率低。

(2)在计算所得税时，债券利息支出可从收益中扣减，减少了公司纳税负担。

(3)与优先股一样，债券使公司的股东能享受财务杠杆(即举债经营)利益，有利于提高普通股每股收益。

(4)有利于调整资本结构。当企业发行可转换债券或可提前收回债券时，可增强企业财务能力的弹性，便于企业调整资本结构。

(5)由于债券持有人一般不享有投票权，所以公司能够有效地保持原有股东对公司的支配地位。

2. 公司采用债券筹措资金的主要缺点

(1)增大公司的风险，甚至可能使公司破产。

(2)由于债券有届满期，所以容易给公司现金周转带来一些麻烦。

(3)由于有关债券法律条例的规定(例如，公司举债额不得超过公司总资本的一定比例，未按时支付上期债券利息者不得发行新的公司债券，连续数年未支付优先股股息者不得发行新公司债券等），所以公司发行债券在一定程度上约束了公司从外部筹措资金扩展的能力。

三、融资租赁

租赁是指出租人在承租人给予一定报酬的条件下，授予承租人在约定的期限内占有和使用财产权利的一种契约性行为。它涉及四个基本要素：出租人、承租人、租金、租赁资产。按租赁业务性质，租赁分为经营租赁和融资租赁两种。

(一)租赁的分类

1. 经营租赁

经营租赁又称营业租赁或服务租赁，是由承租人向出租人交付租金，由出租人向承租人提供资产使用及相关的服务，并在租赁期满时由承租人把资产归还给出租人的租赁。经营租赁是一种提供租赁资产短期使用权的租赁形式，不属于借贷关系的范畴。

2. 融资租赁

融资租赁是承租人为融通资金而向出租人租用由出租人出资按承租人要求购买的租赁物的租赁。融资租赁是以融物为形式、融资为实质的经济行为，是出租人为承租人提供信贷的信用业务，是现代租赁的主要形式。融资租赁的资产一般在承租人的资产负债表上反映，租入时，借记“固定资产——融资租赁固定资产”科目，贷记“长期应付款——应付融资租赁费”科目。经营租赁的资产一般不在承租人的账簿上反映，只需在备查账簿中登记，属于表外融资。

融资租赁的程序：(1)作出租赁决策；(2)选择租赁公司；(3)办理租赁委托；(4)签订购货协议；(5)签订租赁合同；(6)办理验货及投保；(7)交付租金；(8)租赁期满时资产处理。

融资租赁与经营租赁的比较如表3—7所示。

表3—7　融资租赁与经营租赁的比较

项　目	融资租赁	经营租赁
租赁程序	由承租人向出租人提出正式申请，由出租人融通资金引进承租人所需设备，然后再租给承租人使用	承租人可随时向出租人提出租赁资产要求
租赁期限	租期一般为租赁资产寿命的一半以上	租赁期短，不涉及长期而固定的义务
合同约束	租赁合同稳定。在租期内，承租人必须连续支付租金，非经双方同意，中途不得退租	租赁合同灵活，在合理限制条件范围内，可以解除租赁契约
租赁期满的资产处置	租赁期满后，租赁资产的处置有三种方法可供选择：将设备作价转让给承租人；由出租人收回；延长租期续租	租赁期满后，租赁资产一般要归还给出租人
租赁资产的维修保养	租赁期内，出租人一般不提供维修和保养设备方面的服务	租赁期内，出租人提供设备保养、维修、保险等服务

(二)融资租赁的形式

融资租赁按其业务的特点，可分为三种类型：

1. 直接租赁

直接租赁是出租方直接将购入的设备租给承租人，签订合同并收取租金。直接租赁的出租人主要是制造厂商、租赁公司。直接租赁是租赁中最为普遍的一种，是融资租赁的典型形式。

2. 杠杆租赁

杠杆租赁是由资金出借人为出租人提供部分购买资产的资金，再由出租人购入资产租给承租人的方式。因此，杠杆租赁涉及出租人、承租人和资金出借人三方。从出租人的角度来看，它只支付购买资产的部分资金(20%～40%)，其余部分(60%～80%)是向资金出借人借来的。在杠杆租赁方式下，出租人具有三重身份，即资产所有权人、出租人、债务人。杠杆租赁一般适用于金额较大的设备项目。

3. 售后回租

售后回租是指在出售某项资产后，立即按照特定条款从购买者手中租回该项资产。租赁资产的购买方可以是保险公司、商业银行、租赁公司等，出售方可以采用高卖价、高租金和低卖价、低租金方案。

(三)融资租赁租金

从出租人角度，为购置设备发生的设备价款、向承租人提供租赁时发生的间接费用以及出租人希望获得的业务利润，都应该通过租金收入得到补偿。因此，租金的构成包括以下几个方面：

(1)租赁设备的购置成本，包括设备买价、运杂费和途中保险。

(2)预计设备残值。若残值归出租人所有，应作为租金构成的减项。

(3)利息，即出租人为承租人购置设备而融资应计的利息。

(4)租赁手续费，即出租人办理租赁业务的营业费用以及应得的利润。

租金的支付方式：

(1)按支付时期的长短，可分为年付、半年付、季付、月付。

(2)按每期支付租金的时间，可分为先付租金和后付租金。

(3)按每期支付金额，可分为等额支付和不等额支付。

融资租赁租金的计算方法常用的有平均分摊法和等额年金法。

1. 平均分摊法

平均分摊法即直线法，是指以商定的利息率和手续费率计算出租赁期间的利息和手续费，加上租赁设备的购置成本按租金支付次数平均计算出每次应付租金的数额的方法。

平均分摊法下，每次应付租金数额的计算公式为：

$$\boldsymbol{R=[(C-S)+I+F]\div N}$$

其中：R 为每次应付租金数额；C 为租赁设备的购置成本；S 为租赁设备的预计残值；I 为租赁期间利息；F 为租赁期间手续费；N 为租赁期间租金支付次数。

【做中学3－9】 某企业向租赁公司租入一套设备，设备原价为100万元，租期为10年，预计租赁期满时的残值为5万元。年利率为10%，手续费为设备原价的4%，租金于每年年末支付一次。该企业每年应付租金的数额为：

$C=100$ 万元，$S=5$ 万元

$I=100\times(1+10\%)^{10}-100=159.5$(万元)

$F=[(100-5)+159.5]\div 10=25.45$(万元)

2. 等额年金法

等额年金法是运用年金现值的计算原理计算每次应付租金的方法，是将一项租赁资产在未来各租赁期内的租金额按一定的贴现系数予以折现，使其总额恰好等于租赁资产的成本。在这种方法下，要将利息率和手续费率综合在一起确定一个租费率，作为贴现率。

等额年金法下,每次应付租金数额的计算公式为:

$$R=[C-S(P/F,i,n)]/(P/A,i,n)$$

其中:R 为每次应付租金数额;C 为租赁设备的购置成本;S 为租赁设备的预计残值;I 为租费率;N 为租赁期间租金支付次数。

该公式的使用应注意以下三点:

第一,公式假定每期租金是期末支付的,即租金是普通年金。如果每期租金是期初支付的,应调整为普通年金。

第二,公式中的 i 是租费率,它是综合资金利息率和租赁手续费率后由租赁双方认可的,它比纯粹的借款利率要大一些。当租赁的手续费是租赁开始一次付清的,即支付的各期租金不含手续费时,租费率与资金利息率相同。

第三,公式中分子、分母的 i 都是租费率。

【做中学 3-10】 某企业向租赁公司租入一套设备,设备价款为 150 万元,租期为 5 年,预计租赁期满时的残值为 10 万元。年利率为 10%,手续费为设备原价的 2%,租费率为 12%,租金于每年年末支付一次。该企业每年应付租金的数额为:

$C=150$ 万元,$S=10$ 万元,$I=12\%$,$n=5$

$R=[150-10\times(P/F,12\%,5)]\div(P/A,12\%,5)=40.04$(万元)

从上述两种计算方法看,平均分摊法每年支付的租金与等额年金法不同。从等额年金法的先付与后付两种方式看,名义支付的租金额有出入(先付租金小于后付租金),但实质上并没有差别。企业可任选一种,并与出租人进行协商确定。

(四)融资租赁的优缺点

1. 融资租赁的优点

(1)财务风险小,筹资限制较少,可以迅速获得所需资产。

(2)可以避免设备陈旧过时的风险。

(3)租金在整个租期内分摊,不用一次归还大量资金。

(4)租金费用可在税前扣除,能享受税收上的优惠。

2. 融资租赁的缺点

(1)成本较高。租金总额往往超过设备价值总额。

(2)承租企业在经济不景气、财务困难时,固定的租金支付成为企业的沉重负担。

(3)丧失资产残值。租赁期满,资产的残值一般归出租人所有。但若购买资产,则可享有资产残值,这也应视为承租企业的一种机会损失。

(4)资产处置权有限。承租企业未经出租人同意,不得擅自对租赁资产加以改良。

四、商业信用

商业信用是指商品交易中的延期付款或延期交货所形成的借贷关系,是企业之间的一种直接信用关系。商业信用是商品交易中钱与货在时间上和空间上的分离而产生的,它的形式多样,范围广泛,已成为企业筹集资金的重要方式。

(一)商业信用的形式

商业信用是企业间相互提供的,在大多数情况下,商业信用筹资属于"免费"资金。因此,西方国家又称之为自然筹资方式。商业信用是企业短期资金的重要来源。从筹资角度看,商业信用主要表现为应付账款、应付票据、预收货款等几种形式。

1. 应付账款

应付账款是由赊购商品形成的、以记账方法表达的商业信用。赊购商品是一种最典型、最常见的商业信用形式。在这种情况下，买卖双方发生商品交易，买方收到商品后不立即支付现金，可延期到一定时间以后付款。在这种形式下，账款的支付主要依赖于卖方的信用条件。如卖方为促使买方及时承付货款，一般均给对方一定的现金折扣。“2/10，n/30”即表示货款在10天内付清，可以享受货款金额2%的现金折扣；货款在30天内付清（即信用期为30天），则须付全部货款。在这种形式下，买方通过商业信用筹资的数量与是否享有折扣有关。

一般认为，企业存在三种可能性：(1)享有现金折扣，从而在现金折扣期内付款，其占用卖方货款的时间短，信用筹资相对较少；(2)不享有现金折扣，而在信用期内付款，其筹资量大小取决于对方提供的信用期长短；(3)超过信用期的逾期付款（即拖欠），其筹资量最大，对企业信用的负作用也大，成本也最高，企业一般不宜以拖欠货款来筹资。

放弃现金折扣成本的计算公式为：

$$\text{放弃现金折扣成本}=\frac{\text{现金折扣}}{1-\text{现金折扣}}\times\frac{360}{\text{信用期}-\text{折扣期}}$$

【做中学3－11】 某企业每年向供应商购入100万元的商品，该供应商提供的信用条件为“2/10，n/30”，若该企业放弃上述现金折扣条件，则其放弃现金折扣成本为多少？

$$\text{放弃现金折扣成本}=\frac{2\%}{1-2\%}\times\frac{360}{30-10}=36.73\%$$

该企业只要从其他途径获得资金所付出的代价低于36.73%，就应放弃这种商业信用筹资方式，从而在10天内付清货款以取得2%的现金折扣。

2. 应付票据

应付票据是指企业根据购销合同的要求，在进行延期付款的商品交易时开具的反映债权债务关系的票据。根据承兑人的不同，商业汇票可分为商业承兑汇票和银行承兑汇票。商业承兑汇票是指由收款人开出，经付款人承兑，或由付款人开出并承兑的汇票。银行承兑汇票是指由收款人或承兑申请人开出，由银行审查同意承兑的汇票。

商业汇票是一种期票，是反映应付账款和应收账款的书面证明。对于买方来说，它是一种短期融资方式。不管承兑人是谁，最终的付款人仍是购货人。从应付票据的付款期限看，一般为6个月，最长不超过9个月，并有带息票据和不带息票据两种。即使是带息票据，其利率通常也比银行借款利率低，一般无其他可能导致资金成本升高的附加条件，所以应付票据的资金成本通常低于银行借款。

3. 预收货款

预收货款是指卖方按合同或协议规定，在交付商品之前向买方预收部分或全部货款的信用方式。通常购买单位对于紧俏商品乐意采用这种形式，以便顺利获得所需商品。另外，生产周期长、售价高的大型商品，如轮船、飞机等，生产企业也经常向订货者分次预收货款，以缓解资金占用过多的矛盾。

此外，企业在生产经营活动中往往还形成一些应付费用，如应付工资、应交税费、应付利息、应付水电费等。这些费用项目的发生受益在先，支付在后，支付期晚于发生期，因此它们也属于“自然筹资”的范围。由于这些应付项目的支付具有时间规定性，其负债额度因而较为稳定，因此，企业习惯上称之为“定额负债”，或视同“自有资金”。

(二)商业信用的决策

商业信用的决策择优原则：

(1)若能以低于放弃折扣的成本的利率借入资金,则享受折扣,在折扣期内付款;

(2)若用于短期投资的报酬率高于机会成本,则放弃折扣,在信用期内付款;

(3)若面对提供不同信用条件的卖方,选择信用成本最小或获益最大的一家。

①应付账款的成本:倘若买方企业在卖方规定的折扣期内付款,这种情况下没有因为享受信用而付出代价;倘若买方企业放弃现金折扣,该企业便要承受因放弃现金折扣而隐含的利息成本。此时:

放弃现金折扣的成本=(折扣百分比/1-折扣百分比)×(360/信用期-折扣期)

②利用现金折扣的决策:

一是是否享受现金折扣的决策:在企业无资金的情况下,若能以低于折扣成本的利率借入资金,便应在折扣期内利用借入的资金支付货款,享受现金折扣;在企业有资金的情况下,若在折扣期内将应付账款用于短期投资,所得投资的收益率高于放弃现金折扣的隐含利息成本,则应放弃现金折扣。

二是是否展期的决策:若展期的收益(降低了的放弃现金折扣的成本)大于展延付款的损失,则展期;反之,则不展期。

三是选择享受何种现金折扣的决策:若放弃现金折扣,则选择最低放弃现金折扣的成本;若享受现金折扣,则选择最高放弃现金折扣的成本。

【做中学3-12】 某公司拟采购一批零件,供应商报价如下:

(1)立即付款,价格为9 630元;

(2)30天内付款,价格为9 750元;

(3)31天至60天内付款,价格为9 870元;

(4)61天至90天内付款,价格为10 000元。

假设银行短期贷款利率为15%,每年按360天计算。

要求:计算放弃现金折扣的成本,并确定对该公司最有利的付款日期和价格。

(1)立即付款:折扣率=(10 000-9 630)/10 000=3.7%

放弃现金折扣的成本=(3.7%/1-3.7%)×360/(90-0)=15.37%

(2)30天内付款:折扣率=(10 000-9 750)/10 000=2.5%

放弃现金折扣的成本=2.5%/(1-2.5%)×360/(90-30)=15.38%

(3)60天内付款:折扣率=(10 000-9 870)/10 000=1.3%

放弃现金折扣的成本=1.3%/(1-1.3%)×360/(90-60)=15.81%

决策:银行借款资金成本15%小于各放弃现金折扣的成本,所以应借款享受现金折扣,选择60天内付款9 870元。

应付账款是卖方向买方提供信用,允许买方收到商品后无须立即付款,可延期一定时间。这样做既解决了买方暂时性的资金短缺困难,又便于卖方推销商品。

(三)商业信用筹资的优缺点

1. 商业信用筹资的优点

(1)筹资便利。商业信用与商品买卖同时进行,属于一种自然性融资,无须做特殊的安排,也不需要事先计划,随时可以随着购销行为的产生而得到该项资金。

(2)筹资成本低。大多数商业信用都是由卖方免费提供的,如果没有现金折扣,或企业不放弃现金折扣,则利用商业信用筹资没有实际成本。

(3)限制条件少。商业信用比其他筹资方式条件宽松,无须担保或抵押。如果企业利用银行借款筹资，银行会规定一些限制条件，而商业信用则限制较少，选择余地大。

2. 商业信用筹资的缺点

(1)期限短。它属于短期筹资方式，不能用于长期资产占用。

(2)风险大。由于各种应付款项目经常发生，次数频繁，因此需要随时安排现金调度。

资金筹集各种方式的比较如表3—8所示。

表3—8 资金筹集各种方式的比较

	优 点	缺 点
吸收直接投资	有利于增强企业信誉 有利于尽快形成生产能力 有利于降低财务风险	资金成本较高，控制权容易分散
发行普通股	没有固定利息负担 没有固定到期日 不偿还 筹资风险小，能增加公司的信誉 筹资限制较少	资金成本较高 容易分散控制权
发行优先股	没有固定到期日 不偿还 股利支付既固定又有弹性 有利于增强公司信誉	筹资成本高 筹资限制多 财务负担重
银行借款	筹资速度快 筹资成本低 借款弹性好	财务风险较大 限制条款多 筹资额有限
发行债券	资金成本较低 保证控制权 发挥财务杠杆作用	筹资风险高 限制条件多 筹资额有限
融资租赁	筹资速度快 限制条款少 设备淘汰风险小 到期还本负担轻 税收负担轻 租赁提供新的资金来源	资金成本高 不能享有设备残值
商业信用	筹资便利 筹资成本低 限制条件少	期限较短 放弃折扣时资金成本高

五、债务筹资的优缺点

(一)债务筹资的优点

(1)筹资速度较快。与股权筹资相比，债务筹资不需要经过复杂的审批手续和证券发行程序，如银行借款、融资租赁等，可以迅速地获得资金。

(2)筹资弹性大。债务筹资可以根据企业的经营情况和财务状况，灵活商定债务条件，控制筹资数量，安排取得资金的时间。

(3)资本成本负担较轻。债务筹资的资本成本一般要低于股权筹资。其一是取得资金的手续费用等筹资费用较低；其二是利息、租金等用资费用比股权资本要低；其三是利息等资本成本可以在税前支付。

(4)可以利用财务杠杆。债务筹资不改变公司的控制权,债权人从企业那里只能获得固定的利息或租金,不能参加公司剩余收益的分配。当企业的资本报酬率高于债务利率时,会增加普通股股东的每股收益,提高净资产报酬率,提升企业价值。

(5)稳定公司的控制权。债权人无权参加企业的经营管理,利用债务筹资不会改变和分散股东对公司的控制权。

(二)债务筹资的缺点

(1)不能形成企业稳定的资本基础。债务资本有固定的到期日,到期需要偿还,只能作为企业的补充性资本来源。再加上去的债务往往需要进行信用评级,没有信用基础的企业和新创企业,往往难以取得足够的债务资本。

(2)财务风险较大。债务资本有固定的到期日,有固定的利息负担,抵押、质押等担保方式取得的债务,资本使用上可能会有特别的财务指标限制。

(3)筹资数额有限。债务筹资的数额往往受到贷款机构资本实力的制约,不可能像发行债券股票那样一次筹集到大笔资本,无法满足公司大规模筹资的需要。

拓展阅读

中小企业融资的十个方式

1.综合授信:即银行对一些经营状况好、信用可靠的企业,授予一定时期内一定金额的信贷额度,企业在有效期与额度范围内可以循环使用。

2.信用担保贷款:当企业提供不出银行所能接受的担保措施时,如抵押、质押或第三方信用保证人等,担保公司可以解决这些难题。

3.买方贷款:如果企业的产品有可靠的销路,但在自身资本金不足、财务管理基础较差、可以提供的担保品或寻求第三方担保比较困难的情况下,银行可以按照销售合同,对其产品的购买方提供贷款支持。

4.异地联合协作贷款:有些中小企业产品销路很广,或者是为某些大企业提供配套零部件,或者是企业集团的松散型子公司。在生产协作产品过程中,需要补充生产资金,可以寻求一家主办银行牵头,对集团公司统一提供贷款,再由集团公司对协作企业提供必要的资金,当地银行配合进行合同监督。

5.项目开发贷款:一些高科技中小企业如果拥有重大价值的科技成果转化项目,初始投入资金数额比较大,企业自有资本难以承受,可以向银行申请项目开发贷款。

6.出口创汇贷款:对于生产出口产品的企业,银行可根据出口合同,或进口方提供的信用签证,提供打包贷款。

7.自然人担保贷款:2002 年 8 月,中国工商银行率先推出了自然人担保贷款业务,今后工商银行的境内机构,对中小企业办理期限在 3 年以内信贷业务时,可以由自然人提供财产担保并承担代偿责任。

8.个人委托贷款:即由个人委托提供资金,由商业银行根据委托人确定的贷款对象、用途、金额、期限、利率等,代为发放、监督、使用并协助收回的一种贷款。

9.无形资产担保贷款：依据《中华人民共和国担保法》的有关规定，依法可以转让的商标专用权、专利权、著作权中的财产权等无形资产都可以作为贷款质押物。

10.票据贴现融资：这种融资方式的好处之一是银行不按照企业的资产规模来放款，而是依据市场情况（销售合同）来贷款。

（资料来源：中华会计网校。）

案例分析

锌业股份坎坷融资路 既有自身“硬伤”也有制度约束

为了解决所面临的资金问题，锌业股份(000751)较早地便展开了长短两种路径的融资运作计划，前后两者的选择分别为定向增发以及发行短期融资券，同时对财务报表进行了一定程度的“粉饰”。通过类似大股东以资抵债清欠模式的资产置换，锌业股份当期业绩大幅“提升”，资产质量表面上得到改善，且为未来业绩“提升”预留空间，从而利于定向增发顺利实施；同时，虽然锌业股份财务报表存在4方面疑点，却在客观上导致其现金流量、货币资金等情况的表象向好，而这种偿债能力的“改善”，将有助于短期融资券的发行。但是，由于锌业股份自身的“硬伤”、相关制度的约束以及监管层审批程序与标准的扑朔迷离等因素的存在，锌业股份的融资之路不会一帆风顺。

一、一个问题

锌业股份所面临最大问题即是资金困境的问题，具体表现在以下几个方面：

首先，营运资金吃紧，短期偿债能力下降。2006年年末，锌业股份营运资金为9 120万元，比年初的14.05亿元减少了超过13亿元。同时，在过去4年年末，锌业股份流动比率分别为2.43、1.75、1.46与1.02，速动比率分别为1.96、1.44、1.18与0.6，皆呈逐年下降趋势，锌业股份短期偿债能力趋弱，而这一过程中，2006年年末的下降幅度最大。

其次，2006年度有息负债与财务费用激增。锌业股份2006年年末短期借款达到24.90亿元，比年初增加了6.85亿元；2006年度财务费用高达2.07亿元，比上年度增加了1.4亿元。对此，锌业股份在年报中解释：“是由于流动资金紧缺、短期贷款余额上升、承兑汇票增加、贷款利率上升几个方面引起的企业筹资成本增加。”

再次，资产与负债结构不合理，借助短期负债的增加来支撑长期资产的扩充，即短贷长占。锌业股份2006年年末流动负债占总负债的比例为89%，比年初高出了4个百分点。

最后，出现逾期贷款。年报显示，2006年年末锌业股份短期借款中，交通银行锦州分行7 981万元的信用借款发生逾期。

二、两种解决

由上述可见，锌业股份的资金困境是全方位的。2006年年末，锌业股份资产负债率为60.37%，比年初增加了近4个百分点，而其2002年年末至2005年年末资产负债率分别为36.28%、43.45%、48.69%与56.41%。

锌业股份的融资运作沿着发行短期融资券与定向增发两条途径展开。2006年5月26日、2006年7月18日，公司临时股东大会与董事会分别通过了发行总额不超过11亿元的短期融资券用于补充流动资金、定向增发不超过3亿股的融资计划。

锌业股份定向增发募集资金将用于锌、铅、铜等矿山资源的收购开发(不低于募集资金总额的70%)和锌基合金生产线、焙烧和制酸系统技术及稀贵金属延伸加工配套项目,其中包括收购西藏华亿工贸有限公司持有的西藏华夏矿业有限公司55%的股权。

定向增发募集资金用于收购矿山资源,其作用已不仅仅限于长期直接融资,更是为解决锌业股份原料受制于上游的问题,进而实现公司可持续发展,这也是锌业股份"两个外延"(建设原料基地和产品深加工)战略的一个重要方面。

锌业股份对其2007年目标的描述中,便有:"在一季度末完成收购西藏矿山后实现主营业务收入101亿元,利润7.19亿元。"

三、三项置换

锌业股份在饱受大股东等关联方占款困扰之后,2006年度成功实施了"以资抵债"的清欠方案。

2006年上半年,根据相关批准及评估等文件,锌业股份大股东葫芦岛有色金属集团有限公司(公司实际控制人葫芦岛锌厂的控股公司,下称"有色集团")以1.5亿元固定资产、0.5亿元在建工程、8.5亿元土地使用权及其所属控股子公司葫芦岛渤海稀贵金属有限公司净资产0.26亿元,合计10.76亿元的资产抵偿所欠锌业股份的应收账款。

然而,此种"以资抵债"式的运作并未随清欠的完成而停止。2006年12月22日,锌业股份董事会通过有色集团以资抵债的另一项议案,大股东用其拥有的位于锌业股份生产厂区的4宗出让地的土地使用权经评估后的价值等额置换锌业股份其他应收款1.32亿元。

同时,锌业股份还有数项类似的备用运作,将于2007年度适时进行。2006年12月5日,锌业股份董事会审议通过了以长期应收账款与控股股东葫芦岛锌厂资产进行置换的议案,决议称:"截至2006年9月30日,公司账龄超过3年的长期应收账款余额约为5.75亿元,其中超过4亿元属历史遗留问题,较难收回。""葫芦岛锌厂同意用土地使用权等有效资产置换股份公司3年以上应收账款净值。"即大股东拟以32万平方米土地使用权置换锌业股份部分3年以上应收账款,不足部分承诺于2007年6月30日前以其他有效资产进行置换。资产置换尚需获得辽宁省国资委和锌业股份股东大会的批准。

上述三项资产置换至少有两个共同点:一是置入的资产主要是土地使用权,二是置出的资产都是应收款项。这对于锌业股份而言,有三方面的好处:第一,增加了2006年度的业绩。第二,为2007年度及以后年度的业绩"提升"预留了空间。第三,至少表面上提高了锌业股份的资产质量。

四、"钱"路崎岖

不论是利用资产置换来"提升"业绩,还是利用信息披露等方式掩盖偿债能力的真实情况,就目前锌业股份而言,恰恰反映了其未来定向增发与发行短期融资券之路的坎坷。这其中的原因,既有锌业股份自身的"硬伤"等因素,也有相关制度的约束条件,还有监管层审批程序与标准的扑朔迷离。很可能,锌业股份对这些情况心知肚明。在其年报中曾提及了相关的风险因素:"非公开发行募集资金不能于3月末到位致使募集资金项目不能如期投产、如期产生收益等,可能影响到2007年预测盈利目标7.19亿元的实现。"而如今,3月末将至。我们向锌业股份询问了短期融资券发行的进展情况,工作人员介绍说,目前计划是先进行定向增发,然后发行短期融资券。在锌业股份2006年年报中,介绍2007年度具体目标及重点工作时,也透出了这种先长期再短期的融资顺序:"尽快实现定向增发,成功发行短期融资券,完成西藏原料基地4万吨/年金属量采选能力建设目标。""采取直接融资和间接融资相结合的形式,充分利用证券市场的再融资政策，把定向增发股票募集资金10亿元的事情做好；同时，继续抓好发行短期融资券6亿元的工作。这两个项目力争在2007年上半年全部完成。”

本来，当短期与长期资金同时出现问题时，往往是先融入短期资金，以解燃眉之急。而锌业股份的这种融资顺序的倒置，很可能与其短期融资券发行受阻有关。

由于是采用备案制，所以某家公司自通过发行短期融资券议案至成功发行，往往历时不长。以江西铜业(600362)为例，2005年11月1日临时股东大会通过议案，2006年2月27日在全国银行间市场发行2006年第一期短期融资券，其中还经历元旦与春节，却也只有短短4个月时间。而锌业股份于2006年5月26日通过了发行短期融资券的议案，到目前已过了10个月，却仍未成功发行；并且，时间上又让道于定向增发，这其中，很有可能是锌业股份自身的原因造成。

我们认为，除了上述提到的短期偿债能力方面原因外，还有锌业股份在2005年因未及时披露公司重大事项而被深交所公开谴责的原因，其中的“重大事项”便是大股东及其关联方的巨额欠款。《短期融资券管理办法》中规定的企业申请发行融资券条件中，即有一项为“近三年没有违法和重大违规行为”。

与发行短期融资券相比，对于锌业股份而言，定向增发似乎更为便利，市场人士也普遍认为定向增发“门槛较低”且耗时较少。不过，锌业股份的定向增发却也同样不顺利。

2006年度，锌业股份曾发生过两个版本定向增发的“事件”。锌业股份年报中介绍，至2006年年末，定向增发与发行短期融资券的上报文件已经形成，正在按程序上报证监会。然而，当我们于3月16日询问具体进展时，锌业股份的工作人员却介绍说，上周刚刚将材料递上去，很可能4月份获准并实施。我们估计，这些“上周”递上去的材料，很可能是对原来材料的补充，或增加相关承诺等。这也从一个侧面说明，或者是材料准备方面的问题，或者是锌业股份自身情况等原因，定向增发一事在证监会审批环节上受阻。

另一方面，我们研究发现，证监会对定向增发审批耗时正呈逐步增长的趋势，且审批标准也并不宽松，成功实施定向增发的更多的是优质上市公司。对于锌业股份而言，已经过度使用了银行承兑汇票的结算方式，以缓解自身资金压力；除去定向增发与发行短期融资券，尚有可转换债券的方式供选择。不过由于相关制度与审批因素，可转换债券的方式估计也是路途崎岖。

（资料来源：王大力：《锌业股份：坎坷融资路》，《证券市场周刊》，2007年3月24日。）

职业能力训练

一、名词解释

销售百分比法　普通股　可转换债券　融资租赁　周转信贷协定　信用额度　补偿性余额　商业信用

二、单项选择题

1. 某企业按年利率10%向银行借款20万元，银行要求保留20%的补偿性余额。那么，企业该项借款的实际利率为(　　)。

A. 10%　　B. 12.5%　　C. 20%　　D. 15%

2. 华为公司为股份有限公司，该公司2014年净资产额为4 000万元，2012年该公司已发行400万元3年期债券，则该公司2014年最多可再发行(　　)万元债券。

A. 1 600　　B. 1 200　　C. 2 000　　D. 400

3. 南沙公司需借入200 000元资金，银行要求将贷款数额的15%作为补偿性余额，则该公司应向银行申请（　　）元的贷款。

A. 230 000　　B. 170 000　　C. 235 294.12　　D. 250 000

4. 补偿性存款余额的约束使借款企业受到的影响是（　　）。

A. 增加了所需支付的借款利息额　　B. 增加了实际可用借款额

C. 提高了实际借款利率　　D. 降低了实际借款利率

5. 某企业与银行商定的周转信贷额为200万元，承诺费率为0.5%，借款企业年度内使用了120万元，那么，借款企业向银行支付承诺费（　　）元。

A. 10 000　　B. 6 000　　C. 4 000　　D. 8 000

6. 某企业向银行借款100万元，期限1年，年利率为10%。按照贴现法付息，该项贷款的实际利率是（　　）。

A. 11%　　B. 10%　　C. 9%　　D. 12%

7. 企业从银行借入短期借款，可能不会导致实际利率高于名义利率的利息支付方式是（　　）。

A. 利随本清法　　B. 贴现法

C. 附加法　　D. 分期等额偿还本利和的方法

8. 佳和公司拟发行3年期债券进行筹资，债券票面金额为1 000元，票面利率为10%，每年年末付息一次，到期还本。当时的市场利率为8%，则该公司债券的发行价格为（　　）元。

A. 990　　B. 1 000　　C. 950　　D. 1 051.51

9. 相对于股票筹资而言，银行借款筹资的缺点是（　　）。

A. 筹资速度慢　　B. 筹资成本高　　C. 限制条款多　　D. 财务风险小

10. 下列筹资方式按一般情况而言，企业所承担的财务风险由大到小排列为（　　）。

A. 融资租赁、发行股票、发行债券　　B. 融资租赁、发行债券、发行股票

C. 发行债券、融资租赁、发行股票　　D. 发行债券、发行股票、融资租赁

11. 出租人既出租某项资产，又以该项资产为担保借入资金的租赁方式是（　　）。

A. 经营租赁　　B. 售后回租　　C. 杠杆租赁　　D. 直接租赁

12. 下列各项中，不属于融资租金构成项目的是（　　）。

A. 租赁设备的价款　　B. 租赁期间利息　　C. 租赁手续费　　D. 租赁设备维护费

13. 丧失现金折扣的机会成本的大小（　　）。

A. 与折扣百分比的大小呈反方向变化

B. 与信用期的长短呈同方向变化

C. 与折扣百分比的大小、信用期的长短呈同方向变化

D. 与折扣期的长短呈同方向变化

14. 某企业按"2/10，n/60"的条件购进商品20 000元，若放弃现金折扣，则机会成本率为（　　）。

A. 12.3%　　B. 12.6%　　C. 11.4%　　D. 14.7%

15. 下列各项目中，不属于自然性筹资的是（　　）。

A. 应付工资　　B. 应付账款　　C. 短期借款　　D. 应交税金

三、多项选择题

1. 在短期借款的利息计算和偿还方法中，企业实际负担利率高于名义利率的有（　　）。

A. 利随本清法付息　　B. 贴现法付息

C. 贷款期内定期等额偿还贷款　　D. 到期一次偿还贷款

2. 短期负债筹资的特点有（　　）。

A. 筹资速度快，容易取得　　B. 筹资富有弹性

C. 筹资成本较低　　D. 筹资风险低

3. 补偿性余额使借款企业所受的影响有(　　)。

A. 减少了可用资金　　B. 提高了筹资成本　　C. 减少了应付利息　　D. 增加了应付利息

4. 商业信用筹资的优点主要表现在(　　)。

A. 筹资风险小　　B. 筹资成本低　　C. 限制条件少　　D. 筹资方便

5. 属于普通股筹资特点的有(　　)。

A. 没有固定的利息负担　　B. 筹资数量有限

C. 资金成本较高　　D. 能增强公司信誉

6. 影响债券发行价格的因素包括(　　)。

A. 债券面额　　B. 票面利率　　C. 市场利率　　D. 债券期限

7. 有下列情况之一者，将被暂停股票上市：(　　)。

A. 财务报告虚假

B. 最近两年连续亏损

C. 公司股本总额为 4 900 万元

D. 股本总额为 45 000 万元，向社会公众发行的股份达股份总数的 16.8%

8. 资本市场包括(　　)。

A. 一级市场　　B. 二级市场　　C. 短期货币市场　　D. 短期证券市场

四、判断题

1. 由于银行借款的利息是固定的，所以相对而言，这一筹资方式的弹性较小。(　　)

2. 放弃现金折扣的机会成本与现金折扣率、折扣期呈反方向变化，而与信用期呈同方向变化。(　　)

3. 可转换债券是由持有人可自由地选择转换为优先股的债券。(　　)

4. 在债券面值与票面利率一定的情况下，市场利率越高，则债券的发行价格越低。(　　)

5. 如果没有现金折扣，或企业不放弃现金折扣，则利用商业信用筹资没有实际成本。(　　)

6. 一旦企业与银行签订周转信贷协议，则在协定的有效期内，只要企业的借款总额不超过最高限额，银行必须满足企业任何时候任何用途的借款要求。(　　)

7. 周转信贷协定是银行具有法律义务地承诺提供不超过某一最高限额的贷款协定。(　　)

五、简答题

1. 企业筹资有哪些种类？企业筹资的基本原则有哪些？

2. 什么是销售百分比法？如何用销售百分比法预测资金的需要量？

3. 企业筹集权益资金有哪些方式？企业筹集负债资金有哪些方式？这些筹资方式各有什么优缺点？

4. 如何确定股票的发行价格？

5. 如何确定债券的发行价格？

6. 融资租赁的租金如何计算？

7. 放弃现金折扣的成本如何计算？

六、实务训练题

1. 恒利公司 2014 年 12 月 31 日的资产负债表如下表所示。

资产负债表

2014 年 12 月 31 日　　　　单位：万元

资　产	金　额	负债及所有者权益	金　额
现金	1 000	应付费用	2 500
应收账款	14 000	应付账款	6 500
存货	15 000	短期借款	6 000
固定资产	20 000	公司债券	10 000
		实收资本	20 000
		留存收益	5 000
资产总计	50 000	负债及所有者权益总计	50 000

该公司 2014 年的销售收入为 50 000 万元，现在还有剩余生产能力，即增加收入无须增加固定资产投资。假定销售净利率为 15%，如果 2015 年的销售收入为 60 000 万元，公司的股利支付率为 60%，那么需要从外部筹集多少资金？

2. 某企业采用融资租赁方式于 2015 年年初租入设备一台，价格为400 000元，租期为 5 年，租期内年利率为 10%(残值归承租人所有)。

要求：

(1)计算每年年末支付租金方式的应付租金。

(2)计算每年年初支付租金方式的应付租金。

(3)试说明两者的关系。

3. 某公司向银行借入短期借款 100 万元，同银行协商后支付银行贷款利息的方式有以下三种：

(1)采用利随本清法，利息率为 14%；

(2)采用贴现法，利息率为 12%；

(3)采用补偿性余额，利息率降为 10%，银行要求的补偿性余额比例为 20%。

要求：如果你是该公司的财务经理，你选择哪种支付方式？并说明理由。

4. 某公司发行 3 年期债券，面值为 1 000 万元，每年年末付息一次，到期还本。票面利率为 8%。

要求：

(1)当市场利率为 8%时，计算其发行价格。

(2)当市场利率为 7%时，计算其发行价格。

(3)当市场利率为 9%时，计算其发行价格。

5. 宏大科技公司 2011 年 1 月 1 日平价发行面值为 1 000 元、利率为 10%、期限为 5 年、每年年末付息到期还本的债券，当时市场利率为 10%，2 年后，市场利率上升至 12%，假定现在是 2015 年 1 月 1 日。

要求：计算该债券的市场价值。

项目四

资本成本和资本结构

导学案例

海悦整体橱柜公司是一家专业生产、销售整体橱柜的股份公司。随着经济快速发展，居民掀起购房和装修热，对公司生产的不同类型的整体橱柜需求旺盛，销售收入增长迅速。公司预计在北京及其周边地区的市场潜力较为广阔，销售收入预计每年将增长50%～100%。为此，公司决定在2014年年底前在北京郊区建成一座新厂。公司为此需要筹资5亿元，其中2 000万元可以通过公司自有资金解决，剩余的4.8亿元需要从外部筹资。2013年8月31日，公司总经理周佳明召开总经理办公会议研究筹资问题，要求财务经理陆华提出具体方案提交董事会会议讨论。

1. 公司在2013年8月31日的有关财务数据：

(1)资产总额为27亿元，资产负债率为50%。

(2)公司有长期借款2.4亿元，年利率为5%，每年年末支付一次利息。其中6 000万元将在2年内到期，其他借款的期限尚余5年。借款合同规定公司资产负债率不得超过60%。

(3)公司发行在外普通股3亿股。

(4)2012年完成净利润2亿元。2013年预计全年净利润2.3亿元。所得税税率为25%。

假定公司一直采用固定股利率分配政策，年股利率为每股0.6元。

2. 财务经理陆华根据总经理办公会议的意见设计了两套筹资方案：

方案1：以增发股票的方式筹资4.8亿元。

目前的普通股每股市价为10元。拟增发股票每股定价为8.30元，扣除发行费用后，预计净价为8元。为此公司需要增发6 000万股股票以筹集4.8亿元资金。为了给公司股东以稳定的回报，公司仍将维持其设定的每股0.6元的固定股利率分配政策。

方案2：以发行公司债券的方式筹资4.8亿元。

鉴于目前银行存款利率较低，公司拟发行公司债券。设定债券年利率为4%，期限为10年，年付息一次，到期一次还本，总额为4.9亿元，其中预计发行费用为1 000万元。

阅读上述资料，分析讨论以下问题：

(1)分析上述两套筹资方案的优缺点。

(2)请为该公司选出较佳的筹资方案。

任务一　资本成本计算与分析

【知识目标】

1. 掌握资本成本的含义；
2. 了解资本成本的分类和作用；
3. 掌握个别资本成本与平均资本成本的计算方法；
4. 理解边际资本成本的计算方法。

【技能目标】

1. 能正确计算个别资本成本；
2. 能正确计算平均资本成本；
3. 会进行资本成本分析。

一、资本成本概述

在市场经济条件下，资本是一种特殊的商品。企业通过各种筹资渠道，采用各种筹资方式获得的资本往往都是有偿的，需要承担一定的成本。

(一)资本成本的概念

资本成本，又称资金成本，是指企业为筹集和使用资本而付出的代价。这里所讲的资本是指企业筹集的长期资本，包括股权资本和长期债权资本。资本成本是资本所有权和使用权相分离的产物，是资金使用者对资金所有者转让资金使用权的价值补偿。从投资者的角度看，资本成本也是投资者要求的必要报酬或最低报酬。

资本成本从构成内容来看，包括筹资费用和占资费用两部分。

筹资费用是指企业在筹集资本活动中为获得资本而支付的费用，如借款手续费、股票或债券的发行费用等。筹资费用通常在筹资时一次性支付，在用资过程中不再发生，可视为筹资总额的一项扣除。

占资费用是指企业在生产经营和对外投资活动中，因使用资本而支付的费用，是资本成本的主要内容，如向股东分配的股利、向债权人支付的利息等。在资本的占用和使用期间，占资费用往往是经常性发生的。

资本成本有绝对数和相对数两种表现形式。资本成本用绝对数表示即筹资费用和占资费用的金额之和；用相对数表示即资本成本率。在财务管理实务中，通常使用相对数形式，以反映发生的占资费用与筹集资本数量之间的对比关系。

(二)资本成本的作用

1. 资本成本是比较筹资方式、选择筹资方案的依据

各种资本的资本成本率，是比较、评价各种筹资方式的依据。在评价各种筹资方式时，一般会考虑的因素包括对企业控制权的影响、对投资者吸引力的大小、融资的难易和风险、资本成本的高低等，资本成本是其中的重要因素。在其他条件相同时，企业筹资应选择资本成本率最低的方式。

2. 平均资本成本是衡量资本结构是否合理的重要依据

企业财务管理目标是企业价值最大化，企业价值是企业资产带来的未来现金流量的贴现值。计算企业价值时，经常采用企业的平均资本成本作为贴现率，当平均资本成本最小时，企业价值最大，此时的资本结构是企业理想的资本结构。

3. 资本成本是评价投资项目可行性的主要标准

任何投资项目，预期的投资报酬率超过该项目使用资金的资本成本率，则该项目在经济上就是可行的。因此，资本成本率是企业用以确定项目要求达到的投资报酬率的最低标准。

4. 资本成本是评价企业整体业绩的重要依据

一定时期企业资本成本率的高低，不仅反映企业筹资管理的水平，还可以作为评价企业整体经营业绩的标准。企业的生产经营活动，实际上就是所筹集资本经过投放后形成资产的营运，企业的总资产税后报酬率应高于其平均资本成本率，这样才能带来剩余收益。

(三)影响资本成本的因素

1. 总体经济环境

一个国家或地区的总体经济环境状况，表现在国民经济发展水平、预期的通货膨胀等方面，这些都会对企业筹资的资本成本产生影响。如果国民经济保持健康、稳定、持续增长，整个社会经济的资金供给和需求相对均衡且通货膨胀水平低，资金所有者投资的风险小，预期报酬率低，筹资的资本成本率相应就比较低；相反，如果经济过热，通货膨胀持续居高不下，投资者投资的风险大，预期报酬率高，筹资的资本成本率就高。

2. 资本市场条件

资本市场条件包括资本市场的效率和风险。如果资本市场缺乏效率，证券市场的市场流动性低，投资者投资风险大，要求的预期报酬率高，那么通过资本市场融通的资本其成本水平就比较高。

3. 企业经营状况和融资状况

企业的经营风险和财务风险共同构成企业总体风险，如果企业经营风险高、财务风险大，则企业总体风险水平高，投资者要求的预期报酬率高，企业的筹资成本相应就高。

4. 企业对筹资规模和时限的需求

在一定时期内，国民经济体系中的资金供给总量是一定的，资本是一种稀缺资源。因此，企业一次性需要筹集的资金规模大，占用资金时间长，资本成本就高。一般来说，融资规模在一定限度内，并不会引起资本成本的明显变化；当融资规模突破一定限度时，资本成本会显著升高。

二、个别资本成本

个别资本成本是指企业各种长期资本的成本，主要包括长期借款资本成本、长期债券资本成本、普通股资本成本、优先股资本成本和留存收益资本成本。前两类是债务资本成本，后三类是权益资本成本。企业在选择筹资方式时，需要计算、比较各种筹资方式的个别资本成本率。

(一)资本成本率计算的基本模型

1. 一般模型

在不考虑货币时间价值的情况下，资本成本率是企业占资费用与筹资净额的比率，通常按年计算。其通用计算公式为：

$$资金成本率=\frac{年资金占用费用}{筹资额-筹资费用额}=\frac{年资金占用费用}{筹资额\times(1-筹资费用率)}$$

其中：

$$筹资费用率=\frac{筹资费用额}{筹资额}$$

2. 贴现模型

对于金额大、时间超过一年的长期资本，计算其资本成本率更为准确的计算方式是采用贴现模型，即将债务未来还本付息或股权未来股利分红的贴现值与目前筹资净额相等时的贴现率作为资本成本率。

(二)银行借款资本成本率

银行借款资本成本包括借款利息和借款手续费用。借款手续费是筹资费用的具体体现，利息费用在税前支付，可以起到递减所得税的作用。一般计算税后资本成本率，以便与权益资本成本率具有可比性。银行借款的资本成本率按一般模型计算为：

$$K_l=\frac{I(1-T)}{L(1-f)}=\frac{i(1-T)}{1-f}$$

其中：K_l 为银行借款资本成本率；L 为借款本金；I 为年利息额；i 为年利息率；T 为企业所得税税率；f 为筹资费用率。

由于银行借款的手续费率很低，上式中的筹资费用率 f 常常可以忽略不计。此时上述公式可简化为：

$$K_l=i(1-T)$$

对于长期借款，如考虑货币时间价值问题，还可以用贴现模式计算资本成本率。

【做中学 4－1】 美达公司从银行取得 5 年期长期借款 200 万元，年利率为 10%，每年付息一次，到期一次还本。借款费用率为 0.2%，企业所得税税率为 25%，计算该项借款的资本成本率。

$$K_l=\frac{10\%\times(1-25\%)}{1-0.2\%}\approx 7.52\%$$

如果考虑货币时间价值，则该项借款资本成本率的计算如下：

$$L(1-f)=\sum_{t=1}^{n}\frac{I_t(1-T)}{(1+K_l)^t}+\frac{M}{(1+K_l)^n}$$

即：$200\times(1-0.2\%)=200\times10\%\times(1-25\%)\times(P/A,K,5)+200\times(P/F,K,5)$

按插值法计算，得：$K_l\approx 7.55\%$

(三)公司债券资本成本率

公司债券的资本成本率可以按下列公式计算：

$$K_b=\frac{I(1-T)}{B_0(1-f)}=\frac{B\cdot i\cdot(1-T)}{B_0(1-f)}$$

其中：K_b 为债券资本成本率；B 为债券面值；B_0 为债券筹资额；I 为债券年利息额；i 为债券的票面年利率。

与借款相同，企业债券的利息费用亦在所得税前列支，但发行债券的筹资费用，即发行费用，包括申请费、注册费、印刷费、上市费以及营销费用等一般较高，不能忽略不计。此外，债券的发行价格有等价、溢价、折价等多种情况。当债券按溢价或折价发行时，债券筹资额 B_0 与债券面值 B 不一致。

【做中学 4－2】 美达公司以 1 100 元的价格，溢价发行面值为 1 000 元、期限为 5 年的债券，票面利率为 7%，发行费用率为 3%。每年年末付息一次，到期一次还本。企业所得税税率为 25%。该债券的资本成本率为：

$$K_b=\frac{1\,000\times7\%\times(1-25\%)}{1\,100\times(1-3\%)}\approx4.92\%$$

如考虑资金时间价值，则该债券资本成本率计算如下：

$$1\,100\times(1-3\%)=1\,000\times7\%\times(1-25\%)\times(P/A,K_b,5)+1000\times(P/F,K_b,5)$$

按插值法计算，得：$K_b\approx3.76\%$

(四)普通股资本成本率

普通股资本成本主要是向股东支付的各期股利。由于各期股利并不一定固定，随企业各期收益波动，因此其资本成本只能按贴现模式计算，并假定各期股利的变化呈一定规律性。

假定公司采用固定增长股利政策，基期股利为 D_1，未来各期发放的股利以固定比率 G 递增，目前股票市场价格为 P_0，则普通股资本成本率为：

$$K_s=\frac{D_1}{P}+G=\frac{D_1}{P_0(1-f)}+G$$

【做中学 4－3】 美达公司准备增发普通股，每股发行价格为 15 元，筹资费用率为 10%，预计第一年分派现金股利每股 1.5 元，以后每年股利增长 5%。则该普通股资本成本率为：

$$K_s=\frac{1.5}{15\times(1-10\%)}+5\%\approx16.11\%$$

对于上市公司的普通股，其资本成本还可以根据该公司股票收益率与市场收益率的相关性，按照资本资产定价模型进行估算。该方法将在项目六讲述。

(五)优先股资本成本率

优先股的股利通常是固定的，其资本成本率的计算公式为：

$$K_p=\frac{D}{P_0(1-f)}$$

其中：K_p 为优先股资本成本；P_0 为优先股发行价格；D 为优先股年股利额。

【做中学 4－4】 美达公司发行面值总额为 100 万元的优先股股票，发行总价为 125 万元，筹资费用率为 5%，每年支付 10%的股利，则该优先股的资本成本率为：

$$K_p=\frac{1\,000\,000\times10\%}{1\,250\,000\times(1-5\%)}\approx8.42\%$$

(六)留存收益资本成本率

留存收益是由企业税后净利润扣除派发股利后形成的，它属于普通股股东。通常企业不会把全部收益以股利形式分配给股东，留存收益就成为企业资金的一种重要来源。从表面上看，公司留用利润不需要花费什么成本。而实际上，留存收益相当于股东对企业追加投资。股东愿意将这一部分已经实现的经营成果留用于企业，而不作为股利取出后进行其他投资，必然要求获得与普通股等价的报酬。因此，留存收益的使用也有成本，只不过是一种机会成本。其确定方法与普通股类似，不同点在于作为一种内部的资金来源，留存收益资本成本无须考虑筹资费用。

【做中学 4－5】 在【做中学 4－3】中，如果公司以留存收益满足投资需求，则留存收益的资本成本率为：

$$K_e=\frac{1.5}{15}\times100\%+5\%=15\%$$

三、平均资本成本

平均资本成本，是指企业全部长期资金的总成本。通常是以各种长期资金占企业全部资金的比重为权数，对个别资本成本率进行加权平均计算得到的。平均资本成本是企业进行资本结构决策的依据。

平均资本成本可按下列公式计算：

$$K_w = \sum_{j=1}^{n} K_j W_j$$

其中：K_w 为综合资本成本率；K_j 为第 j 种资金的成本率；W_j 为第 j 种资金占总资金比重。

【做中学4－6】 智天公司资金总额为1 000万元，其中长期借款150万元，债券200万元，优先股50万元，普通股400万元，留存收益200万元。各种资金的个别资本成本率分别为5%、6%、10%、14%和13%。

(1)计算各种资金所占的比重。

长期借款占资金总额的比重$(W_1)=\frac{150}{1\ 000}\times 100\%=15\%$

债券占资金总额的比重$(W_2)=\frac{200}{1\ 000}\times 100\%=20\%$

优先股占资金总额的比重$(W_3)=\frac{50}{1\ 000}\times 100\%=5\%$

普通股占资金总额的比重$(W_4)=\frac{400}{1\ 000}\times 100\%=40\%$

留存收益占资金总额的比重$(W_5)=\frac{200}{1\ 000}\times 100\%=20\%$

(2)计算该公司的综合资本成本率。

$K_w=5\%\times 15\%+6\%\times 20\%+10\%\times 5\%+14\%\times 40\%+13\%\times 20\%=11.45\%$

上述计算中的个别资金占全部资金的比重，是按账面价值确定的，其资料容易取得，但只能反映企业过去的资金结构。当资本的账面价值与市场价值差别较大时，如股票、债券的市场价格发生了较大变动，计算结果会与实际状况有较大的差距。为了克服这一缺陷，个别资金占全部资金的比重还可以按市场价值或目标价值确定，从而更好地反映企业现在或期望的资金结构。

四、边际资本成本

边际资本成本是企业追加筹资的成本。企业的个别资本成本和平均资本成本是企业过去筹集的单项资金的成本或目前使用全部资金的成本。然而企业在追加筹资时，不能仅仅考虑目前所使用资本的成本，还要考虑新筹集资金的成本，即边际资本成本，它是企业进行追加筹资决策的依据。

【做中学4－7】 智天公司设定的目标资本结构为：银行借款20%、公司债券15%、普通股65%。现计划追加筹资300万元，个别资本成本率预计分别为：银行借款资本成本率7%、公司债券资本成本率12%、普通股资本成本率15%。如果按照目标资本结构追加筹资，则边际资本成本如表4－1所示。

表 4—1 边际资本成本计算表

筹资方式	目标资本结构	追加筹资额(万元)	个别资本成本率	边际资本成本率
银行借款	20%	60	7%	1.4%
公司债券	15%	45	12%	1.8%
普通股	65%	195	15%	9.75%
合　计	100%	300	—	12.95%

任务二　杠杆效应计量与分析

【知识目标】

1. 掌握杠杆原理的基本含义；
2. 掌握财务杠杆、经营杠杆和复合杠杆的计量方法；
3. 理解杠杆与风险的关系。

【技能目标】

1. 能计算财务杠杆系数、经营杠杆系数和复合杠杆系数；
2. 能分析财务杠杆、经营杠杆对企业财务的影响。

杠杆利益与风险是影响企业资本结构决策的一个基本因素。企业的资本结构决策应当在杠杆利益与风险之间进行权衡。

一、杠杆效应的含义

自然界中的杠杆效应，是指人们通过利用杠杆，可以用较小的力量移动较重物体的现象。财务管理中也存在类似的杠杆效应，表现为：由于特定费用(如固定成本或固定财务费用)的存在，导致当某一财务变量以较小幅度变动时，另一相关财务变量会以较大幅度变动。合理运用杠杆原理，有助于企业合理规避风险，提高资金的营运效率。

财务管理中的杠杆效应有三种形式，即经营杠杆、财务杠杆和复合杠杆，要了解这些杠杆原理，需要首先了解成本习性、边际贡献和息税前利润等相关内容。

二、成本习性、边际贡献与息税前利润

(一)成本习性及分类

所谓成本习性，是指成本总额与业务量之间在数量上的依存关系。成本按习性可划分为固定成本、变动成本和混合成本三类。

1. 固定成本

固定成本，是指其总额在一定时期和一定业务量范围内不随业务量发生任何变动的那部分成本。属于固定成本的主要有按直线法计提的折旧费、保险费、管理人员工资、办公费等，这些费用每年支出水平基本相同，即使产销业务量在一定范围内变动，它们也保持固定不变。随

着产量的增加，全部固定成本将分配给更多数量的产品，因而单位固定成本将随产量的增加而逐渐变小。

2. 变动成本

变动成本，是指其总额随着业务量呈正比例变动的那部分成本。直接材料、直接人工等都属于变动成本。从产品单位成本来看，这部分成本则保持不变。

3. 混合成本

混合成本，是指那些随业务量的变动而变动，但不呈同比例变动的成本。混合成本按其与业务量的关系，又可分为半变动成本和半固定成本。

4. 总成本习性模型

从以上分析可以知道，成本按习性可分为变动成本、固定成本和混合成本三类，其中混合成本又可以按一定方法分解成变动部分和固定部分。由此，总成本习性模型可以用下式表示：

$$y=a+bx$$

其中：y 为总成本；a 为固定成本；b 为单位变动成本；x 为产销量。

(二)边际贡献及其计算

边际贡献是指销售收入减去变动成本以后的差额。其计算公式为：

$$M=px-bx=(p-b)x=mx$$

其中：M 为边际贡献；p 为销售单价；m 为单位边际贡献。

(三)息税前利润及其计算

息税前利润是指企业支付利息和缴纳所得税之前的利润。成本按习性分类后，息税前利润可用下列公式计算：

$$EBIT=px-bx-a=(p-b)x-a=M-a$$

上式中的固定成本和变动成本均不包括利息费用。另外，息税前利润也可以用利润总额加上利息费用求得。

三、经营杠杆

经营杠杆，又称营业杠杆或营运杠杆，是指企业在经营活动中对营业成本中固定成本的利用。在其他条件既定的情况下，产销量的增加会降低单位固定成本，提高单位利润，从而使息税前利润的增长率大于产销量的增长率；同样，产销量的减少会提高单位固定成本，降低单位利润，从而使息税前利润的下降率也大于产销量的下降率。如果不存在固定成本，总成本会随产销量变动而同比例地变动，那么，企业息税前利润的变动率就会同产销量变动率完全一致。这种由于存在固定成本而导致息税前利润变动率大于产销量变动率的现象，就是经营杠杆效应。

(一)经营杠杆的计量

对经营杠杆进行计量，反映经营杠杆的作用程度，常用经营杠杆系数这一指标。经营杠杆系数(DOL)，是指息税前利润变动率相当于产销量(额)变动率的倍数。

1. 定义公式

$$\text{经营杠杆系数}=\frac{\text{息税前利润变动率}}{\text{产销量(额)变动率}}$$

上式可以表示为：

$$DOL=\frac{\Delta EBIT/EBIT}{\Delta x/x}=\frac{\Delta EBIT/EBIT}{\Delta(px)/px}$$

其中：$EBIT$ 为基期息税前利润；$\Delta EBIT$ 为息税前利润的变动额；x 为基期产销量；Δx 为产销量的变动数；px 为基期销售收入；$\Delta(px)$为销售收入变动额。

【做中学 4－8】 某公司有关资料如表 4－2 所示，试计算该公司 2014 年的经营杠杆系数。

表 4－2　　某公司有关资料　　单位：万元

项　目	2013 年	2014 年	变动额	变动率
销售收入	500	600	100	20%
变动成本	300	360	60	20%
边际贡献	200	240	40	20%
固定成本	100	100	0	—
息税前利润	100	140	40	40%

根据上述公式计算可知：

2014 年经营杠杆系数 $DOL=\dfrac{40/100}{100/500}=\dfrac{40\%}{20\%}=2$

2. 简化公式

$$DOL=\frac{M}{EBIT}=\frac{M}{M-a}=\frac{(p-b)\cdot x}{(p-b)\cdot x-a}$$

【做中学 4－9】 根据表 4－2 提供的资料，用上述公式可求得：

2014 年经营杠杆系数 $DOL=\dfrac{200}{100}=2$

可以看出，用经营杠杆系数的定义公式和简化公式计算，结果是完全相同的。同理，可以根据 2014 年的相关资料，预测公司 2015 年的经营杠杆系数：

2015 年经营杠杆系数 $DOL=\dfrac{240}{140}\approx 1.71$

(二)经营杠杆利益和经营风险

通过分析我们知道，只要企业存在固定成本，就存在经营杠杆的作用。经营杠杆是一把“双刃剑”，当企业销售量增加时，息税前利润将以 DOL 倍数的幅度增加，为企业带来经营杠杆的正效应，即经营杠杆利益；反之，当企业销售量减少时，息税前利润将以 DOL 倍数的幅度减少，给企业带来经营杠杆的负效应，增加了企业的经营风险。

影响经营杠杆系数的因素包括产品销售数量、产品销售价格、单位变动成本和固定成本总额等。在其他因素不变的情况下，固定成本越高，经营杠杆系数越大，利润变动越剧烈，经营杠杆利益和经营风险也就越高。

必须指出的是，经营杠杆系数虽然能用来描述企业经营风险的大小，但引起经营风险的主要原因是市场需求和成本等因素的不稳定性，经营杠杆本身并不是利润不稳定的根源，只是对利润的波动产生了放大作用。

四、财务杠杆

财务杠杆，又称筹资杠杆，是指企业在筹资活动中对固定资本成本的利用。在资本总额及其结构既定的情况下，无论企业营业利润多少，需要从息税前利润中支付的债务利息通常是固定不变的。当息税前利润增加时，每1元盈余所负担的固定财务费用（如借款及债券利息、融资租赁租金、优先股股利等）就会相对减少，从而给普通股股东带来更多的盈余；反之，当息税前利润减少时，每1元盈余所负担的固定财务费用就会相对增加，导致普通股的盈余大幅度减少。这种由于固定财务费用的存在而导致普通股每股收益变动率大于息税前利润变动率的现象，就是财务杠杆效应。

(一)财务杠杆的计量

对财务杠杆进行计量，反映财务杠杆的作用程度，常用财务杠杆系数这一指标。财务杠杆系数(DFL)，是指企业税后利润的变动率相当于息税前利润变动率的倍数。对于股份有限公司而言，财务杠杆系数则表现为普通股每股收益变动率相当于息税前利润变动率的倍数。

1. 定义公式

$$财务杠杆系数=\frac{普通股每股收益变动率}{息税前利润变动率}$$

上式可以表示为：

$$DFL=\frac{\Delta EPS/EPS}{\Delta EBIT/EBIT}$$

其中：$EBIT$ 为基期息税前利润；$\Delta EBIT$ 为息税前利润的变动额；EPS 为基期普通股每股收益；ΔEPS 为普通股每股收益变动额。

【做中学4—10】 XYZ公司2012～2014年每年的债务利息为150 000元，假定所得税税率为30%，普通股为100 000股。该公司连续三年的普通股每股收益测算如表4—3所示。

表4—3　XYZ公司连续三年的普通股每股收益测算表

项目＼年份	2012	2013	2014
息税前利润(元)	200 000	320 000	280 000
(息税前利润增长率)	—	60%	−12.5%
债务利息(元)	150 000	150 000	150 000
税前利润(元)	50 000	170 000	130 000
所得税(元)	15 000	51 000	39 000
税后利润(元)	35 000	119 000	91 000
普通股每股收益(元/股)	0.35	1.19	0.91
(普通股每股收益增长率)	—	240%	−23.53%

XYZ公司2013年与2012年相比，息税前利润增加了60%，而普通股每股收益增加了240%；2013年与2014年相比，息税前利润减少了12.5%，普通股每股收益则减少了23.53%。显然当公司息税前利润发生变动时，普通股每股收益产生了更大幅度的波动，导致这一现象的原因就在于公司负担了固定的债务利息，即存在财务杠杆的作用。

通过计算财务杠杆系数可以反映杠杆作用的程度：

$$2013年\ DFL=\frac{240\%}{60\%}=4$$

$$2014年\ DFL=\frac{23.53\%}{12.5\%}\approx 1.88$$

2. 简化公式

$$DFL=\frac{EBIT}{EBIT-I}$$

其中：I 为固定财务费用。

【做中学 4—11】 根据表 4—3 的有关资料，用简化公式计算财务杠杆系数如下：

$$2014\text{ 年 } DFL=\frac{320\ 000}{320\ 000-150\ 000}\approx 1.88$$

$$2015\text{ 年 } DFL=\frac{280\ 000}{280\ 000-150\ 000}\approx 2.15$$

(二)财务杠杆利益和财务风险

通过前面的分析我们知道，只要企业存在固定财务费用，就存在财务杠杆的作用。而财务杠杆是一把“双刃剑”，当企业息税前利润增加时，普通股每股收益将以 DFL 倍数的幅度增加，为企业带来财务杠杆的正效应，即财务杠杆利益；反之，当企业息税前利润减少时，普通股每股收益将以 DFL 倍数的幅度减少，从而给企业股权资本所有者造成财务风险。

影响财务杠杆系数的因素包括息税前利润、企业资金规模、资本结构、固定财务费用水平等。在其他因素一定的情况下，企业举债比重越大，固定财务费用越高，财务杠杆系数就越大，产生的财务杠杆效应越强，财务风险也就越高。

【做中学 4—12】 某企业拟筹资1 000万元用于固定资产项目投资，现有三个筹资方案：

A 方案：全部发行普通股；

B 方案：发行普通股筹资 500 万元，发行债券筹资 500 万元；

C 方案：发行普通股筹资 200 万元，发行债券筹资 800 万元。

假设企业当前普通股每股市价为 50 元，债券利率为 8%。该固定资产投资项目预计息税前收益为 200 万元，假定所得税税率为 30%。则三个方案的财务杠杆系数和普通股每股收益如表 4—4 所示。

表 4—4　　不同筹资方案财务杠杆系数

项　目	A 方案	B 方案	C 方案
资本总额(万元)	1 000	1 000	1 000
其中：普通股(万元)	1 000	500	200
债券(万元)	0	500	800
息税前利润(万元)	200	200	200
债务利息(8%)	0	40	64
税前利润(万元)	200	160	136
所得税(30%)	60	48	40.8
税后利润(万元)	140	112	95.2
普通股股数(万股)	20	10	4
每股收益(元/股)	7	11.2	23.8
财务杠杆系数	1	1.25	1.47

如果息税前收益由 200 万元减少到 150 万元，即减少 25%，则三个方案的每股收益分别为：

A 方案每股收益＝7×(1－25%×1)＝5.25(元/股)，减少了 25%；

B 方案每股收益＝11.2×(1－25％×1.25)＝7.7(元/股)，减少了 31.25％；

C 方案每股收益＝23.75×(1－25％×1.47)＝15.02(元/股)，减少了 36.75％。

五、总杠杆

总杠杆，又称联合杠杆或复合杠杆，是指由于固定生产经营成本和固定财务费用的共同存在而导致的普通股每股收益变动率大于产销量变动率的杠杆效应，是经营杠杆和财务杠杆的综合作用。

(一)总杠杆的计量

对总杠杆计量的主要指标是总杠杆系数(DTL)。总杠杆系数是指普通股每股收益变动率相当于产销量(额)变动率的倍数。其计算公式为：

$$\text{总杠杆系数}=\text{经营杠杆系数}\times\text{财务杠杆系数}=\frac{\text{普通股每股收益变动率}}{\text{产销量(额)变动率}}$$

上式可以表示为：

$$DTL=DOL\cdot DFL=\frac{\Delta EPS/EPS}{\Delta x/x}=\frac{\Delta EPS/EPS}{\Delta(px)/px}$$

总杠杆系数也可简化按以下公式计算：

$$DTL=\frac{M}{EBIT-I}$$

【做中学 4－13】 某公司经营杠杆系数为 2，财务杠杆系数为 1.5，则公司总杠杆系数为：$DTL=2\times1.5=3$

(二)总杠杆与公司风险

公司风险包括经营风险和财务风险，反映了企业的整体风险。只要企业同时存在固定经营成本和固定财务费用等支出，就会存在总杠杆的作用。总杠杆系数越大，普通股每股收益的波动幅度也越大。在其他因素不变的情况下，总杠杆系数越大，企业整体风险越高；反之，则风险越低。

同时，总杠杆系数反映了经营杠杆与财务杠杆之间的关系。在实际工作中，企业对经营杠杆和财务杠杆的运用可以有各种不同的组合。一般来说，经营风险较高的企业，可以在较低程度上使用财务杠杆；经营风险较低的企业，可以在较高程度上使用财务杠杆，从而将企业整体风险控制在合理的水平上。

任务三　资本结构优化决策

【知识目标】

1. 掌握资本结构的含义；
2. 理解影响资本结构的因素；
3. 掌握最佳资本结构的条件。

【技能目标】

1. 能使用比较资本成本法进行资本结构优化决策；
2. 能使用每股收益分析法进行资本结构优化决策。

资本结构是企业筹资决策的核心问题。企业应综合考虑有关影响因素，运用适当的方法确定最佳资本结构，并在以后追加筹资时继续保持。若企业现有资本结构不合理，则应通过筹资活动进行调整，使其趋于合理化。

一、资本结构概述

（一）资本结构的含义

资本结构，是指企业各种资金的构成及其比例关系。

资本结构有广义和狭义之分。广义的资本结构是指企业全部债务与股东权益的比例关系。狭义的资本结构仅指企业长期负债与股东权益的构成比例。狭义资本结构下，短期负债作为营运资金管理。本书所指的资本结构是指狭义的资本结构。

企业采用各种方式筹集的资金，总体上可以分为债务资本和权益资本两大类。权益资本是企业的基础资本，因此资本结构决策主要是确定债务资本在企业全部资本中所占的比重。

（二）最佳资本结构

不同的资本结构会给企业带来不同的结果。企业利用债务资本进行举债经营具有双重作用，既可以发挥财务杠杆效应，也可能带来财务风险。因此，企业必须权衡财务风险与资本成本的关系，确定最佳的资本结构。

所谓最佳资本结构，是指在一定条件下使企业平均资本成本率最低、企业价值最大的资本结构。从理论上讲，最佳资本结构是存在的，但由于企业内部因素和外部环境经常变化，动态地保持最佳资本结构十分困难。

（三）影响资本结构的因素

1. 企业财务状况

企业获利能力越强、财务状况越好、变现能力越强，就越有能力负担财务风险，举债筹资就越有吸引力。

2. 企业产品销售情况

如果企业的销售比较稳定，其获利能力也相对稳定，则企业负担固定财务费用的能力相对较强；如果销售具有较强的周期性，则企业将冒较大的财务风险。

3. 企业资产结构

企业的资产结构不同，其选择的筹资方式会有所不同，导致资金结构不相同。比如，拥有大量固定资产的企业，主要通过长期负债和发行股票筹集资金；拥有较多流动资产的企业，更多依赖流动负债筹集资金；资产适用于抵押贷款的公司举债额较多；以技术研发为主的公司则负债很少。

4. 企业投资者的态度

如果一个企业股权较分散，企业所有者并不担心控制权旁落，因而会更多地采用发行股票的方式来筹集资金；反之，有的企业被少数股东所控制，为了保证少数股东的绝对控制权，多采用优先股或负债方式筹集资金。

5. 企业管理者的风险态度

喜欢冒险的财务管理人员，可能会安排比较高的负债比例；保守稳健的财务管理人员则往往使用较少的债务。

6. 债权人和信用评级机构的影响

大部分债权人都不希望企业的负债比例太高。同样，如果企业债务太多，信用评级机构可能会降低企业的信用等级，从而影响企业的筹资能力，提高企业的资本成本。

7. 所得税税率的高低

企业利用负债可以获得减税利益，因此，所得税税率越高，负债的好处越多；如果税率很低，则采用举债方式的减税利益就不显著。

8. 利率水平的变动趋势

如果财务管理人员预期不久的利率将上升，则企业可以大量发行长期债券，从而在若干年内把利率固定在较低的水平上。

9. 行业因素

不同行业的资本结构有很大差别。财务管理人员必须考虑本企业所在的行业特点及该行业资本结构的一般水平，以合理确定本企业的资本结构。

二、资本结构优化决策

资本结构优化的目标，是降低平均资本成本或提高企业价值。资本结构决策的定量分析方法主要有比较资本成本法、每股收益分析法、公司价值分析法等。

(一)比较资本成本法

比较资本成本法，是通过计算和比较各种可能的筹资方案的平均资本成本，选择平均资本成本最低的方案，就是合理的资本结构。其具体步骤为：

第一步，确定各备选筹资方案的资本结构；

第二步，计算不同方案的平均资本成本；

第三步，选择平均资本成本最低的方案，其资本结构即为最佳资本结构。

【做中学 4－14】 ABC 公司拟筹资建立一家分公司，投资总额为 500 万元，有三个筹资方案可供选择，相关资料如表 4－5 所示。

表 4－5 **ABC 公司三种筹资方案相关资料** 单位：万元

筹资方式	甲方案筹资额	资本成本率	乙方案筹资额	资本成本率	丙方案筹资额	资本成本率
银行借款	50	6%	100	7%	100	8%
公司债券	100	8%	150	9%	200	10%
普通股	350	14%	250	15%	200	17%
合　计	500	—	500	—	500	—

根据上述资料，计算各方案的平均资本成本如下：

甲方案的平均资本成本 $K_{w1}=\frac{50}{500}\times 6\%+\frac{100}{500}\times 8\%+\frac{350}{500}\times 14\%=12\%$

乙方案的平均资本成本 $K_{w2}=\frac{100}{500}\times 7\%+\frac{150}{500}\times 9\%+\frac{250}{500}\times 15\%=11\%$

丙方案的平均资本成本 $K_{w3}=\frac{100}{500}\times 8\%+\frac{200}{500}\times 10\%+\frac{200}{500}\times 17\%=12.4\%$

从计算结果可以看出，乙方案的平均资本成本最低。假设影响筹资的其他因素可以忽略，则公司应选择乙方案。

(二)每股收益分析法

每股收益分析法，是通过分析每股收益的变化来判断资本结构是否合理的一种方法。由于这种方法需要确定每股收益的无差别点，因此又称为每股收益无差别点法。

所谓每股收益无差别点，又称息税前利润平衡点，是指两种或两种以上筹资方案下普通股每股收益相等时的息税前利润点。根据每股收益无差别点，可以分析判断在什么样的销售水平下适于采用何种筹资方式安排及调整资本结构，以达到每股收益最大。其具体步骤为：

第一步，计算每股收益无差别点；

第二步，计算在预计息税前利润下，各方案的每股收益；

第三步，比较每股收益，选择最佳方案。

【做中学 4－15】 XYZ 公司目前发行在外普通股 100 万股(每股面值 10 元)，已发行债券面值 400 万元，利率为 10%。公司计划为一个新投资项目融资 500 万元，预计该项目投产后公司每年息税前利润增加到 200 万元。现有两个方案可供选择：

甲方案：按面值发行年利率为 12%的债券 500 万元；

乙方案：按每股 20 元的价格发行新股 25 万股。

公司适用所得税税率为 25%。试采用每股收益分析法择优选择资本结构方案。

首先，计算每股收益无差别点。

在每股收益无差别点上，不同筹资方案的每股收益是相等的。用公式表示如下：

$$\frac{(\overline{EBIT}-I_1)\times(1-T)-DP_1}{N_1}=\frac{(\overline{EBIT}-I_2)\times(1-T)-DP_2}{N_2}$$

其中：$\overline{EBIT}$ 为息税前利润平衡点，即每股收益无差别点；I 为债务利息；DP 为优先股股利；N 为普通股股数；T 为所得税税率。

将甲、乙两方案的相关数据代入上式：

$$\frac{(\overline{EBIT}-400\times10\%-500\times12\%)\times(1-25\%)}{100}=\frac{(\overline{EBIT}-400\times10\%)\times(1-25\%)}{100+25}$$

可求得：$\overline{EBIT}=340$(万元)

此时，每股收益 $EPS_{甲}=EPS_{乙}=1.80$(元)

上述每股收益无差别分析，可用图 4－1 表示。

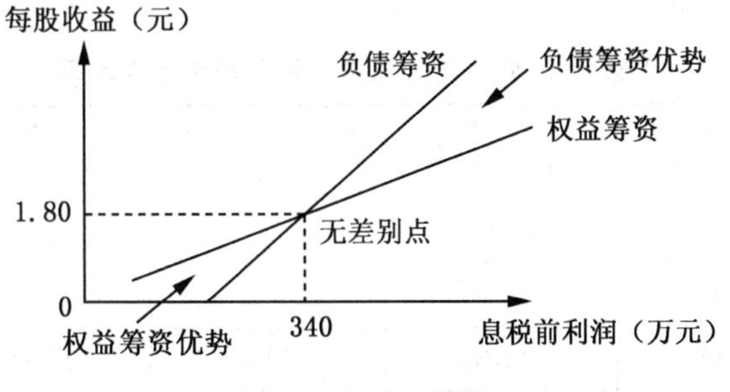

图 4－1　无差别点分析

在每股收益无差别点上，即当息税前利润等于 340 万元时，甲方案(债务筹资)和乙方案(权益筹资)的每股收益均为 1.80 元，两种方式没有差别；当息税前利润高于 340 万元(每股收益无差别点的息税前利润)时，运用债务筹资可以获得较高的每股收益，企业应采用负债筹资方式;当息税前利润低于340万元时,运用权益筹资可以获得较高的每股收益,企业应采用权益筹资方式。

在本例中,预期企业筹资后 $EBIT$ 为200万元,此时甲、乙两方案的每股收益计算如下:

$$EPS_{甲}=\frac{(200-400\times10\%-500\times12\%)\times(1-25\%)}{100}=0.75(元)$$

$$EPS_{乙}=\frac{(200-400\times10\%)\times(1-25\%)}{100+25}=0.96(元)$$

可见,当企业预计息税前利润(200万元)低于每股收益无差别点的息税前利润(340万元)时,乙方案能够带来更多的每股收益。因此采用乙方案更为有利。

(三)公司价值分析法

公司价值分析法,是在考虑市场风险基础上,以企业市场价值为标准,进行资本结构优化的方法,即能够提升企业价值的资本结构,就是合理的资本结构。该方法具体的应用步骤为:

第一步,测算公司价值。

公司价值应该等于资本的市场价值,即:

$$V=B+S$$

其中:V 为公司价值;B 为债务资本价值;S 为权益资本价值。

为简化分析,假设公司各期 $EBIT$ 保持不变,债务资本的市场价值等于其面值(或本金)。权益资本的市场价值,即股票的现值按公司未来净收益的折现现值计算,则计算公式为:

$$S=\frac{(EBIT-I)(1-T)}{K_s}$$

第二步,测算不同资本结构下的平均资本成本。

$$K_w=K_b\cdot\frac{B}{V}\cdot(1-T)+K_s\cdot\frac{S}{V}$$

在上式中,普通股资本成本可以用资本资产定价模型来测算,即:

$$K_s=R_f+\beta\cdot(R_m-R_f)$$

其中:R_f 为无风险报酬率;R_m 为所有股票市场报酬率;β 为公司股票贝塔系数。

第三步,确定最佳资本结构。

运用上述原理计算公司总价值和平均资本成本率,并以公司价值最大化为标准分析确定公司的最佳资本结构。

【做中学4—16】 正新公司2013年公司价值和平均资本成本率如表4—6所示。

表4—6　　正新公司2013年公司价值和平均资本成本率

债务市场价值 B(万元)	股票市场价值 S(万元)	公司总价值 V(万元)	债务税后资本成本率 K_b	普通股资本成本率 K_s	平均资本成本率 K_w
0	2 365	2 365	—	14.8%	14.80%
200	2 240	2 440	7%	15.0%	14.34%
400	2 118	2 518	7%	15.2%	13.90%
600	1 921	2 521	8.4%	15.6%	13.88%
800	1 677	2 477	9.8%	16.2%	14.13%
1 000	1 293	2 293	11.2%	18.4%	15.26%

根据表 4—6 测算的结果可以看出，在没有债务资金的情况下，公司的价值就是其原有股票的现值。当公司开始利用债务资金部分地替代权益资金时，公司的价值开始上升，同时综合资本成本率开始下降；当债务资金达到 600 万元时，公司价值最高(2 521万元)，同时综合资本成本率最低(13.88%)；当债务资金超过 600 万元后，公司的价值开始下降，综合资本成本率同时上升。因此可以确定，债务资金为 600 万元时的资金结构是该公司的最佳资金结构。

与比较资本成本法和每股收益无差别点法相比，公司价值比较法充分考虑了公司的财务风险和资本成本等因素的影响，进行资本结构的决策以公司价值最大为标准，更符合公司价值最大化的财务管理目标；但其测算原理及测算过程较为复杂，通常用于资本规模较大的上市公司。

拓展阅读

资本结构的重要理论

资本结构理论是西方财务理论的重要组成部分之一。1958 年 6 月，美国学者莫迪格莱尼(Modigliani)与米勒(Miller)在《美国经济评论》上发表了《资本成本、公司财务和投资理论》等 3 篇论文，标志着现代资本结构理论(MM 理论)的产生。MM 理论以科学、严谨的方式，用统计分析检测模型的方法，对企业价值与资本结构的关系进行了严密的分析，奠定了现代西方资本结构理论的基础，莫迪格莱尼和米勒也因此双双获诺贝尔经济学奖。自 MM 理论提出至今，许多经济学家在研究资本结构问题时，大多通过放松 MM 假设、提出疑问、提出新的理论和疑问来发展和创新资本结构理论，如权衡理论、信息不对称理论、代理成本理论、控制权理论等。

一、MM 理论

MM 理论认为在无摩擦的市场环境下，公司的资本结构与公司价值无关。莫迪格莱尼和米勒(1958)开创了资本结构研究的先河——MM 定理，该理论在一系列严格的假设条件之下，如没有公司税和个人所得税、企业没有破产风险、没有代理成本、资本市场完善等，企业的价值与其所采用的融资结构无关。

二、权衡理论

权衡理论认为负债对企业价值的影响是双向的。负债可以通过所得税的减税作用和减少权益代理成本来提高企业价值；与此同时，负债会产生财务困境成本，包括破产的直接和间接成本以及债券代理成本等。平衡理论即指公司通过平衡债务税收优势即税盾价值与债务导致的财务危机的破产成本来实现股东价值最大化，认为企业最优资本结构就是在债务的纳税优势和破产成本现值之间的权衡。

三、代理成本理论

詹森(Jensen)和麦克林(Meckling)(1976)开创了财务学的代理成本理论，侧重于研究筹资后信息不对称的资本结构。将资本结构问题转换为所有权结构问题，引入了包括监督成本、约束成本和剩余损失在内的代理成本概念，指出企业最优资本结构应该是在给定的内部资本水平下，能够使代理成本最小的债务权益比率，从而发展了代理成本理论。

四、激励理论

激励理论是由局限于研究资本结构及收入流关系的代理成本扩展到资本结构与公司剩余控制权分配的内部制度设计上的结果。激励理论认为,资本结构会影响经营者的工作、努力水平和其行为选择,从而影响公司未来现金收入和公司市场价值。如果企业负债率较高,则企业的资金依赖债权人,可使债权人在很大程度上控制着企业,从而有效地降低代理成本。由于债务和股票对经理提供了不同的激励,股东将债务视为一种担保机制,这种机制促使经理努力工作,从而降低由于两权分离而产生的代理成本。

五、优序融资理论

优序融资理论研究的是资本结构作为一种信号在信息非对称的情况下如何影响投资,从而影响融资顺序,而不同的融资顺序又会对资本结构的变化产生什么样的影响。当公司以不会被市场低估的方式融资时,新投资项目会被现有股东所接受。而且,即使举债会提高财务风险的债务,也优于发行新股。麦尔斯(Myers)把这看成是融资的“顺序”,即为新投资项目融资时,为避免发行新股被市场认为是经理对当前股价信心不足的信号,经理被迫优先考虑内部资金,其次是举债,最后才是发行新股。优序融资理论认为,理性的公司融资会遵循“内部融资—无风险债券—有风险债券—股权融资”的次序来进行融资。

六、信号传递理论

信号传递理论研究在信息不对称下,企业怎样通过适当的方法向市场传递有关企业价值的信号,以此来影响投资者的决策。根据信息不对称理论,内部人比外部投资者更了解有关企业未来现金流量、盈利能力和投资机会等的私下信息。信号模型虽然在直觉上很有吸引力,但并不能很好地解决现实资本结构问题。信号模型的主要缺陷还在于它虽然说明某种特定的财务工具可以被作为一项信号,但却没有办法解释为什么要选择这种而不是那种财务工具。

七、控制权理论

控制权理论是从剩余控制权的角度研究资本结构与企业价值的关系。该理论把企业看成是一个不完备的契约组织。由于无法预知未来,使得契约无法化解经营者、股东和债权人的利益差别和冲突。实现利益的关键在于剩余控制权,债务是企业的固定支出,债务过重,留给投资者和经营者的剩余收益就少。

八、市场相机抉择理论

贝克(Baker)和伍格勒(Wurgler)(2002)考虑到资本市场的实际情况,放松了完美资本市场的假设,他们认为,在资本市场非效率或资本市场被分割的情况下,企业在资本市场上的相机抉择行为可以获利。他们通过回归分析发现,在非完美的资本市场上,企业的相机抉择行为对企业资本结构有持久的影响,同时企业历史上的市场价值对其资本结构有显著、持久的影响。该理论认为,对企业而言,没有一个最优的资本结构,企业的资本结构只是企业历史上有意的市场相机抉择行为的累积结果。

九、基于市场微观结构的资本结构理论

基于市场微观结构的资本结构理论主要探讨股票流动性、信息等微观因素对资本成本、融资行为和资本结构的影响。戴尔蒙德(Diamond)和维雷奇(Verrecchia)(1991)认为,信息披露会影响市商提供流动性的意愿,并证明在特定条件下,通过披露信息可以减少市场上的信息不对称程度,增加股票流动性,最终降低公司资本成本。利普森(Lipson)和莫尔特(Mortal)(2006)运用横截面回归方法,实证检验了流动性对资本结构的影响关系,结果发现股票流动性可以解释企业财务杠杆的横截面变化,当股票流动性较高时,企业更倾向于通过股权融资增加

资本规模。

从中可以看出，目前资本结构理论研究开始越来越倾向于研究资本市场的微观因素，如交易成本、交易行为、流动性和信息等对资本结构造成的影响。尽管不同的理论对企业融资的认识视角不同，但都对负债融资形成共识：适度负债有利于增加企业价值。

案例分析

“阿里小贷”的案例分析

一、“阿里小贷”概况

2010 年 6 月 8 日，中国最大的电子商务平台阿里巴巴正式宣布，联合复星集团、银泰集团、万向集团成立浙江阿里巴巴小额贷款股份有限公司（下称“阿里小贷”），阿里巴巴小额贷款股份有限公司成为我国第一家电子商务领域小额贷款公司。阿里巴巴集团董事局主席马云曾公开表示，“阿里小贷”提供的贷款业务主要是那些传统金融机构不愿放贷的小微贷款业务，主要针对的是小微企业。从某种层面上来说，相对于大中型企业，小微企业对资金的需求是很少的，但是由于担保物或者信用评估无法达到银行的要求，银行往往会拒绝向其放贷，可能只需一二十万的资金周转一下，小微企业即可保证资金链安全而得以继续生存。

二、“阿里小贷”的风险控制

传统的金融机构之所以不愿意为小微企业提供贷款，很大程度上是为了控制风险，但“阿里小贷”基于自己的信用评价评估体系，可以随时掌握需要贷款的小微企业的信用状况，这就解决了传统信贷过程中无法有效掌握贷款企业信用状况的难题。“阿里小贷”风险控制的措施主要基于以下几点：(1)严格控制贷款范围。“阿里小贷”主要针对的是阿里巴巴会员及供应商、淘宝与天猫上的个体工商户，严格控制贷款范围便于明细交易的数据，正确评估贷款风险，并且可以随时监控贷款的去向。(2)完善信用评估体系和数据库。“阿里小贷”建立了一套适用于网上商家的信用评估体系，并对阿里巴巴、淘宝、天猫上的用户的交易额度、数量、频率等数据进行记录与分析，建立了自己的风险数据库，最大程度上降低了贷款的风险。(3)建立新型抵押制度。传统的小贷公司或银行等都需要贷款者提供房产或者机械设备等作为抵押品，抵押品固然可以降低放贷者的贷款风险，但却给贷款者带来诸多不便，尤其是抵押品不足的小微企业。“阿里小贷”基于支付宝的数据支持，提出了以网店的预期收益来替代传统的抵押品。通过计算机云计算，“阿里小贷”可以得到贷款者未来收益的估值，若贷款者违约，阿里将关闭其网上商店，这种违约成本将远远大于贷款本身，所以这将会促进贷款者主动归还贷款。(4)贷款去向的实时监控。贷款者申请贷款成功后，“阿里小贷”会通过支付宝平台将贷款打入贷款者的支付宝账户中，这样贷款的去向信息就可以通过追踪支付宝数据达到有效监控的目的。

三、传统小额贷款与“阿里小贷”的对比

“阿里小贷”是以网络为媒介、立足于互联网背后的大数据、基于传统小额贷款基础上的一次质的飞越。“阿里小贷”与传统的小额贷款的区别主要表现在以下几个方面（见下表）：

	传统小额贷款	“阿里小贷”
业务范围	一般只能在其所在地省内经营	订单贷款已在全国范围内开展,信用贷款范围为江浙沪(除温州外)及广东
客户群体	农民、个体户、小微企业	电商平台上的网络商户
交易费用	主要靠人工,费用高	信息系统自动预审核,费用较低
内部操作风险	不完善的贷款流程管理使其风险提高	现代先进企业管理理念和互联网技术相结合,风险相对较低
违约率	1.7%	低于1%

案例思考:以“阿里小贷”为代表的互联网融资模式,对解决小微企业融资难的问题能发挥哪些作用?

分析要点:

(1)网络融资快速、高效的特性切合了小微企业融资“短、频、快”的实际需求。网络融资的一个显著特性就是快速、高效。如商户在淘宝上申请订单贷款,只需在网上提交申请,以有效的“卖家已发货”的订单为抵押,在符合申请条件的情况下,当天申请,资金当天到账。

(2)网络融资的灵活性能够有效减少小微企业融资成本。与传统融资方式相比,网络融资的计息方式较为灵活。如银行贷款的计息日是款项划入贷款者账户之日,而“阿里小贷”的计息日并非款项划入日,而是贷款者从支付宝账户取款日。这种灵活的计息方式极大地降低了贷款者的贷款成本。

(3)网络融资信息的无障碍传播降低了小微企业授信成本。网络融资信息的无障碍及时传播能有效提高贷前审查效率,同时增强了企业对信用的重视程度,减少了企业不良信用记录,也减少了贷款前的审查障碍。此外,网络贷款如“阿里小贷”的贷前审查完全由互联网完成,不需要抵押品或担保人,审查的效率不但大大提高,并且授信成本也大大降低了。

(资料来源:严劼:《小微企业融资金融产品创新研究——基于阿里金融案例》,《商业现代化》,2014年第17期。)

职业能力训练

一、名词解释

资金结构　个别资本成本　综合资本成本　经营杠杆　财务杠杆　复合杠杆　最佳资本成本

二、单项选择题

1. 不存在筹资费用的筹资方式是(　　)。

A. 银行借款　B. 融资租赁　C. 发行债券　D. 利用留存收益

2. 甲企业发行一债券,面值为2 000元,期限为5年,票面利率为10%,每年付息一次,发行费率为5%,所得税税率为25%,则该债券的资本成本率为(　　)。

A. 15%　B. 10%　C. 6.7%　D. 7.05%

3. 某企业发行优先股1 000万元,筹资费率为3%,年股息率为12%,所得税税率为25%,则优先股的资本成本率为(　　)。

A. 13.2%　B. 8.9%　C. 12.37%　D. 11.2%

4. 某公司取得5年长期借款300万元，年利率为10%，每年付息一次，到期一次还本，筹资费用率为0.5%，企业所得税税率为25%，则该项长期借款的资本成本率为(　　)。

A. 10%　　B. 9.5%　　C. 10.05%　　D. 7.04%

5. 某企业的长期资本总额为1 000万元，借入资金占总资本的40%，借入资金的利率为10%。当企业销售额为800万元，息税前利润为200万元时，财务杠杆系数为(　　)。

A. 1.2　　B. 1.26　　C. 1.25　　D. 3.2

6. 不存在财务杠杆作用的筹资方式是(　　)。

A. 银行借款　　B. 发行债券　　C. 发行优先股　　D. 发行普通股

7. 下列各项中，不属于影响企业综合资本成本的因素是(　　)。

A. 资金结构　　B. 权益资本成本　　C. 负债资本成本　　D. 筹资期限的长短

8. (　　)是指企业为筹集和使用资金而付出的代价。

A. 资金耗费　　B. 资本成本　　C. 筹资费用　　D. 用资费用

9. 在计算个别资本成本时，不用考虑筹资费用的是(　　)。

A. 银行借款　　B. 债券　　C. 股票　　D. 留存收益

10. (　　)是指资金每增加一个单位而增加的成本。

A. 边际成本　　B. 边际贡献　　C. 资本成本　　D. 利息

11. 财务风险是由(　　)引起的。

A. 企业亏损　　B. 负债经营　　C. 发行股票　　D. 经营不善

12. (　　)是指销售收入减去变动成本以后的差额。

A. 利润　　B. 息税前利润　　C. 税后利润　　D. 边际贡献

13. (　　)是指息税前利润变动率相当于产销量变动率的倍数。

A. 经营杠杆系数　　B. 财务杠杆系数　　C. 复合杠杆系数　　D. 总杠杆系数

14. (　　)是企业筹资决策的核心问题。

A. 资金结构　　B. 资本成本　　C. 筹资数量　　D. 投资收益率

15. 每股利润无差别点是指两种筹资方案下，普通股每股利润相等时的(　　)。

A. 成本总额　　B. 资金总额　　C. 资金结构　　D. 息税前利润

16. 综合资本成本率是以(　　)为权数，对各项资本成本进行加权平均计算出来的。

A. 各种资金的数量　　B. 各种资金的资本成本

C. 各种资金占资金总额的比重　　D. 各种资本成本占总资本成本的比重

17. 比较资本成本法是确定最优资金结构的一种方法，这里所比较的成本是(　　)。

A. 资本成本　　B. 固定成本　　C. 变动成本　　D. 综合资本成本

18. 下列筹资方式中，资本成本最高的是(　　)。

A. 银行借款　　B. 商业信用　　C. 普通股票　　D. 债券

三、多项选择题

1. 影响财务杠杆系数的因素有(　　)。

A. 息税前利润　　B. 固定成本　　C. 优先股股利　　D. 所得税税率

2. 最佳资金结构的判断标准有(　　)。

A. 企业价值最大　　B. 加权平均资本成本最低

C. 资本结构具有弹性　　D. 筹资风险最小

3. 企业在进行筹资决策时，资本成本是需要考虑的一个首要因素，其主要作用表现为(　　)。

A. 是影响筹资总额的重要因素　　B. 是选择资金来源的基本依据

C. 是选用筹资方式的参考依据　　D. 是确定资金结构的基本参数

4. 影响资本成本高低的因素有(　　)。

A. 总体经济环境　　B. 证券市场条件
C. 企业内部的经营和融资状况　　D. 融资规模

5. 在采用无差别点确定筹资方式时，下列说法中正确的是(　　)。
A. 当企业的盈利能力大于无差别点的息税前利润时，应采用负债筹资方式
B. 当企业的盈利能力小于无差别点的息税前利润时，应采用负债筹资方式
C. 当企业的盈利能力大于无差别点的息税前利润时，应采用发行股票的筹资方式
D. 当企业的盈利能力小于无差别点的息税前利润时，应采用发行股票的筹资方式

6. 负债资金在资金结构中产生的影响是(　　)。
A. 降低企业资本成本　　B. 加大企业财务风险
C. 具有财务杠杆作用　　D. 分散股东控制权

7. 下列各种筹资活动中，(　　)会加大财务杠杆作用。
A. 增加银行借款　　B. 增发公司债券　　C. 增发优先股　　D. 增发普通股

四、判断题

1. 资本成本包括筹资费用和用资费用两个部分，其中筹资费用是资本成本的主要内容。(　　)
2. 企业负债比例越高，财务风险越大，因此负债对企业总是不利的。(　　)
3. 由于留存收益是由企业利润所形成的，不是通过外部筹资取得的，所以留存收益没有成本。(　　)
4. 当预计的息税前利润大于每股利润无差异点息税前利润时，采用负债筹资会提高普通股每股利润，但会加大企业的财务风险。(　　)
5. 在个别资本成本一定的情况下，企业综合资本成本的高低取决于资金总额。(　　)
6. 当企业筹资数额较大，边际资本成本超过企业承受能力时，企业便不能再增加筹资数额。(　　)
7. 在其他因素一定的情况下，固定成本越高，经营杠杆系数越大，则财务风险越大。(　　)
8. 经营杠杆可以用边际贡献除以息税前利润来计算，它说明了销售变动引起利润变化的幅度。(　　)
9. 发行优先股既能为企业带来杠杆利益又具有抵税效应，所以筹资时应优先考虑发行优先股。(　　)
10. 计算息税前利润 $EBIT=(p-b)x-a$ 时，固定成本和变动成本中都不包含利息费用因素。(　　)

五、简答题

1. 比较以下筹资方式资本成本的高低：长期银行借款、发行债券、发行股票和留存收益，并说明理由。
2. 简述资本成本的作用。
3. 企业如何确定其最佳资本结构？

六、实务训练题

1. 某公司发行期限为 8 年的债券，债券面值为2 000元，溢价发行，实际发行价格为面值的 15%，票面利率为 12%，每年年末支付一次利息，第 8 年年末一次性偿还本金，筹资费率为 3%，所得税税率为 25%。

要求：计算该债券的资本成本。

2. 某公司向银行借入一笔长期借款，借款年利率为 10%，借款手续费率为 0.5%，所得税税率为 25%。

要求：计算银行借款的资本成本。

3. 某公司发行普通股筹资，股票面值为1 000万元，实际发行价格为1 600万元，筹资费率为 5%，第 1 年年末股利率为 10%，预计股利每年增长 4%，所得税税率为 25%。

要求：计算普通股资本成本。

4. 某企业计划筹集资金 100 万元，所得税税率为 25%，有关资料如下：

(1)向银行借款 10 万元，借款年利率为 7%，手续费率为 2%。

(2)按面值发行债券 15 万元，票面利率为 9%，期限为 5 年，每年支付一次利息，其筹资费率为 3%。

(3)发行优先股 25 万元，预计年股利率为 12%，筹资费率为 4%。

(4)发行普通股 40 万元，每股发行价格为 10 元，筹资费率为 6%。预计第 1 年每股股利为 1.2 元，以后每年按 8%递增。

(5)其余所需资金通过留存收益取得。

要求：

(1)计算个别资本成本率。

(2)计算该企业的综合资本成本率。

5. 某公司年销售净额为 280 万元，息税前利润为 80 万元，固定成本为 32 万元，变动成本率为 60%，资金总额为 200 万元，债务比率为 40%，债务利率为 12.5%。

要求：分别计算该公司的经营杠杆系数、财务杠杆系数和复合杠杆系数，并说明各自的经济意义。

6. 某公司目前发行在外普通股 100 万股(每股 1 元)，已发行债券 400 万元，利率为 10%。该公司打算为一个新的投资项目融资 500 万元，预计新项目投产后每年息税前利润增加到 200 万元。现有两个方案可供选择：

甲方案：发行年利率为 12%的债券 500 万元；

乙方案：按每股 20 元发行新股 25 万股。

公司适用所得税税率为 25%。

要求：

(1)计算两个方案的每股利润。

(2)计算两个方案的每股利润无差别点。

(3)计算两个方案的财务杠杆系数。

(4)判断哪个方案更好。

项目五

项目投资管理

导学案例

信和机械制造股份公司是以生产加工机械配件为主的大型工业企业，为了提升企业竞争力，准备开始投入研发工业机器人，所需的核心零部件要引进一条具有国际先进水平的生产线。企业研发部门会同生产部和财务部共同进行市场调研，提供出了两条生产线数据资料(见下表)。如果你是企业的财务经理，该如何进行分析决策呢?

项目内容	备选方案(万元)		注　释
	从日本引进	从德国引进	生产线使用年限10年
生产线投资额	5 000	4 000	直线法提取折旧
流动资金垫支	800	600	净残值率5%
年度净利润	1 400	1 200	公司资金成本率10%

1. 业务流程图

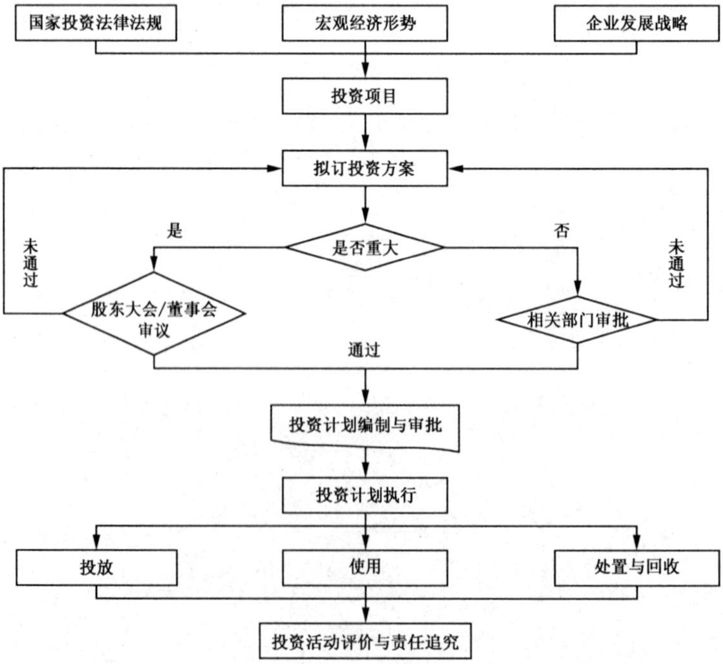

2. 主要岗位职责

职责内容	
职责内容	(1) 组织做好行业研究及投资市场调研等前期工作，收集有关投资市场信息资料。 (2) 负责对调研资料进行汇总、分析，编制投资市场调查报告，提出投方向建议。 (3) 进行投资可行性研究，编制投资可行性报告，为管理层的投资决策提供依据。 (4) 根据财务分析及领导指示，制订投资工作计划和工作方案，经领导审批后执行。 (5) 根据投资工作计划及方案，寻找、设计投资项目，组织做好对投资项目的调查和可行性分析研究等前期准备工作。 (6) 负责投资项目效果评估，拟订项目效果评估报告，提交企业决策层参考。 (7) 建立投资项目档案管理系统，保管好与投资有关的各种资料。 (8) 按时完成领导交办的其他相关工作。

任务一 项目投资概述

【知识目标】

1. 理解项目投资的含义与特点；
2. 了解项目投资的程序。

【技能目标】

1. 会区分项目投资与一般投资；
2. 能够表述项目投资程序。

一、项目投资的含义与特点

项目投资是指将资金直接投放于生产经营实体性资产，以形成生产能力，如购置设备、建造工厂、修建设施等。项目投资是企业的对内投资，也包括以实物性资产投资于其他企业的对外投资。与一般投资相比，项目投资具有以下特点：

(1)投资影响时间长。通常，项目投资针对具体项目，需要至少一年或一个营业周期以上的时间，对企业未来生产经营活动和长期经济效益都会产生重要影响。

(2)投资数额巨大。项目投资的资金投放次数少，但投放量却较多，其形成的资产在企业总资产中占有比例较大，对企业未来的财务状况有较大影响。

(3)投资变现能力差。项目投资所形成的资产是为了生产经营而不是对外销售，所创造的价值体现在所生产的产品上，因此，企业一般不会考虑在短期内将其变现，而是采取逐渐变现的方式。

(4)投资风险大。因为投资回收期长，投资数额大，所以，在长期使用过程中，要承受着有形和无形的损耗，预期收益具有不确定性，承担的风险较大。

二、项目投资的程序

项目投资的特点决定了投资的重要性，决策前要充分地进行调查研究，必须按照特定的程序，运用科学的方法进行可行性分析，保证决策的正确有效。

项目投资的决策程序一般包括以下几个步骤：

(一)提出项目备选方案

管理层通过市场调研并综合专家建议提出方案。一般而言,企业高级领导(董事长、总经理)提出战略性指导方案,中层或基层领导(部门经理、车间主任)提出战术性执行方案。

(二)初步评价备选方案

由专家组和管理层及企业员工对备选方案进行定量分析,预测投资项目的现金流量,运用投资评价指标进行可行性排序,从技术适当、经济合理方面进行方案的初选。

(三)决策最优项目投资方案

通过初选,结合非量化因素的影响,如政治经济形势的变动,人们心理、风俗习惯的改变等进行定性分析,权衡利害得失,考虑风险,决策选出最优方案。

(四)评估决策执行情况,及时反馈信息

在投资执行过程中,进行工程进度、质量和成本的控制,随时根据变化作出信息反馈,调整投资实施过程,使投资按照预期效果执行,避免不必要的损失。

任务二　项目投资现金流量分析

【知识目标】

1. 理解项目投资的计算期和投资额的含义;
2. 熟悉现金流量的内容。

【技能目标】

1. 学会计算项目投资的计算期和投资额;
2. 学会项目投资不同阶段现金净流量的估算。

一、项目投资的计算期和投资额

(一)项目投资的计算期

项目投资的计算期是指从投资建设开始到最终清理结束整个过程的时间。项目资金从正式投入开始到项目建成投产为止所需要的时间称作建设期,从投产日开始到项目清理结束的时间称作运营期。所以,项目计算期＝建设期＋运营期。

(二)项目投资的投资额

原始投资额是企业为使项目达到设计的生产能力、开展正常经营而投入的全部资金,包括建设投资(固定资产投资、无形资产投资、其他资产投资)和流动资金投资。

(三)项目投资的方式

资金的投入方式包括一次投入和分次投入。一次投入是指投资行为集中一次发生在建设起点的第一年年初或年末;分次投入是分别两次以上完成投资,或者在同年的不同时点,或者在不同的年度。

【做中学 5－1】 某企业拟建设一条生产线,建设期 1 年,使用寿命 10 年。建设起点一次性投入固定资产 500 万元、无形资产 300 万元、其他资产 100 万元,投产日又垫支流动资金 100 万元。试计算项目的计算期和投资额。

项目计算期＝1＋10＝11(年)

建设投资额＝500＋300＋100＝900(万元)

原始投资额＝900＋100＝1 000(万元)

二、项目现金流量内容

现金流量是评估项目投资可行性的基础标准，也是计算项目投资决策评价指标的重要依据。对于投资项目的财务可行性来说，现金流量状况比会计期间盈亏状况更重要。

(一)现金流量的概念

由一个项目投资方案引起的在未来一定期间内所发生的现金流入和流出量统称为项目的现金流量。其中，现金收入称为现金流入量，现金支出称为现金流出量，现金流入量与现金流出量的差额称为现金净流量(NCF)。

现金净流量＝现金流入量－现金流出量

为了便于估算项目的现金流量，实务中需要设定假设条件：

(1)全投资假设。在确定项目现金流量时只考虑全部投资的运行情况，不再区分自有资本和借入资本，即借入资本视作自有资本，不再看作现金流入，支付的利息不再作为现金流出。

(2)建设期投入全部投资假设。假设原始投资都是在建设期内投入，无论是一次投入还是分次投入。

(3)经营期与折旧年限一致假设。假设项目的经营期与固定资产的折旧年限一致。

(4)时点假设。为了便于应用资金时间价值评价投资项目，假设项目现金流量均发生在年初或年末。假设建设投资发生在建设期的年初或年末；流动资金垫支发生在建设期的期末；经营期各年的收入、成本发生在该年的年末；固定资产残值的回收和垫支流动资金的回收发生在终结点。

(5)确定性假设。假设与项目投资现金流量有关的价格、成本、销量、所得税税率等相关因素均为已知常数。

(二)现金流量的构成

按照项目投资的不同时期，项目的现金流量由三部分构成：

1. 建设期现金流量

建设期现金流量是项目开始投资发生的现金流量，包括建设投资和流动资金投资。

(1)建设投资：用于固定资产、无形资产和其他资产的投资。比如固定资产的购入和建造成本、运输成本和安装成本等；购买专有技术、专利权等的投入。

(2)流动资金投资：用于购买流动资产方面的投资。比如投资于材料、在产品、产成品等流动资产方面的投资。

建设期现金流量一般均为现金流出量，现金净流量为负。

建设期现金净流量＝－原始投资额

2. 营业期现金流量

营业期现金流量是项目投产后再进行生产经营而产生的现金流入和流出的数量。一般按照年度计算。营业期最主要的现金流入量是营业收入，流出量是经营成本和相关的营业税金及附加和企业所得税。

营业期现金净流量＝营业收入－付现成本

付现成本＝总成本－非付现成本

所以：

营业期现金净流量＝营业收入－(总成本－折旧)

＝税后利润＋折旧

非付现成本除了折旧，一般还包括摊销，在全投资假设下，还有利息。

营业期现金净流量＝税后利润＋折旧(＋摊销＋利息)

3. 终结期现金流量

终结期现金流量是项目的最末一年发生的现金流量和现金的回收量，包括固定资产的残值回收和垫支流动资金的回收。

终结期现金净流量＝最末一年现金净流量＋固定资产残值回收＋垫支流动资金回收

【做中学5－2】 恒信企业打算投资一条生产线用以扩大生产能力，需要投资600万元购置设备、80万元购置产权技术，项目无建设期，设备使用年限为10年，期满后有残值50万元，无形资产在投产日一次摊销，采用直接法计提折旧，投资后预期每年可获得税后净利100万元。试估算项目投资每年的现金净流量。

项目计算期＝10(年)

年折旧额＝(600－50)÷10＝55(万元)

建设期现金净流量：NCF_0＝－(600＋80)＝－680(万元)

经营期现金净流量：$NCF_{1\sim9}$＝100＋55＝155(万元)

终结期现金净流量：NCF_{10}＝100＋55＋50＝205(万元)

【做中学5－3】 东升股份集团计划投资开发一项新产品，需要1 000万元原始投资额，其中固定资产投资800万元，流动资金投资200万元。固定资产投资来源于银行贷款，利率为8%，利息于每年年末支付，按单利计算。项目建设期为2年，经营期为8年，期满有残值80万元。预计投产后每年获得的利润分别为50万元、98万元、120万元、100万元、110万元、135万元、140万元和125万元。假设不考虑所得税，试估算投资项目每年的现金净流量。

项目计算期＝2＋8＝10(年)

年利息＝800×8%＝64(万元)

建设期资本化利息＝64×2＝128(万元)

固定资产原值＝800＋128＝928(万元)

年折旧额＝(928－80)÷8＝106(万元)

建设期现金净流量：NCF_0＝－800(万元)

NCF_1＝0(万元)

NCF_2＝－200(万元)

经营期现金净流量：NCF_3＝50＋106＋64＝220(万元)

NCF_4＝98＋106＋64＝268(万元)

NCF_5＝120＋106＋64＝290(万元)

NCF_6＝100＋106＋64＝270(万元)

NCF_7＝110＋106＋64＝280(万元)

NCF_8＝135＋106＋64＝305(万元)

NCF_9＝140＋106＋64＝310(万元)

终结期现金净流量：NCF_{10}＝125＋106＋64＋80＋200＝575(万元)

【做中学5－4】 华利公司有一项目投资方案需要投资6 000万元，第一年年初投资5 400万元购买设备，建设期为1年，垫支流动资金600万元，该项目折旧年限为3年，预期投资后每年收入分别为3 000万元、4 500万元和6 000万元，每年追加的付现成本分别为1 000万元、1 500万元和1 000万元，设备无残值，采用直线法计提折旧，企业所得税税率为25%。试计算方案每年的现金净流量。

项目计算期＝1＋3＝4(年)

年折旧额＝5 400÷3＝1 800(万元)

因为：总成本＝付现成本＋折旧

税后利润＝(营业收入－总成本)×(1－所得税税率)

所以：第一年税后利润＝(3 000－1 000－1 800)×(1－25%)＝150(万元)

第二年税后利润＝(4 500－1 500－1 800)×(1－25%)＝900(万元)

第三年税后利润＝(6 000－1 000－1 800)×(1－25%)＝2 400(万元)

建设期现金净流量：NCF_0＝－5 400(万元)

NCF_1＝－600(万元)

经营期现金净流量：NCF_2＝150＋1 800＝1 950(万元)

NCF_3＝900＋1 800＝2 700(万元)

终结期现金净流量：NCF_4＝2 400＋1 800＋600＝4 800(万元)

任务三　项目投资决策评价指标及其计算

【知识目标】

1. 掌握项目投资决策静态和动态评价指标及其计算；
2. 熟悉项目投资决策评价指标的特点和评价标准。

【技能目标】

1. 学会计算项目投资的静态和动态评价指标；
2. 学会运用项目投资决策指标评价项目的可行性。

一、投资决策评价指标概述

在项目投资的决策中，分析和评价投资方案优劣的指标有很多，一般按照是否考虑货币的时间价值，分为静态评价指标和动态评价指标。

静态评价指标没有考虑货币的时间价值，也称非贴现的现金流量指标。这类指标将不同时点发生的现金流量看作价值相等，包括投资回收期和投资收益率两个指标。动态评价指标考虑了货币的时间价值，也称贴现的现金流量指标。该类指标结合了货币时间价值，把不同时点发生的现金流量折算到同一时点上，然后再比较分析，包括净现值、净现值率、获利指数和内部收益率四个指标。

二、静态评价指标及计算

(一)投资回收期

投资回收期(PP)是指投资项目未来现金净流量与原始投资额相等时所经历的时间，即原始投资额通过未来现金流量回收所需要的时间，通常以年为单位。投资者都希望投入的资金能尽早收回，所以投资回收期越短，企业投资效益就越好，承担的风险越小。

投资回收期根据各年营业现金净流量是否相等，可分别采用公式法和列表法计算。

1. 公式法——各年营业现金净流量(NCF)相等时

$$投资回收期(PP)=\frac{原始投资额}{年现金净流量}$$

【做中学 5—5】 迪士尼公司在上海新建了一个主题公园，这也是中国第二、亚洲第三、世界第六个迪士尼主题公园。迪士尼乐园向来是全球建造成本最高的主题乐园之一。上海迪士尼主题公园预计花费 245 亿元，周边配套设施花费 45 亿元，于 2015 年建成并开业，若每年预计收入为 60 亿元，那么投资回收期需要多久？

$$投资回收期=\frac{245+45}{60}=4.83(年)$$

2. 列表法——各年营业现金净流量(NCF)不相等时

当各年现金净流量不相等时，可以列表计算"累计现金净流量"，项目的回收期就是累计现金净流量正好为零的年限。

【做中学 5—6】 李强大学毕业后和同学合伙创业，计划在学校周边开办一家小型超市，打算投入 30 万元，预计近 5 年的现金净流量如表 5—1 所示。试问超市多久能回收投资成本？

表 5—1 **年现金净流量表** 单位：元

年　份	0	1	2	3	4	5
NCF	−30	5	11	19	25	30

首先计算累计现金净流量，如表 5—2 所示。

表 5—2 **累计现金净流量表** 单位：元

年　份	0	1	2	3	4	5
NCF	−30	−25	−14	5	30	60

从累计现金净流量表看出，回收 30 万元的投资在第 2、3 年间，具体回收期可以通过插值法计算。

$$投资回收期=\frac{14}{5+14}+2=2.74(年)$$

一般而言，投资回收期要短于预期投资回收期，方案具备可行性。

投资回收期可以直观地反映原始投资的返本期限，计算简单、易于理解；但没有考虑货币时间价值，忽略了回收期以后现金流量对投资的影响，可能导致投资者急功近利的行为，不利于长期战略决策。

(二)投资利润率

投资利润率(ROI)是年均净利润占项目总投资的比例，又称投资报酬率。

$$投资利润率(ROI)=\frac{年均净利润}{原始投资额}$$

投资利润率反映了每 1 元投资额能够为企业创造的利润值，该指标越大越好。一般情况下，投资收益率高于企业要求的最低收益率或无风险收益率，项目具备可行性。

【做中学 5—7】 小张打算加盟投资一家肯德基餐厅，预计投资 400 万元，每年的平均净利润约为 120 万元，则投资利润率是多少？

$$投资收益率=\frac{120}{400}\times100\%=30\%$$

投资利润率指标计算简便、简明易懂；但和投资回收期一样没有考虑货币时间价值，不够科学客观。

三、动态评价指标及计算

（一）净现值

净现值（NPV）是投资项目未来现金净流量现值与原始投资额现值之间的差额。

净现值（NPV）＝未来现金净流量现值－原始投资额现值

净现值的计算步骤：

第一步：计算投资项目各年的现金净流量（NCF）。

第二步：设定投资项目的贴现率。

贴现率可以用企业平均资金成本率为标准，也可以用投资者预期的最低投资报酬率，或者用市场利率为标准。

第三步：按照贴现率将各年的现金净流量进行折现。

第四步：将投资项目未来现金净流量现值抵减原始投资额现值计算出净现值。

净现值≥0 时，项目具备可行性；净现值＜0 时，应该放弃投资项目。

【做中学 5－8】　中石化投资新建一加油站，包括一个 160 立方米油罐和 8 台加油机，共投资 240 万元，采用直线法计提折旧，无建设期，使用寿命 6 年，期满无残值。预计投产后每年可获得税后利润 50 万元，假定资金成本率为 12%，则项目的净现值是多少？项目是否可行？

计算项目各年的现金净流量：

年折旧＝240/6＝40（万元）

$NCF_0=-240$（万元）

$NCF_{1\sim6}=50+40=90$（万元）

各年现金净流量相等，用年金进行折现：

净现值（NPV）＝90×（P/A，12%，6）－240

＝90×4.111 4－240＝130.03（万元）

净现值大于零，说明投资项目的收益率大于资金成本率，所以项目是可行的。

【做中学 5－9】　假定华邦公司计划一个投资项目，有 A、B 两个方案可供选择，资本成本率为 14%。两方案投资额均为 100 万元，寿命周期为 5 年，期满无残值，各年现金净流量的总计都是 150 万元，但流量的分步不同，如表 5－3 所示。

表 5－3　　华邦公司投资方案现金流量分布表　　单位：万元

年　份	0	1	2	3	4	5
A 方案	－100	40	35	30	25	20
B 方案	－100	20	25	30	35	40

要求：采用净现值法评价 A、B 两方案。

方案各年的现金净流量不同，需用复利现值系数进行折现，如表 5－4、表 5－5 所示。

表 5—4　　A 方案净现值计算表　　单位：元

年　份	各年现金净流量(*NCF*)	复利现值系数(P/F,14%,n)	现　值
1	400 000	0.877 2	350 880
2	350 000	0.769 5	269 325
3	300 000	0.675 0	202 500
4	250 000	0.592 1	148 025
5	200 000	0.519 4	103 880
未来报酬的总现值			1 074 610
原始投资额			1 000 000
净现值(*NPV*)			74 610

表 5—5　　B 方案净现值计算表　　单位：元

年　份	各年现金净流量(*NCF*)	复利现值系数(P/F,14%,n)	现　值
1	200 000	0.877 2	175 440
2	250 000	0.769 5	192 375
3	300 000	0.675 0	202 500
4	350 000	0.592 1	207 235
5	400 000	0.519 4	207 760
未来报酬的总现值			985 310
原始投资额			1 000 000
净现值(*NPV*)			−14 690

通过计算，A 方案净现值大于零，B 方案净现值小于零，所以最终选择 A 方案。

净现值评价指标具有广泛的应用性，既考虑了货币的时间价值，也考虑了项目的风险，并且综合考虑了项目建设期的全部现金净流量，体现了流动性与收益性的统一。但也存在一定的局限性，如资金成本率(贴现率)不易制定，尤其在经济动荡的时期，而且净现值无法动态地反映投资项目的实际收益率水平。

(二)净现值率

净现值率(NPVR)是投资项目净现值占原始投资额现值的比率，表示单位原始投资的现值所创造的净现值。净现值率≥0 时，方案可行；净现值率<0 时，方案不可行。

$$\text{净现值率}(NPVR)=\frac{\text{净现值}}{\text{原始投资额现值}}$$

【做中学 5—10】 根据【做中学 5—9】的资料，计算 A、B 方案的净现值率。

$$NPVR_A=\frac{74\ 610}{1\ 000\ 000}=0.074\ 61$$

$$NPVR_B=\frac{-14\ 690}{1\ 000\ 000}=-0.014\ 69$$

A 方案净现值率大于零，B 方案净现值率小于零，所以选择 A 方案。

净现值率指标可以从动态角度反映项目投入与产出的关系，计算简单，但是和净现值指标一样无法直接反映投资项目的实际收益率。

（三）现值指数

现值指数(PVI)又称获利指数，是投资项目未来现金净流量现值与原始投资额现值的比值。现值指数≥1时，项目具备可行性；现值指数<1时，项目不可行。

$$\text{现值指数}(PVI)=\frac{\text{未来现金净流量现值}}{\text{原始投资额现值}}$$

现值指数和净现值率两者之间的关系可用下式表达：

$$\text{现值指数}=1+\text{净现值率}$$

【做中学5—11】 根据【做中学5—9】的资料，计算A、B方案的现值指数。

$$PVI_A=\frac{1\ 074\ 610}{1\ 000\ 000}=1.074\ 61$$

$$PVI_B=\frac{985\ 310}{1\ 000\ 000}=0.985\ 31$$

或者：

$PVI_A=1+0.074\ 61=1.074\ 61$

$PVI_B=1-0.014\ 69=0.985\ 31$

A方案现值指数大于1，B方案现值指数小于1，所以选择A方案。

现值指数是一个相对数指标，反映投资的效率；而净现值指标是绝对数指标，反映投资的效益。现值指数可以从动态角度反映项目投入与产出的关系，进行独立投资机会获利能力的比较，但是无法直接反映项目的实际收益率。

（四）内含报酬率

内含报酬率(IRR)是指投资项目的预期现金净流量的现值等于原始投资额现值时的贴现率，实质是投资项目净现值等于零的贴现率，是一个项目实际的报酬率。一般而言，内部收益率应该大于或等于当期资本成本率或者基准报酬率(i_c)，方案才具备可行性。

内含报酬率的计算方法，因各年现金净流量是否相同而有所不同：

1.经营期内各年现金净流量相等

当年现金净流量相等时，可以用年金折现进行内含报酬率的计算。

$$\text{未来每年现金净流量}\times\text{年金现值系数}-\text{原始投资额现值}=0$$

$$(P/A,IRR,n)=\frac{\text{原始投资额现值}}{\text{年现金净流量}}$$

通过查阅年金现值系数表确定内含报酬率或查找内含报酬率的范围并用插值法求出具体的内含报酬率数值。

【做中学5—12】 聚源股份公司计划投资构建一项固定资产，需要投资1 500万元，设备可使用10年，采用直线法计提折旧，预计投产后每年可获得现金净流量300万元，假设资金成本率为10%，计算项目的内含报酬率。

$$\text{年金现值系数}(P/A,IRR,10)=\frac{\text{原始投资额现值}}{\text{年现金净流量}}=\frac{1\ 500}{300}=5$$

查年金现值系数表可知：$(P/A,14\%,10)=5.216\ 1$

$(P/A,15\%,10)=5.018\ 8$

所以，项目的内含报酬率 $IRR=15\%>10\%$，项目可行。

2.经营期内各年现金净流量不相等

在年现金净流量不相等的情况下，采用逐次测试的方法计算能使净现值等于零的贴现率，即内含报酬率。计算步骤如下：

(1)估计一个贴现率，用它来计算净现值。如果净现值为正数，说明方案的实际内部收益率大于预计的贴现率，应提高贴现率再进一步测试；如果净现值为负数，说明方案本身的收益率小于估计的贴现率，应降低贴现率再进行测算。

(2)根据上述计算，直至找到相邻的正、负两个贴现率，用插值法求出当贴现率为零时的收益率即该方案的内部收益率。

【做中学 5—13】 根据【做中学 5—9】的资料，计算 A 方案的内含报酬率并评价可行性。

针对 A 方案第一次先按 16%估计的贴现率进行测试（因为净现值中是根据资本成本 14%折现，其净现值大于零，故应稍稍提高其折现率），测试计算如表 5—6 所示。

表 5—6　　A 方案逐次测试计算表　　单位：元

年份	各年 *NCF*	贴现率＝16%		贴现率＝18%	
		复利现值系数 $(P/F,16\%,n)$	现值	复利现值系数 $(P/F,18\%,n)$	现值
1	400 000	0.862 1	344 840	0.847 5	339 000
2	350 000	0.743 2	260 120	0.718 2	251 370
3	300 000	0.640 7	192 210	0.608 6	182 580
4	250 000	0.552 3	138 075	0.515 8	128 950
5	200 000	0.476 2	95 240	0.437 1	87 420
未来报酬的总现值			1 030 485		989 320
原始投资额			1 000 000		1 000 000
净现值(*NPV*)			30 485		－10 680

按 16%估计的贴现率进行测试，净现值大于 0，把贴现率提高到 18%进行测试，净现值小于 0，项目的内含报酬率在 16%～18%之间，用插值法计算：

$$IRR=\frac{30\ 485\times 2\%}{30\ 485+10\ 680}+16\%=17.48\%$$

A 方案的内含报酬率为 17.48%，大于资本成本率 14%，所以方案是可行的。这个结论与净现值给出的结论相一致。

内含收益率法考虑了货币的时间价值，能弥补绝对数指标的不足，反映了投资项目的真实报酬率，有利于在投资额不同的投资方案之间进行对比，并为一个主管部门控制企业投资规定了一个本行业适用的衡量标准（内含报酬率）。但是这种方法计算复杂，特别是年现金净流量不等时，一般需要经过多次测算才能求出结果，而且结果间因为测试报酬率选用的不同可能存在一定的差异。

动态评价指标考虑了资金的时间价值，相比静态评价指标更为科学客观，特别是净现值和内含报酬率在实务中应用广泛。动态评价指标之间存在下列数量关系：

当 $NPV>0$ 时，$NPVR>0$，$PVI>1$，$IRR>i_c$；

当 $NPV=0$ 时，$NPVR=0$，$PVI=1$，$IRR=i_c$；

当 $NPV<0$ 时，$NPVR<0$，$PVI<1$，$IRR<i_c$。

任务四　项目投资评价指标的运用

【知识目标】

1. 掌握独立方案投资的决策方法；
2. 掌握互斥方案投资的决策方法。

【技能目标】

1. 学会使用独立方案和互斥方案决策的常用指标；
2. 学会综合地运用投资指标解决实务问题。

一、独立方案的投资决策

独立投资方案是指两个或两个以上项目相互分离但互不排斥，方案之间存在着相互依赖的关系，又不能相互取代。在独立方案的评价中，方案的决策也是独立的，只需评价其经济上是否可行。

只有完全具备或基本具备财务可行性的独立方案，才可以接受；完全不具备或基本不具备财务可行性的方案只能选择放弃。

(一)完全具备财务可行性的条件

投资方案完全具备财务可行性是指所有评价指标均在可行性区间，需要同时满足以下条件：净现值 $NPV \geqslant 0$，净现值率 $NPVR \geqslant 0$，现值指数 $PI \geqslant 1$，内部收益率 $IRR \geqslant$ 基准贴现率 i_c，投资回收期 $PP \leqslant n/2$（即运营期的一半），投资收益率 $ROI \geqslant$ 基准投资收益率 i。

(二)完全不具备财务可行性的条件

投资方案完全不具备财务可行性是指所有评价指标均在不可行性区间，满足以下条件：净现值 $NPV < 0$，净现值率 $NPVR < 0$，现值指数 $PI < 1$，内部收益率 $IRR <$ 基准贴现率 i_c，静态投资回收期 $PP > n/2$（即运营期的一半），投资收益率 $ROI <$ 基准投资收益率 i。

(三)基本具备财务可行性的条件

投资方案基本具备财务可行性是指投资方案的主要指标处于可行性区间：净现值 $NPV \geqslant 0$，净现值率 $NPVR \geqslant 0$，现值指数 $PI \geqslant 1$，内部收益率 $IRR \geqslant$ 基准贴现率 i_c；投资方案的辅助指标处于不可行性区间：静态投资回收期 $PP > n/2$（即运营期的一半），投资收益率 $ROI <$ 基准投资收益率 i。

(四)基本不具备财务可行性的条件

投资方案基本不具备财务可行性是指投资方案的主要指标处于不可行性区间：净现值 $NPV < 0$，净现值率 $NPVR < 0$，现值指数 $PI < 1$，内部收益率 $IRR <$ 基准贴现率 i_c；投资方案的辅助指标处于可行性区间：静态投资回收期 $PP \leqslant n/2$（即运营期的一半），投资收益率 $ROI \geqslant$ 基准投资收益率 i。

在对独立方案进行财务可行性评价过程中，要明确主要评价指标的主导作用，并且在利用动态评价指标对同一个投资项目进行评价和决策时，会得出完全相同的结论。

【做中学 5－14】　丰华股份有限公司购入生产用机器一台用以提高产品质量，机器价值 50 000 元，预计可使用 5 年，期满无残值。每年计划可生产销售产品 6 500 件，产品售价 7 元，单位变动成本4元，固定成本总额4 500元（不含折旧）。假定贴现率为12%，投资报酬率为50%，不考虑企业所得税，试计算项目的净现值、净现值率、现值指数、内含报酬率以及投资回收期和投资收益率指标，并作出决策评价。

(1)现金净流量 $NCF_0=-50\ 000$（元）

$NCF_{1\sim5}=(7-4)\times6\ 500-4\ 500=15\ 000$（元）

净现值 $NPV=15\ 000\times(P/A,12\%,5)-50\ 000$

$=15\ 000\times3.604\ 8-50\ 000=4\ 072$（元）

(2)净现值率 $NPVR=\dfrac{4\ 072}{50\ 000}=0.081\ 44$

(3)现值指数 $PVI=\dfrac{50\ 000+4\ 072}{50\ 000}=1.081\ 44$

(4)年金现值系数 $(P/A,IRR,5)=\dfrac{50\ 000}{15\ 000}=3.333\ 3$

查年金现值系数表可知：$(P/A,15\%,5)=3.352\ 2$

$(P/A,16\%,5)=3.274\ 3$

用插值法计算得到：内含报酬率 $IRR=15.24\%$

(5)投资回收期 $=\dfrac{50\ 000}{15\ 000}=3.33$（年）

(6)投资收益率 $=\dfrac{15\ 000}{50\ 000}\times100\%=30\%$

项目方案的净现值 $NPV=4\ 072>0$，净现值率 $NPVR=0.081\ 44>0$，现值指数 $PVI=1.081\ 44>1$，内部收益率 $IRR=15.24\%>12\%$，投资回收期 $PP=3.33$ 年 >2.5 年(5/2)，投资收益率 $ROI=30\%<50\%$，即方案的主要指标处于可行性区间，辅助指标处于不可行性区间，所以判定项目基本具备财务可行性。

二、互斥方案的投资决策

互斥方案是指多个相互关联、相互排斥而不能同时实施的投资方案。互斥方案的投资决策是在经济效益最大化的前提下，利用评价指标选出最优方案的过程，常用方法包括净现值法、净现值率法、现值指数法、差额净现值法、差额内部收益率法、年回收额法和计算期统一法等。

一般而言，投资额相同且项目使用期相等的互斥方案，可选择净现值法或内部收益率大的方案作为最优方案；投资额不等而项目使用期相等的互斥方案，可选择净现值率法、现值指数法或差额净现值法以及差额内部收益率法来评价；投资额与项目使用期都不相同的互斥方案，可采用年回收额法或计算期统一法。

（一）净现值法、净现值率法和现值指数法

净现值和净现值率≥0，现值指数≥1，方案具备财务可行性，而且越大越好。需要注意的是，净现值是绝对数指标，通常适用于原始投资额相同的方案；净现值率和现值指数都是相对数指标，可以在原始投资额不等的方案中进行择优。净现值和净现值率指标在评价互斥方案时要求方案的计算期相等。

【做中学5－15】 荣华企业现有资金50万元可用于固定资产项目投资，目前有A、B、C三个互斥方案可供选择，三个方案投资额均为50万元，使用期为6年，假设贴现率为10%，计

算出的相关决策指标如表 5—7 所示，作出优选决策。

表 5—7　投资决策指标计算表

方案/决策指标	A	B	C
NPV(万元)	6.125 3	10.25	8.36
PVI	1.8	2.3	2
IRR	12.30%	16.35%	14.11%

A、B、C 三个备选方案的净现值均大于零，且内部收益率均大于贴现率 10%。所以三个方案均符合项目可行性的必要条件。

同时：$NPV_B > NPV_C > NPV_A$；$PVI_B > PVI_C > PVI_A$；$IRR_B > IRR_C > IRR_A$

所以 B 方案最优，C 方案其次，A 方案最差。

该项目计算的净现值、现值指数和内含报酬率指标的结论一致，如果结论不一致，又该如何决策呢？

【做中学 5—16】　假定新野公司有甲、乙两个投资方案，其经济寿命期均为 6 年，期满无残值，资本成本率为 12%，两方案的原始投资额和现金净流量如表 5—8 所示。

表 5—8　新野公司各年现金净流量分布表　　单位：元

年　份	0	1	2	3	4	5	6
甲	—400 000	100 000	80 000	120 000	120 000	110 000	100 000
乙	—180 000	60 000	40 000	50 000	50 000	50 000	40 000

要求：分别采用净现值法、净现值率法和现值指数法评价两方案的优劣。

甲、乙两方案的决策指标的计算过程见表 5—9、表 5—10。

表 5—9　甲方案各年的 *NPV*、*NPVR* 与 *PVI* 计算表　　单位：元

年　份	年现金净流量(*NCF*)	复利现值系数(*P*/*F*,12%,*n*)	现　值
1	100 000	0.892 9	89 290
2	80 000	0.797 2	63 776
3	120 000	0.711 8	85 416
4	120 000	0.635 5	76 260
5	110 000	0.567 4	62 414
6	100 000	0.506 6	50 660
未来现金净流量现值		427 816	
原始投资额现值		400 000	
净现值(*NPV*)		27 816	
净现值率(*NPVR*)		0.07	
现值指数(*PVI*)		1.07	

表 5—10　　**乙方案各年的 *NPV*、*NPVR* 与 *PI* 计算表**　　单位：元

年　份	年现金净流量(*NCF*)	复利现值系数(P/F,12%,n)	现　值
1	60 000	0.892 9	53 574
2	40 000	0.797 2	31 888
3	50 000	0.711 8	35 590
4	50 000	0.635 5	31 775
5	50 000	0.567 4	28 370
6	40 000	0.506 6	20 264
未来现金净流量现值			201 461
原始投资额现值			180 000
净现值(*NPV*)			21 461
净现值率(*NPVR*)			0.12
现值指数(*PI*)			1.12

由以上结果可见：

采用净现值法：$NPV_A > NPV_B$，选用 A 方案；

采用净现值率法：$NPVR_A < NPVR_B$，选用 B 方案；

采用现值指数法：$PI_A < PI_B$，选用 B 方案。

三种指标的决策结论出现了不一致，那么应该如何选择？

前面提到，净现值指标虽然应用广泛，但只适用于独立方案评价或者是原始投资额相等情况下的互斥方案评价；而净现值率和现值指数指标因为是相对数指标，既可以评价投资额相等时的互斥方案，也可以评价投资额不等时的互斥方案。

因此，A、B 方案都具备可行性，B 方案优于 A 方案。

(二)差额净现值法和差额内部收益率法

在互斥方案的择优中，当年限相同但投资额不同时，也可以采用净现值法和内部收益率法的差额比较来进行决策。

在差额净现值法下，当差额净现值>0 时，选择决策位于被减数位置的前者方案，否则选择后者，能给企业带来最大效益。在差额内部收益率法下，当差额内部收益率≥基准收益率或设定折现率时，选择决策原始投资额大的方案较优；反之，选择投资少的方案。

【做中学 5—17】 茂新企业有甲、乙两个投资方案可供选择，甲方案的投资额为100 000元，每年现金净流量均为30 000元，可使用 5 年；乙方案的投资额为70 000元，每年现金净流量分别为10 000元、15 000元、20 000元、25 000元、30 000元，使用年限也为 5 年。如果贴现率为10%，试采用差额净现值法对甲、乙方案作出选择。

采用差额净现值法来进行评判，一般以投资额大的方案减投资额小的方案。本例则可用甲方案减去乙方案。

原始投资额之差：$\Delta NCF_0 = -100\ 000 - (-70\ 000) = -30\ 000$(元)

各年现金净流量之差：$\Delta NCF_1 = 30\ 000 - 10\ 000 = 20\ 000$(元)

$\Delta NCF_2 = 30\ 000 - 15\ 000 = 15\ 000$(元)

$\Delta NCF_3 = 30\ 000 - 20\ 000 = 10\ 000$(元)

$\Delta NCF_4 = 30\ 000 - 25\ 000 = 5\ 000$(元)

$\Delta NCF_5 = 30\ 000 - 30\ 000 = 0$(元)

差额净现值：$\Delta NPV_{(甲-乙)} = 20\ 000 \times (P/F, 10\%, 1) + 15\ 000 \times (P/F, 10\%, 2) + 10\ 000$

$\times(P/F,10\%,3)+5000\times(P/F,10\%,4)-30\ 000$

$=20\ 000\times0.909\ 1+15\ 000\times0.826\ 4+10\ 000\times0.751\ 3+5\ 000\times0.683\ 0-30\ 000=11\ 506$(元)

差额净现值为 11 506 元>0,所以应选择甲方案为优。

【做中学 5—18】 假设有 A、B 两个项目,寿命期均为 10 年, A 项目原始投资额的现值为 150 万元,年现金净流量为 29.29 万元;B 项目的原始投资额为 100 万元,年现金净流量为 20.18 万元。假设折现率为 10%,试用差额内部收益率法决策最优方案。

差量净现金流量:$\Delta NCF_0=-150-(-100)=-50$(万元)

$\Delta NPV_{1\sim10}=29.29-20.18=9.11$(万元)

差额内部收益率:$(P/A,\Delta IRR,10)=\dfrac{50}{9.11}\approx5.488\ 5$

查表已知:$(P/A,12\%,10)=5.650\ 2$

$(P/A,14\%,10)=5.216\ 1$

用插值法计算得:$\Delta IRR=12.74\%>10\%$

所以应当选择原始投资额大的 A 项目,能给企业带来更大效益。

(三)年回收额法和计算期统一法

1. 年回收额法

年回收额法是指通过比较投资方案的年等额净回收额的大小来选择最优方案的方法,适用于原始投资额不同、项目计算期也不同的多方案决策。在该方法下,年回收额最大的方案为优。

$$\text{年回收额}=\frac{\text{净现值}}{\text{年金现值系数}}$$

【做中学 5—19】 明辉企业有两项投资方案,甲方案使用年限为 2 年,需投资 20 万元,年现金净流量分别为 12 万元和 13.2 万元;乙方案使用年限为 3 年,需投资 12 万元,各年现金净流量均为 5.6 万元。假设项目最低报酬率为 12%,请判断哪个方案较好。

$NPV_{甲}=12\times(P/F,12\%,1)+13.2\times(P/F,12\%,2)-20$

$=12\times0.892\ 9+13.2\times0.797\ 2-20=12\ 378.4$(元)

$NPV_{乙}=5.6\times(P/A,12\%,3)-12$

$=5.6\times2.401\ 8-12=14\ 500.8$(元)

甲方案的年回收额$=\dfrac{12\ 378.4}{(P/A,12\%,2)}=\dfrac{12\ 378.4}{1.690\ 1}=7\ 324.06$(元)

乙方案的年回收额$=\dfrac{14\ 500.8}{(P/A,12\%,3)}=\dfrac{14\ 500.8}{2.401\ 8}=6\ 037.47$(元)

甲方案的年回收额大于乙方案,选择甲方案较优。

2.计算期统一法

计算期统一法是以满足时间可比性为前提,将计算期不相等的多个互斥方案折算为一个共同的计算期,再根据调整后的评价指标来择优的方法。折算方法包括方案重复法和最短计算期法。

(1)方案重复法。方案重复法也称最小公倍数法,是将各方案计算期的最小公倍数作为折算计算期的标准,调整有关指标并比较决策的方法。

【做中学 5—20】 现有 A、B 两方案均在年末投资,计算期分别为 10 年、15 年,有关资料如表 5—11 所示。基准折现率为 12%。用计算期统一法作出优选决策。

表 5—11 单位:万元

年份	1	2	3	4～9	10	11～14	15	净现值
A	−700	−700	480	480	600	—	—	756.48
B	−1 500	−1 700	−800	900	900	900	1 400	795.54

A、B 两方案计算期的最小公倍数是 30 年,所以 A 方案需要重复两次,B 方案重复一次。调整后的净现值为:

$NPV_A = 756.48 + 756.48 \times (P/F, 12\%, 10) + 756.48 \times (P/F, 12\%, 20)$

$= 1\ 078.47$(万元)

$NPV_B = 795.54 + 795.54 \times (P/F, 12\%, 15) = 940.88$(万元)

$NPV_A > NPV_B$,所以 A 方案优于 B 方案。

(2)最短计算期法。由于有些方案的计算期相差大,按最小公倍数确定的计算期往往很长,重复计算会变得相当复杂,为了克服方案重复法的缺点,人们设计了最短计算期法。最短计算期法是在将所有方案净现值还原为等额年回收额的基础上,再按照最短的计算期计算净现值,比较净现值进行择优决策的方法。

【做中学 5—21】 根据【做中学 5—20】的资料,采用最短计算期法作出决策。

A、B 两方案最短计算期为 10 年,调整后的净现值为:

$NPV_A = 756.48$(万元)

$NPV_B = \dfrac{795.94}{P/A, 12\%, 15} \times (P/A, 12\%, 10) = 718.07$(万元)

因为 $NPV_A > NPV_B$,所以 A 方案优于 B 方案。

三、组合方案的投资决策

如果一组方案中各方案既不相互独立,又不相互排斥,而是可以实现任意组合,则这些方案被称作组合方案。在组合方案的决策中需要反复衡量和比较不同组合条件下的有关评价指标的大小,作出最终决策。这类决策通常分为两种情况:

一是在资金总量不受限制的情况下,可以按照每一个项目的净现值的大小进行排队,确定优先考虑的项目顺序;

二是在资金总量受到限制的情况下,则需按照净现值率或现值指数的大小,结合净现值进行各种组合排队,从中选出能使净现值之和为最大的最优组合。

总之,在主要考虑投资效益的条件下,多方案组合排队决策的主要依据就是能否保证在充分利用资金的前提下,获得尽可能多的净现值总量。

【做中学 5—22】 A、B、C、D、E 五个投资项目为非互斥方案,有关原始投资额、净现值、净现值率和内部收益率数据如表 5—12 所示。

表 5—12 **A、B、C、D、E 各项目的有关数据** 单位:万元

项　目	原始投资	净现值	净现值率	内部收益率
A	300	120	0.4	18%
B	200	40	0.2	21%

续表

项　目	原始投资	净现值	净现值率	内部收益率
C	200	100	0.5	40%
D	100	22	0.22	19%
E	100	30	0.3	35%

要求:分别就以下相关情况作出多方案的组合决策:

(1)投资总额不受限制时;

(2)投资总额受到限制时,分别为 200 万元、300 万元、400 万元、450 万元、500 万元、600 万元、700 万元、800 万元和 900 万元。

按照各方案的净现值率的大小排序,计算累计原始投资和累计净现值数据,如表 5—13 所示。

表 5—13　　各方案的累计原始投资和累计净现值数据　　单位:万元

顺　序	项　目	原始投资	累计原始投资	净现值	累计净现值
1	C	200	200	100	100
2	A	300	500	120	220
3	E	100	600	30	250
4	D	100	700	22	270
5	B	200	900	40	312

根据表 5—13 的结论,结合累计净现值最大为最优组合的策略作出如下决策:

(1)当投资总额不受限制或限额大于或等于 900 万元时,最优投资组合方案为 A+C+B+E+D。

(2)当限定总额为 200 万元时,只能上 C 项目,可获 100 万元净现值,比组合 E+D 的合计净现值的 52 万元多。

(3)当限定总额为 300 万元时,最优投资组合方案为 C+E。

(4)当限定总额为 400 万元时,最优投资组合方案为 C+E+D。

(5)当限定总额为 500 万元、600 万元和 700 万元时,最优投资组合方案分别为 C+A、C+A+E、C+A+E+D。

(6)当限定总额为 800 万元时,最优投资组合方案为 C+A+E+B。

(7)当限定总额为 450 万元时,最优投资组合方案仍为 C+E+D。

拓展阅读

“72”法则

所谓“72 法则”,是在计算投资翻倍所需的时间时,用 72 除以预计投资贴现率即可。例如,假设最初投资金额为 100 万元,贴现率为 9%,利用“72 法则”,将 72 除以 9,需要约 8 年时间,投资金额可增长至 200 万元。

这个公式的好处在于它能以一推十。例如，利用5%年报酬率的投资工具，经过14.4年(72÷5)，本金就变成一倍；利用12%的投资工具，则要6年(72÷12)，才能让1元变成2元。因此，今天如果你手中有100万元，运用报酬率为15%的投资工具，可以很快知道，经过约4.8年，你的100万元就会变成200万元。再如，某企业平均年收益增长率为20%，那么需要3.6年(72÷20)企业才会实现年收益翻一倍的目标；企业在9年中平均年收益翻了3番，那么9年内的年平均收益增长率为24%(72÷3×100%)。

虽然利用“72法则”不像查表计算那么精确，但也已经十分接近了，因此记住简单的“72法则”，或许能够帮你不少的忙。“72法则”同样还可以用来算贬值速度，例如通货膨胀率是3%，那么72÷3=24，24年后你现在的1元钱就只能买5角钱的东西了。

案例分析

青岛鞋业集团投资案例分析

青岛鞋业集团是Nike在中国的运动鞋主要制造工厂，其与散落在中国其他地区的Nike制造厂所生产的运动鞋，占到了Nike在全世界球鞋市场的90%以上。因为鞋子质量好，销路一直不错，为了扩大生产能力，集团近期准备新建一条生产线。财务部积极搜集建设新生产线的有关资料，并对投资项目进行财务评价，以供决策考虑。有关资料如下：

(1)投资新的生产线需一次性投入1 000万元，建设期为1年，预计可使用10年，报废时无残值收入；该生产线的折旧年限为8年，使用直线法折旧，残值率为10%。

(2)购置设备所需的资金通过银行借款筹措，借款期限为4年，每年年末支付利息100万元，第4年年末用税后利润偿付本金。

(3)该生产线投入使用后，预计可使工厂第1～5年的销售收入每年增长1 000万元，第6～10年的销售收入每年增长800万元，耗用的人工和原材料等成本为收入的60%。

(4)生产线建设期满后，工厂还需垫支流动资金200万元。

(5)所得税税率为25%。

(6)银行借款的资金成本为10%。

请你帮助财务部运用净现值指标评价建设该生产线的可行性。

计算分析：

(1)项目计算期=1+10=11(年)

建设期资本化利息=100(万元)

固定资产原值=1 000+100=1 100(万元)

$$年折旧=\frac{1\,100-1\,100\times10\%}{8}=123.75(万元)$$

第2～4年每年总成本=付现成本+折旧+利息

=1 000×60%+123.75+100×10%=823.75(万元)

第5～6年每年总成本=付现成本+折旧=1 000×60%+123.75=723.75(万元)

第7～9年每年总成本=付现成本+折旧=800×60%+123.75=603.75(万元)

第10年总成本=付现成本=800×60%=480(万元)

第11年总成本=付现成本+处理固定资产净损失=480+1 100×10%=590(万元)

第 2～4 年每年净利润＝(收入－总成本)×(1－所得税税率)

＝(1 000－823.75)×(1－25％)＝132.19(万元)

第 5～6 年每年净利润＝(1 000－723.75)×(1－25％)＝207.19(万元)

第 7～9 年每年净利润＝(800－603.75)×(1－25％)＝147.19(万元)

第 10 年净利润＝(800－480)×(1－25％)＝240(万元)

第 11 年净利润＝(800－590)×(1－25％)＝157.5(万元)

建设期现金净流量：NCF_0＝－1 000(万元)

NCF_1＝－200(万元)

经营期现金净流量：$NCF_{2\sim4}$＝净利润＋折旧＋利息

＝132.19＋123.75＋100＝355.94(万元)

$NCF_{5\sim6}$＝净利润＋折旧＝207.19＋123.75＝330.94(万元)

$NCF_{7\sim9}$＝净利润＋折旧＝147.19＋123.75＝270.94(万元)

NCF_{10}＝净利润＝240(万元)

NCF_{11}＝净利润＋垫支流动资金回收＋残值回收

＝157.5＋200＋110＝467.5(万元)

项目净现值：NPV＝355.94(P/F,10％,2)＋355.94(P/F,10％,3)＋355.94(P/F,10％,4)＋330.94(P/F,10％,5)＋330.94(P/F,10％,6)＋270.94(P/F,10,7)＋270.94(P/F,10％,8)＋270.94(P/F,10％,8)＋270.94(P/F,10％,9)＋240(P/F,10％,10)＋467.5(P/F,10％,11)－1 000－200(P/F,10％,1)＝651.89(万元)

项目的净现值为正，因此投资建设新的生产线是可行的。

职业能力训练

一、名词解释

现金净流量　静态投资回收期　投资收益率　净现值　内部收益率　差额净现值法　年回收额法　方案重复法

二、单项选择题

1. 在长期投资决策中，一般来说，属于经营期现金流出项目的有(　　)。

A. 固定资产投资　　B. 开办费　　C. 经营成本　　D. 无形资产投资

2. 盛辉股份公司一项投资项目投入 100 万元，使用寿命 10 年，已知第 10 年的经营净现金流量为 25 万元，期满残值收入及流动资金垫支回收共 8 万元，则该投资项目第 10 年的现金净流量为(　　)万元。

A. 8　　B. 25　　C. 33　　D. 43

3. 下列指标的计算中，没有直接利用净现金流量的是(　　)。

A. 内含报酬率　　B. 投资利润率　　C. 净现值率　　D. 现值指数

4. 某投资项目贴现率为 10％时，净现值为 200 万元；贴现率为 12％时，净现值为－320 万元。该项目的内含报酬率是(　　)。

A. 10.38％　　B. 12.52％　　C. 10.77％　　D. 12.26％

5. 在用动态指标对投资项目进行评价时，如果其他因素不变，只有贴现率提高，则下列指标的计算结果不会改变的是(　　)。

A. 净现值　　B. 投资回收期　　C. 内含报酬率　　D. 现值指数

6. 在评价单一方案的财务可行性时，如果不同评价指标之间的评价结论发生了矛盾，就应当以主要评价指标的结论为准，如下列项目中的(　　)。

A. 净现值　　B. 静态投资回收期　　C. 投资报酬率　　D. 年平均报酬率

7. 折旧具有抵减税负的作用，由于计提折旧而减少的所得税税额可用(　　)计算。

A. 折旧额×所得税税率　　B.(付现成本＋折旧额)×所得税税率

C. 折旧额×(1－所得税税率)　　D.(付现成本＋折旧额)×(1－所得税税率)

8. 内含报酬率是一种能使投资方案的净现值(　　)的贴现率。

A. 大于零　　B. 等于零　　C. 小于零　　D. 大于等于零

9.星耀公司根据市场调研，拟新建一车间生产热销的甲产品，据预测投产后每年可创造100万元的收入；但公司原来生产的A产品会因此受到影响，其年收入由原来的200万元降低到180万元。则与新建车间相关的新建流量为(　　)万元。

A.100　　B.80　　C.20　　D.120

10. 原始投资额不同，特别是项目计算期不同的多方案比较决策，最适合采用的评价方法是(　　)。

A.净现值指数法　　B.内部收益率法

C.差额投资内部收益率法　　D.年等额净回收额法

三、多项选择题

1. 现金流出是指由投资项目所引起的企业现金支出的增加额，包括(　　)。

A. 建设投资　　B. 付现成本　　C. 年折旧额　　D. 所得税

2. 下列关于利润与现金流量的说法中，正确的有(　　)。

A. 在项目投资分析中，利润比现金流量更重要

B. 在项目投资分析中，现金流量比利润更重要

C. 利润计算受人为因素影响较大

D. 在投资有效期内，现金净流量总额与利润总额相等

3. 建设投资主要包括(　　)。

A. 固定资产投资　　B. 流动资产投资　　C. 无形资产投资　　D. 其他投资

4. 项目投资决策分析使用的动态指标主要包括(　　)。

A. 投资收益率　　B. 投资回收期　　C. 净现值　　D. 内含报酬率

5. 下列因素中，影响内含报酬率的有(　　)。

A. 现金净流量　　B. 贴现率　　C. 项目投资使用年限　　D. 投资总额

6. 在考虑了所得税因素之后，经营期的现金净流量可按(　　)计算。

A. 年现金净流量＝营业收入－付现成本－所得税

B. 年现金净流量＝税后利润－折旧

C. 年现金净流量＝税后收入－税后付现成本＋折旧×所得税税率

D. 年现金净流量＝收入×(1－所得税税率)－付现成本×(1－所得税税率)＋折旧

7. 当各项目的投资额和计算期都不相同时，进行项目分析评价宜采用的方法有(　　)。

A. 净现值法　　B. 年回收额法　　C. 差额净现值法　　D. 年成本比较法

8. 下列表述中，正确的有(　　)。

A. 当净现值等于零时，项目的贴现率等于内含报酬率

B. 当净现值大于零时，现值指数大于1

C. 当净现值大于零时，投资方案可行

D. 当净现值大于零时，项目贴现率大于投资项目本身的报酬率

9. 当内含报酬率大于企业的资金成本时，下列关系式中正确的有(　　)。

A. 现值指数大于1　　B. 现值指数小于1　　C. 净现值大于0　　D. 净现值小于0

10. 内部收益率是指(　　)。

A. 投资报酬与总投资的比率　　B. 项目投资实际可望达到的报酬率

C. 投资报酬现值与总投资现值的比率　　D. 使投资方案净现值为零的贴现率

四、判断题

1. 独立投资方案即相互排斥、不能共存的方案。(　　)

2. 一般情况下,使投资方案的净现值小于零的折现率,一定小于该投资方案的内含报酬率。(　　)

3. 项目投资决策的贴现率可以采用资金成本率或最低投资报酬率。(　　)

4. 在对同一个独立投资项目进行评价时,用净现值、净现值率、获利指数和内部收益率指标会得出完全相同的决策结论,而采用静态投资回收期则有可能得出与前述结论相反的决策结论。(　　)

5. 营业期的年现金净流量就是年净利润。(　　)

6. 投资回收期指标虽然没有考虑资金的时间价值,但考虑了回收期满后的现金流量状况。(　　)

7. 在评价互斥方案时,现值指数与净现值比较两者不一致,在没有资本限量条件下,应以现值指数为准选择方案。(　　)

8. 净现值适合于原始投资额相等或不等的方案决策。(　　)

9. 若一个风险投资项目的内含报酬率大于风险报酬率,则该方案可行。(　　)

10. 投资项目评价所运用的内含报酬率指标的计算结果与项目预定的贴现率高低有直接关系。(　　)

五、简答题

1.项目投资的内容有哪些?

2.如何计算项目投资不同阶段的现金净流量?

3.为什么在评价项目投资中使用现金净流量指标而不用净利润?

4.什么是净现值和内部报酬率?其评价标准是什么?

5.比较各投资决策指标的优劣。

6.互斥方案间的比较决策主要有几种方法?

六、实务训练题

1. 山青企业拟购买机器设备扩容生产力,预计投资10万元,可为企业每年增加净利1万元,使用年限为5年,设备期满无残值,采用直线法计提折旧,贴现率为10%。

要求:

(1)用投资利润率、投资回收期指标对投资方案做出评价。

(2)用净现值、净现值率、现值指数、内含报酬率指标对投资方案做出评价。

2. 益达公司投资15 500元购入一设备于当年投入使用,设备残值500元,可使用3年,采用直线法计提折旧,投产后每年增加现金净流量分别为6 000元、8 000元、10 000元,企业要求最低投资报酬率为18%。

要求:计算该投资方案的净现值、内含报酬率,并做出评价。

3. 汇旭上市公司计划投资建设一项目,现有A、B两方案可供选择,相关资料如下表所示。

项　目	A	B
固定资产投资(万元)	85	50
流动资金投资(万元)	15	10
年产销量(件)	1 000	900
单价(元)	1 000	1 000
单位成本(元)	700	700

另外，两方案的经营期均为5年，所得税税率为25%，净残值率为15%，资金成本率为10%。

注：除折旧外，其余均为付现成本；按直线法计提折旧；配套流动资金在终结期一次性等额收回。

要求：

(1)计算A、B方案的现金流量。

(2)计算A、B方案的投资回收期、投资利润率、净现值、现值指数等指标，并评价方案的优劣。

(3)如果B方案的营业期为4年，试评价A、B方案的优劣。

4. 益民集团公司计划引进一条生产流水线提高产品质量，投资100万元，使用期限为5年，期满残值5万元，每年可使企业增加营业收入80万元，同时也增加付现成本35万元，折旧采用直线法计提，企业要求最低报酬率为10%，所得税税率为25%。

要求：计算该项投资的净现值并判断其可行性。

5. 有一机械加工投资项目在期初一次投入全部的投资额，当年完工并投产，投产后每年的利润相等，按直线法计提折旧，无残值，项目期限为8年，已知投资回收期为3.5年。

要求：计算该项目的内含报酬率。

6. 豪盛企业需要机械加工设备完善生产线，拟租赁或购买，设备市场价格为50 000元(包括安装调试等)，可使用5年，残值为5 000元，假如租赁，每年税前租赁费用为12 000元。按直线法计提折旧，所得税税率为25%，资金成本率为10%。

要求：作出该机械加工设备是购买还是租赁的决策。

7. 恒大集团计划进行某项投资活动，现有甲、乙两个备选方案，有关财务资料为：

甲方案原始投资为150万元，其中，固定资产投资100万元，流动资金投资50万元，全部资金于建设起点一次投入，该项目经营期5年，到期残值收入5万元，预计投产后年营业收入90万元，年总成本60万元。乙方案原始投资为210万元，其中，固定资产投资120万元，无形资产投资25万元，流动资产投资65万元，固定资产和无形资产投资于建设起点一次投入，流动资金投资于完工时投入，固定资产投资所需资金从银行借款取得，年利率为8%，期限为7年。该项目经营期为5年，建设期为2年，到期残值收入为8万元，无形资产自投产年份起分5年摊销完毕。该项目投产后，预计年营业收入为170万元，年经营成本为80万元(未包括借款利息)。按直线法折旧，全部流动资金于终结点一次回收，所得税税率为25%，该企业要求的最低投资报酬率为10%。

要求：

(1)计算甲、乙方案的净现值。

(2)采用年等额净回收额法决策择优。

8. 企业现有甲、乙、丙、丁四个投资项目，有关资料如下表所示。

单位：万元

项　目	原始投资	净现值	净现值率
甲	300	90	30%
乙	200	70	35%
丙	100	28	28%
丁	100	45	45%

要求：分别就以下相关情况作出多方案组合决策。

(1)投资总额不受限制；

(2)投资总额受到限制，分别为300万元、500万元。

项目六

证券投资管理

导学案例

万利公司是一家经济实力非常强大的大型家电生产企业。多年来，其产品一直占领国内、外销售市场。由于市场竞争的不断激烈，企业的生产经营面临着一些实际困难，经济效益开始出现下滑迹象。为使企业走出困境，把有限资金用好，2008 年年初公司领导召开会议，集中通过了"以销定产的计划，并利用手中多余资金1 500万元对外投资，以获得投资效益"的决定，并专门组织安排 10 名调查人员进行市场调研。

经整理、分析调研资料，拟定了可供公司选择的投资对象如下：

(1)国家发行 7 年期国债，每年付息一次，且实行浮动利率。第一年利率为 2.63%，以后每年按当年银行存款利率加利率差 0.32%计算利息。

(2)汽车集团发行 5 年期重点企业债券，票面利率为 10%，每半年付息一次。

(3)春兰股份，代码 600854，中期预测每股收益 0.45 元，股票市场价格为 22.50 元/股。总股本30 631万股，流通股7 979万股。公司主营设计制造空调制冷产品，财务状况十分稳健，公司业绩良好；但成长性不佳。春兰股份的星级评定为"★"。

(4)格力电器，代码 0651，中期预测每股收益 0.41 元，股票市场价格为 17.00 元/股。总股本29 617万股。公司主营家用空调器、电风扇、清洁卫生器具。公司空调产销量居国内第一，有行业领先优势，尤其是出口增长迅速，比上年出口增长 70.7%，经营业绩稳定增长。格力电器的星级评定为"★"。

(5)华工科技，代码 0988，中期预测每股收益 0.10 元，股票市场价格为 68 元/股。总股本11 500万股，流通股3 000万股。公司主营激光器、激光加工设备及成套设备、激光医疗设备等。该股科技含量高，成长性好，公积金也高。华工科技的星级评定为"★★"。

根据案例资料，分析：

(1)如果企业为了扩大经营规模实现规模效应，面对上述可供选择的投资方案应如何进行投资组合？

(2)如果企业仅为获得投资收益，面对上述可供选择的投资方案应如何进行投资组合，以分散或避免投资风险？

1. 业务流程图

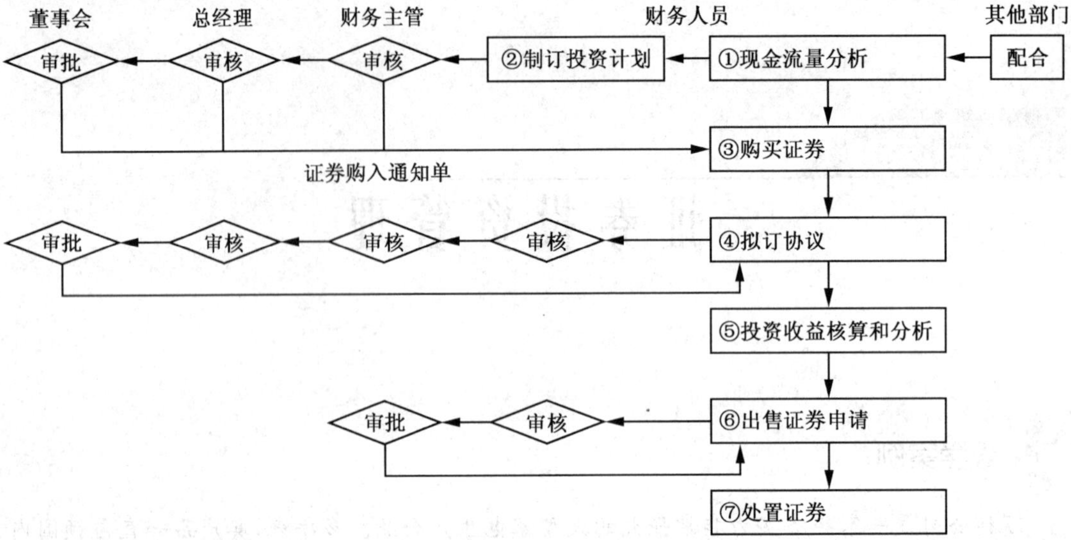

2. 主要岗位职责

职责内容	
	(1) 分析证券市场动态，对证券市场的走势提出前瞻性判断，编写证券市场研究报告。 (2) 提出并及时调整证券投资策略和组合方案。 (3) 在权限内或根据总经理指令，进行证券投资及处置的具体操作。 (4) 负责审核对外编报的交易报表和其他资料。 (5) 起草证券投资季度、年度经营分析报告。

任务一　证券投资概述

【知识目标】

1. 理解企业证券投资的目的和特点；
2. 掌握证券投资的种类；
3. 掌握证券投资的风险；
4. 了解证券投资的程序。

【技能目标】

1. 能辨别证券投资的系统性风险和非系统性风险；
2. 能定性分析证券投资各类风险的程度；
3. 会进行证券投资的基本业务操作。

证券是根据有关法律法规发行的、代表财产所有权或债权的一种信用凭证或金融工具，如债券、股票、投资基金、短期融资券以及期权、期货等衍生证券等。证券投资是指投资者将资金投资于金融资产，从而获取红利、利息及资本利得收益的投资行为和投资过程，是间接投资的重要形式。

一、证券投资的目的

(一)分散资金投向,降低投资风险

投资分散化,实行多元化经营,能有效分散投资风险。将企业资金分为内部经营投资和对外证券投资两部分,有利于实现企业投资的多元化。同时由于对外证券投资不受地域和经营范围限制,投资选择面广,资金退出和收回也比较容易,成为多元化投资的主要方式。

(二)利用闲置资金,增加企业收益

企业在生产经营过程中,由于各种原因有时会出现资金闲置、现金结余较多的情况。企业可以利用闲置的资金投资于流通性和变现能力较强的有价证券,以获取一定的收益。当现金不足时可以随时出售证券,以取得经营所需现金。这样,短期证券投资实际上就成为现金的替代品,它既能满足企业对现金的需要,又能在一定程度上增加企业的收益。

(三)稳定客户关系,保障生产经营

在企业的生产经营环节中,供应和销售是企业与市场相联系的重要通道。为保持与供销客户良好而稳定的业务关系,可以对业务关系链的上、下游企业进行投资,以债权或股权对关联企业的生产经营施加影响和控制,从而保障本企业的生产经营顺利进行。

二、证券投资的特点

相对于实物投资而言,证券投资具有如下特点:

(一)价值虚拟性

证券资产不能脱离实体资产而完全独立存在,但证券资产的价值不是完全由实体资本的现实生产经营活动决定的,是一种未来现金流量折现的资本化价值。

(二)强流动性

证券资产的流动性明显地高于实物资产。证券有着十分活跃的二级市场(即流通市场),与实物资产相比,其转让过程快速、简捷,交易成本较低。

(三)高风险性

证券资产是一种虚拟资产,决定了金融投资受公司风险和市场风险的双重影响。同时相对于实物资产来说,证券价值受人为因素的影响较大,具有价值不稳定、投资风险较高的特点。

三、证券投资的种类

金融市场上的证券很多,其中可供企业投资的证券主要有国债、短期融资券、可转让存单、企业股票与债券、投资基金以及期权、期货等衍生证券。

证券投资具体可以分为以下几类:

(1)债券投资,是指投资者购买债券以取得资金收益的一种投资活动。企业将资金投向各种各样的债券,如国债、公司债券、短期融资券等,都属于债券投资。

(2)股票投资,是指投资者将资金投向股票,通过股票的买卖和收取股利以获得收益的投资行为。根据股票的性质不同,又可分为优先股股票投资和普通股股票投资。

(3)基金投资,是指投资者通过购买投资基金股份或受益凭证来获取收益的投资方式。这种方式可使投资者享受专家服务,有利于分散风险,获得较高的、较稳定的投资收益。

(4)期货投资,是指投资者通过买卖期货合约躲避价格风险或赚取利润的投资方式。所谓

期货合约，是指在将来一定时期以指定价格买卖一定数量和质量的商品而由商品交易所制定的统一标准合约，它是确定期货交易关系的一种契约，是期货市场的交易对象。

(5)期权投资，是指为了实现营利目的或者规避风险而进行期权买卖的一种投资方式。期权也称选择权，是一种能在未来某一特定时间以特定价格买入或卖出一定数量的某种特定商品的权利。

(6)证券组合投资，是指企业将资金同时投资于多种证券，是企业进行证券投资时常用的投资方式。

四、证券投资的风险

获取投资收益是证券投资的主要目的，证券投资的风险是指投资者无法获得预期投资收益的可能性。证券投资的风险按风险性质划分为系统性风险和非系统性风险两大类。

(一)系统性风险

系统性风险，是指由于外部经济环境因素变化(如宏观经济形势的变动、国家经济政策的变化、税制改革、世界能源状况、政治因素等)，引起整个资本市场不确定性加强，从而对所有证券都产生影响的共同性风险。该风险影响到资本市场上的所有证券，无法通过投资多元化的组合而加以避免，也称为市场风险或不可分散风险。

证券投资的系统性风险主要包括以下几种：

1. 利率风险

利率风险，是指由于市场利率的变动引起证券资产价值变化的可能性。系统性风险波及所有证券资产，最终会反映在资本市场平均利率的提高上。证券的价格随市场利率的变动而变动，两者呈反向变化：市场利率上升，证券资产价格下跌；市场利率下降，证券资产价格上升。不同期限的证券利率风险不同，期限越长，风险越大。

2. 再投资风险

再投资风险，是指由于市场利率下降而造成的无法通过再投资而实现预期收益的可能性。根据流动性偏好理论，长期投资的收益率应当高于短期投资的收益率。为了避免市场利率变动的利率风险，投资者可能会投资于短期证券，但短期证券又会面临着市场利率下降的再投资风险，即无法按预定收益率进行再投资而实现所要求的预期收益。

3. 购买力风险

购买力风险，是指由于通货膨胀而使证券到期或出售时所获得的货币资金的购买力降低的风险。在通货膨胀时期，购买力风险对投资者有重要影响。一般而言，随着通货膨胀的发生，变动收益的证券比固定收益的证券更好。因此，普通股票被认为比公司债券和其他固定收益的证券能更好地避免购买力风险。

(二)非系统性风险

非系统性风险，是指由于特定经营环境或特定事件变化引起的不确定性，从而对个别证券产生影响的特有性风险。非系统性风险源于每个企业自身特有的经营活动和财务活动，同整个证券资产市场无关。这种风险可以通过证券投资的多元化来抵消，也称为公司特有风险或可分散风险。非系统性风险主要包括以下几种：

1. 违约风险

违约风险，是指证券发行人无法按期兑付证券资产利息或偿还本金的可能性。这种风险是投资于收益固定型有价证券的投资者经常面临的，多发生于债券投资中。一般而言，政府发行的证券违约风险小，金融机构发行的证券次之，企业发行的证券风险较大。企业产品经销不善、现金周转不灵等原因都可能导致违约风险。

2. 变现风险

变现风险，是指投资人无法在市场上以正常的价格平仓出货的可能性。如果一种资产能在较短期内按市价大量出售，则说明其变现能力较强，投资于这种证券所承担的变现风险较小；反之，则说明其变现能力较差，投资者可能因此而遭受损失。交易越频繁的证券，资产变现能力越强。一般来说，政府债券和一些著名大公司发行的证券，其变现风险比较低。

3. 破产风险

破产风险，是指在证券发行者破产清算时，投资者无法收回应得权益的风险。当证券发行者由于经营管理不善而持续亏损、现金周转不畅而无力清偿债务或其他原因导致难以持续经营时，可能会申请破产保护。破产保护会导致债务清偿的豁免，使得投资者无法取得应得的投资收益，甚至无法收回投资的本金。

五、证券投资的程序

(一)选择投资对象

合理选择投资对象是证券投资成败的关键。企业应根据一定的投资原则，认真分析投资对象的收益水平和风险程度，合理选择投资对象。

(二)开户、委托买卖

证券投资者要到证券登记公司开立账户，之后选择合适的券商委托代理买卖证券业务。企业可通过电话委托、计算机终端委托、递单委托等方式委托券商代为买卖有关证券。

(三)清算与交割

企业委托券商买入某种证券成功后，即应解交款项，收取证券。清算即证券买卖双方结清价款的过程。

(四)办理证券过户

投资者从证券市场购买证券后，应到证券发行公司办理证券持有人姓名的变更，证券过户只限于记名证券。

任务二　债券投资分析

【知识目标】

1. 掌握债券投资的财务评价方法；
2. 理解债券投资的优缺点。

【技能目标】

1. 学会计算债券价值，并据以作出正确的投资决策；
2. 学会计算债券的收益率，并据以作出正确的投资决策。

一、债券的价值

债券估价就是估算债券的内含价值(简称债券价值)。所谓债券价值，是指债券未来现金流入量的现值，债券给投资者带来的现金流入量包括债券利息收入和到期归还的本金。

债券价值是进行债券投资分析时使用的主要指标之一。一般来讲，只有当债券价值高于或等于债券购买价格时，才值得投资。

(一)债券估价的基本模型

一般情况下，债券有固定票面利率、每期支付利息、到期归还本金。在这种模式下，债券价值计量的基本模型是：

$$V=\sum_{t=1}^{n}\frac{I}{(1+R)^t}+\frac{M}{(1+R)^n}$$
$$=M\cdot i\cdot(P/A,R,n)+M\cdot(P/F,R,n)$$

其中：V 为债券价值；i 为债券票面利率；I 为债券每期利息；M 为债券面值；R 为贴现率（即市场利率或投资者要求的最低投资报酬率）；n 为付息期数。

从债券估价的基本模型可以看出，债券面值、债券期限、票面利率和市场利率是影响债券价值的基本因素。

【做中学 6—1】 某投资者准备购买甲公司发行的公司债券，该债券面值为1 000元，每年年末付息一次，票面利率为 12%，期限为 3 年，到期偿还全部本金。已知当前市场利率为 10%，试计算分析该债券价格为多少时才能进行投资？

该债券价值 $V=1\ 000\times12\%\times(P/A,10\%,3)+1\ 000\times(P/F,10\%,3)$
$=120\times2.486\ 9+1\ 000\times0.751\ 3$
$=1\ 049.728$(元)

所以，当甲公司债券的价格不超过 1 049.728 元时，才能进行投资。

(二)一次还本付息且不计复利的债券估价模型

我国目前发行的很多债券属于到期一次还本付息，且不计复利的债券。其估价公式为：

$$V=\frac{M+M\cdot i\cdot n}{(1+R)^n}=(M+M\cdot i\cdot n)\cdot(P/F,R,n)$$

【做中学 6—2】 Y 公司拟购买一只利随本清的企业债券，该债券面值为1 000元，期限为 3 年，票面利率为 10%，不计复利。当前市场利率为 8%，试计算确定该债券发行价格为多少时才能购买？

该债券价值 $V=1\ 000\times(1+10\%\times3)\times(P/F,8\%,3)$
$=1\ 300\times0.793\ 8=1\ 031.98$(元)

所以，当该债券的价格不超过 1 031.98 元时，才值得购买。

(三)零息债券的估价模型

有些债券以贴现方式发行，即将债券面值按一定利率和计息期折成现值发行，到期按面值偿还，这种债券被称为零息债券。其特点是债券票面只标明金额，不标明利率（根据市场利率来确定其价值），以低于面值的价格发行。该种债券价值的计算公式为：

$$V=\frac{M}{(1+R)^n}=M\cdot(P/F,R,n)$$

【做中学 6—3】 某企业债券面值为1 000元，期限为 3 年，以贴现方式发行，到期按面值偿还。当前市场利率为 8%，试计算确定该债券发行价格为多少时才值得投资？

该债券价值 $V=1000\times(P/F,8\%,3)$
$=1\ 000\times0.793\ 8=793.8$(元)

所以，该债券发行价格只有在不超过 793.8 元时，才值得投资。

二、债券的投资收益率

债券投资的收益水平通常用内部收益率来衡量。债券的内部收益率，是指按照当前市场价格购买债券并持有至到期日或转让日所产生的预期报酬率，也就是债券投资项目的内含报酬率。它是考虑资金时间价值，按复利计算的投资收益率，是指使债券投资未来现金流入的现值等于债券买入价格时的折现率。

市场利率反映了社会平均报酬率，投资者对证券资产投资报酬率的预期总是在市场利率基础上进行的。只有当债券内部收益率不低于市场利率或投资者要求的最低报酬率时，该项投资在财务上才是可行的。

基本计算公式为：

$$V=\frac{I_1}{(1+R)^1}+\frac{I_2}{(1+R)^2}+\cdots+\frac{I_n}{(1+R)^n}+\frac{M}{(1+R)^n}$$

将上式中的折现率 R 求解出来，即为债券到期收益率。

【做中学 6—4】 XYZ 公司 2014 年 1 月 1 日以 1 030 元的价格购入一张面值为1 000元的债券，债券期限为 5 年，票面利率为 8%，每年年末付息一次，到期还本。试计算该债券的投资收益率。

根据上述资料无法直接计算收益率，必须采用逐步测试法及内插法来进行计算。

首先用逐步测试法进行测算：

假设 $R=7\%$，则债券的现值为：

$$\begin{aligned}V&=1\,000\times8\%\times(P/A,7\%,5)+1\,000\times(P/F,7\%,5)\\&=80\times4.100\,2+1\,000\times0.713\,0\\&=1\,041.02(\text{元})\end{aligned}$$

假设 $R=8\%$，则债券的现值为：

$$V=1\,000\times8\%\times(P/A,8\%,5)+1\,000\times(P/F,8\%,5)=1\,000(\text{元})$$

上述计算表明，该债券的投资收益率介于 7%和 8%之间，此时利用内插法可以求得：

$$\frac{R-7\%}{8\%-7\%}=\frac{1\,030-1\,041.20}{1\,000-1\,041.20}$$

$$\begin{aligned}\text{即 } R&=7\%+\frac{1\,041.20-1\,030}{1\,041.20-1\,000}\times(8\%-7\%)\\&\approx7.27\%\end{aligned}$$

由此可知，该债券的投资收益率约为 7.27%。

上述计算比较繁琐，通常也可以通过简便算法对债券投资收益率进行估算。其公式为：

$$R=\frac{I+(M-P)/N}{(M+P)/2}$$

其中：P 为债券市场价格；I 为每期利息；M 为债券面值；N 为债券期限；分母是平均资金占用额，分子是平均收益额。

【做中学 6—5】 将【做中学 6—4】按照简便公式测算债券投资收益率为：

$$R=\frac{1\,000\times8\%+(1\,000-1\,030)/5}{(1\,000+1\,030)/2}\approx7.29\%$$

三、债券投资的优缺点

(一)债券投资的优点

(1)本金安全性高。与股票相比,债券投资风险比较小。其中,政府债券因有政府财力作后盾,通常被视为无风险债券或称为"金边债券"。企业债券的持有者拥有优先索偿权,其本金损失的可能性也相对较小。

(2)收入稳定性强。债券票面一般都标有固定利息率,债券的发行人有按时支付利息的法定义务。因此,债券投资者通常能获得较为稳定的收入。

(3)市场流动性好。特别是政府及大企业发行的债券,具有很强的流动性。

(二)债券投资的缺点

(1)购买力风险较大。由于债券面值和利息收益的固定性,在通货膨胀时期,债券本金和利息的购买力会不同程度地受到侵蚀,投资者实际获得的收益低于名义上的收益,有时甚至遭受实际的损失。

(2)没有经营管理权。债券的投资者作为债权人只能获得投资的收益,而无权对债券发行企业施加影响和控制。

任务三　股票投资分析

【知识目标】

1. 掌握股票投资的财务评价方法;
2. 理解股票投资的优缺点。

【技能目标】

1. 学会计算股票价值,并据以作出正确的投资决策;
2. 学会计算股票的收益率,并据以作出正确的投资决策。

一、股票的价值

同债券投资一样,企业在进行股票投资时,也必须对股票进行估价,即估算股票的内含价值,简称股票价值。一般情况下,只有当股票价值高于或等于股票购买价格时,才值得进行投资。

股票价值是指投资者预期能获得的未来现金流量的现值。投资者进行股票投资,支付的购买价格就是投资现金流出;投资持有期间每期的股利和出售时得到的价格收入构成了投资现金流入。下面介绍几种最常见的股票估价模型。

(一)股利零增长模型

该模型假设投资者长期持有股票,股利的支付是永久性的,且预计未来每年股利稳定不变。在这种情况下,投资者未来所获得的现金流入是一个永续年金,则股票估价模型为:

$$V=\frac{D}{R_S}$$

其中:V 为股票价值;D 为每年的固定股利;R_S 为贴现率(即市场利率或投资者要求的最

低投资报酬率)。

【做中学 6—6】 ABC 公司拟投资于某企业发行的优先股,并准备长期持有。该优先股每年股利为 0.5 元,ABC 公司要求的最低投资收益率为 10%,试计算该股票的价值。

该股票价值 $V=\frac{0.5}{10\%}=5$(元)

(二)股利固定增长模型

该模型假设投资者长期持有股票,股利的支付是永久性的,且假设股利每年以固定的增长率逐年增长。则股票估价模型为:

$$V=\frac{D_1}{R_S-g}=\frac{D_0\times(1+g)}{R_S-g}$$

其中:D_0 为本期股利;D_1 为第 1 年预期股利;g 为每年固定增长率。

【做中学 6—7】 某投资者拟投资购买 M 公司的股票,该股票今年每股发放股利 3.2 元,预计今后每年将以 4%的增长率增长。投资者要求获得 15%的投资报酬率。试计算分析:当该股票的价格为多少时,投资者才能购买?

股票价值 $V=\frac{3.2\times(1+4\%)}{15\%-4\%}\approx30.25$(元)

由此可知,只有当 M 公司股票价格不超过 30.25 元时,投资者才能购买,否则就无法获得 15%的投资报酬率。

(三)未来准备出售的股票估价模型

前面介绍的两个模型都是在投资者长期或永久持有股票的假设条件下建立的。一般情况下,投资者投资于股票,不仅希望得到股利收入,还希望在未来出售股票时从股票价格的上涨中获得好处。此时的股票估价模型为:

$$V=\sum_{t=1}^{n}\frac{D_t}{(1+R_S)^t}+\frac{V_n}{(1+R_S)^n}$$

其中:D_t 为第 t 期预期股利; n 为预计持有股票的期数;V_n 为预计未来出售时的股票价格。

【做中学 6—8】 公司准备购入 A 股票进行投资,预计投资后每年可以获得股利收入 100 元,3 年后出售可得到2 000元。经分析后,公司认为只有获得 10%的报酬率,才能够进行投资。试计算该股票的价值。

股票价值 $V=100\times(P/A,10\%,3)+\frac{2\ 000}{(1+10\%)^3}=1\ 751.29$(元)

二、股票的投资收益率

股票的收益由股息和资本利得两部分组成,主要取决于股票发行公司的经营业绩、股票市场的价格变化以及公司的股利分配政策。

通常用股票的内部收益率来反映股票投资的收益水平,它是指使股票未来现金流量贴现值等于目前购买价格时的贴现率,也就是股票投资项目的内含报酬率。只有当股票的内部收益率高于投资者所要求的最低报酬率时,投资者才愿意购买该股票。

【做中学 6—9】 A 公司于 2011 年 4 月 1 日投资 600 万元购买某种股票 100 万股。2012 年、2013 年和 2014 年的 3 月 31 日分别获得每股现金股利 0.6 元、0.8 元和 0.9 元,并于 2014 年 4 月 1 日以每股 8 元的价格将股票全部出售。试计算该股票投资的收益率。

首先用逐步测试法进行测算：

假设收益率为20%，则股票的现值为：

$$V=\frac{0.6\times100}{(1+20\%)}+\frac{0.8\times100}{(1+20\%)^2}+\frac{0.9\times100}{(1+20\%)^3}+\frac{8\times100}{(1+20\%)^3}=620.59(\text{万元})$$

假设收益率为24%，则股票的现值为：

$$V=\frac{0.6\times100}{(1+24\%)}+\frac{0.8\times100}{(1+24\%)^2}+\frac{0.9\times100}{(1+24\%)^3}+\frac{8\times100}{(1+24\%)^3}=567.23(\text{万元})$$

计算表明，该股票的投资收益率介于20%和24%之间，此时利用内插法可以求得：

$$K=20\%+\frac{620.59-600}{620.59-567.23}\times(24\%-20\%)\approx21.54\%$$

所以，该股票的投资收益率约为21.54%。

三、股票投资的优缺点

(一)股票投资的优点

(1)能够获得较高的投资收益。股票的价格虽然变动较为频繁，但从长期看，优质股票的价格总是上涨的居多，并且能够为投资者带来丰厚的股利收益。

(2)能适当降低购买力风险。普通股股票的股利不固定，在通货膨胀率比较高时，由于物价普遍上涨，股份公司盈利增加，股利的支付也随之增加，因此，与固定收益的证券相比，普通股股票能有效地降低购买力风险。

(3)拥有经营控制权。普通股股东是股份公司的所有者，按照其持股比例依法享有监督和控制企业的生产经营的权利。

(二)股票投资的缺点

股票投资的缺点主要是风险大，这是因为：

(1)求偿权居后。股东对企业资产和盈利的求偿权均居于债权人之后。企业破产时，股东原来的投资可能得不到全额补偿，甚至一无所有。

(2)股票价格不稳定。股票的市场价格受政治、经济、投资人心理、企业经营状况和风险情况等众多因素影响，很不稳定。这也使股票投资具有较高的风险。

(3)股利收入不稳定。普通股股利的多少，视企业经营状况和财务状况而定，没有法律上的保证，因此其投资收益的风险大于债券等固定收益的证券。

任务四　基金投资分析

【知识目标】

1. 了解基金投资的特点和种类；
2. 理解基金投资的财务评价方法。

【技能目标】

学会计算投资基金的单位净值和收益率。

一、投资基金的特点

投资基金，是一种利益共享、风险共担的集合投资方式，即通过发行基金股份或受益凭证等有价证券聚集众多的不确定投资者的出资，交由专业投资机构经营运作，以规避投资风险并谋取投资收益的证券投资工具。

（一）证券投资基金与股票、债券的主要区别

（1）反映的关系不同。债券反映的是债权债务关系，股票反映的是所有权关系，而基金反映的是基金投资者和基金管理人之间的一种委托代理关系。

（2）筹集资金的投向不同。股票和债券是融资工具，筹集的资金主要投向实业；而基金主要投向其他有价证券等金融工具。

（二）证券投资基金的特点

（1）规模效益、专家管理。

（2）组合投资、分散风险。

（3）利益共享、风险共担。

二、投资基金的种类

（一）根据组织形态的不同，可分为契约型基金和公司型基金

契约型基金（单位信托基金）是指把受益人（投资者）、管理人、托管人三者作为基金的当事人，由管理人与托管人通过签订信托契约的形式发行受益凭证而设立的一种基金。

公司型基金，是按照《公司法》以公司形态组成的。它以发行股份的方式募集资金，一般投资者购买该公司的股份即为认购基金，也就成为该公司的股东，凭其持有的基金份额以股息或红利形式取得投资收益。

（二）根据变现方式的不同，可分为封闭式基金和开放式基金

封闭式基金，是指基金的发起人在设立基金时，限定了基金单位的发行总额，筹集到这个总额后，基金即宣告成立并进行封闭，在一定时期内不再接受新的投资。基金单位的流通采取在交易所上市的办法，通过二级市场进行竞价交易。

开放式基金，是指基金发起人在设立基金时，基金单位的总数是不固定的，可视经营策略和发展需要追加发行。投资者也可根据市场状况和各自的投资决策，或者要求发行机构按现期净资产值扣除手续费后赎回股份或受益凭证，或者再买入股份或受益凭证，增加基金单位份额的持有比例。

（三）根据投资目标的不同，可分为成长型基金、收入型基金和平衡型基金

成长型基金追求的是基金资产的长期增值。为达到这一目标，基金管理人通常将基金资产投资于信誉度较高、有长期成长前景的公司股票。

收入型基金主要投资于可带来现金收入的有价证券，以获取当期最大收入为目的。一般可分为固定收入型基金和权益收入型基金。

平衡型基金的投资目标是既要获得当期收入，又要追求长期增值，通常把资金分散投资于股票和债券，以保证资金的安全性和收益性。

（四）根据投资标的不同，可分为股票基金、债券基金、货币基金、期货基金、期权基金、认股权证基金、专门基金等

股票基金，是指投资于股票的投资基金，其风险程度较个人投资股票市场要小得多，且具有较强的变现性和流动性，因此比较受投资者欢迎，是所有基金品种中最为流行的一种类型。

债券基金，是指投资管理公司为稳健型投资者设计的，投资于政府债券、市政公债、企业债券等各类债券品种的投资基金。一般情况下，债券基金定期派息，其风险和收益水平通常较股票基金低。

货币基金，是指由货币存款构成投资组合，协助投资者参与外汇市场投资，赚取较高利息的投资基金。其投资工具包括银行短期存款、国库券、政府公债、公司债券、银行承兑票据及商业票据等。这类基金的投资风险小，投资成本低，安全性和流动性较高，在整个基金市场上属于低风险的安全基金。

期货基金，是指投资于期货市场以获取较高投资回报的投资基金。由于期货市场具有高风险和高回报的特点，因此投资期货基金既可能获得较高的投资收益，同时也面临着较大的投资风险。

期权基金，是指以期权作为主要投资对象的基金。期权交易，是指期权购买者向期权出售者支付一定费用后，取得在规定时期内的任何时候、以事先确定好的协定价格向期权出售者购买或出售一定数量的某种商品合约的权利的一种买卖。

认股权证基金，是指以认股权证为主要投资对象的基金。认股权证，是指由股份有限公司发行的，能够按照特定的价格，在特定的时间内购买一定数量该公司股票的选择权凭证。由于认股权证的价格是由公司的股份决定的，一般来说，认股权证的投资风险比通常的股票要大得多。因此，认股权证基金也属于高风险基金。

专门基金由股票基金发展演化而成，属于分类行业股票基金或次级股票基金，包括黄金基金、资源基金、科技基金、地产基金等，这类基金的投资风险较大，收益水平较易受到市场行情的影响。

三、投资基金的估价

投资基金的估价涉及基金的价值、基金单位净值和基金的报价。

(一)基金的价值

基金价值取决于基金净资产的现在价值。由于投资基金不断变换投资组合，未来收益较难预测，因此基金的价值主要由基金资产的现有市场价值决定。

(二)基金单位净值

基金单位净值也称为单位净资产值或单位资产净值，是在某一时点每一基金单位(或基金股份)所具有的市场价值，是评价基金价值的最直观指标。其计算公式为：

$$基金单位净值=\frac{基金净资产价值总额}{基金单位总份数}$$

其中：

$$基金净资产价值总额=基金资产总值-基金负债总额$$

【做中学 6－10】 某基金持有三种股票的数量分别是 10 万股、50 万股和 100 万股，每股市价分别为 30 元、20 元和 10 元，银行存款为1 000万元。该基金有两项负债：对托管人应付未付的报酬 500 万元、应付税金 500 万元。已售出的基金单位为2 000万，试计算基金单位净值。

基金单位净值＝(10×30＋50×20＋100×10＋1 000－500－500)/ 2 000＝1.15(元)

(三)基金的报价

基金的报价理论上是由基金的价值决定的。基金单位净值高，基金的交易价格也高。具体而言，封闭式基金在二级市场上竞价交易，其交易价格由供求关系和基金业绩决定，围绕基金单位净值上下波动；开放式基金的柜台交易价格则完全以基金单位净值为基础，通常采用两种报价形式：认购价（卖出价）和赎回价（买入价）。

$$\text{基金认购价}=\text{基金单位净值}+\text{首次认购费}$$

$$\text{基金赎回价}=\text{基金单位净值}-\text{基金赎回费}$$

四、投资基金的收益率

基金收益率是反映基金增值情况的指标，它通过基金净资产的价值变化来衡量。基金净资产的价值是以市价计量的，基金资产的市场价值增加，意味着基金的投资收益增加，基金投资者的权益也随之增加。基金收益率可按下面的公式计算：

$$\text{基金收益率}=\frac{\text{基金单位净值年末数}\times\text{年末持有份数}-\text{基金单位净值年初数}\times\text{年初持有份数}}{\text{基金单位净值年初数}\times\text{年初持有份数}}$$

在上式中，持有份数是指持有基金单位的份数，年初的基金单位净值相当于购买基金的投资本金。因此，上式计算的就是一种简便的基金投资收益率。

任务五　证券投资组合

【知识目标】

1. 理解证券投资组合的目的；
2. 掌握证券投资组合的风险。

【技能目标】

1. 学会证券投资组合风险计量的方法；
2. 能计算证券投资组合的风险报酬率和必要报酬率。

一、证券投资组合的目的

证券投资组合，是指在进行证券投资时，不是将所有资金投向单一的某种证券，而是按照一定原则适当选择、搭配，同时投资于多种证券的投资策略。

证券投资的营利性吸引了众多投资者，但证券投资的风险性又使许多投资者望而却步。如何才能有效地解决这一难题呢？科学地进行证券的投资组合就是一个比较好的方法。由于证券投资存在较高的风险，而各种证券的风险大小并不相同，因此企业在进行证券投资时应同时投资于多种证券，形成多角化投资组合，分散和降低投资风险，以实现在保证预定收益的前提下使投资风险最小，或在控制风险的前提下使投资收益最大化的目标。

二、证券投资组合的风险

证券投资的风险按性质分为非系统性风险和系统性风险两大类。在进行证券投资组合时同样面临上述两种风险。

（一）非系统性风险

非系统性风险源于每个企业自身特有的经营活动和财务活动，因此可以通过证券投资的多样化，即证券投资组合来抵消。证券投资组合的非系统性风险能被分散掉的程度，则取决于投资组合中不同资产预期报酬之间的相关程度，可以用相关系数 r 来计量。当两个股票收益的相关系数 $r=+1$ 时，表明它们之间完全正相关，两者收益的变动趋势完全一致；当两个股票收益的相关系数 $r=-1$ 时，表明它们之间完全负相关，两者收益的变动趋势正好相反。

【做中学 6—11】 假设 A 股票和 B 股票构成一个证券组合，每种股票在证券组合中各占50%，它们的收益率和风险情况如表 6—1 所示。

表 6—1　　完全负相关的两种股票构成的证券组合的收益情况

时间 t	A 股票收益率 K_A(%)	B 股票收益率 K_B(%)	AB 组合的收益率 K_p(%)
2010	40	−10	15
2011	−10	40	15
2012	35	−5	15
2013	−5	35	15
2014	15	15	15
平均收益率	15	15	15
标准离差 δ	22.6	22.6	0

根据表 6—1 的资料，可以绘制出两种股票以及由它们构成的证券组合的收益率（如图 6—1所示）。

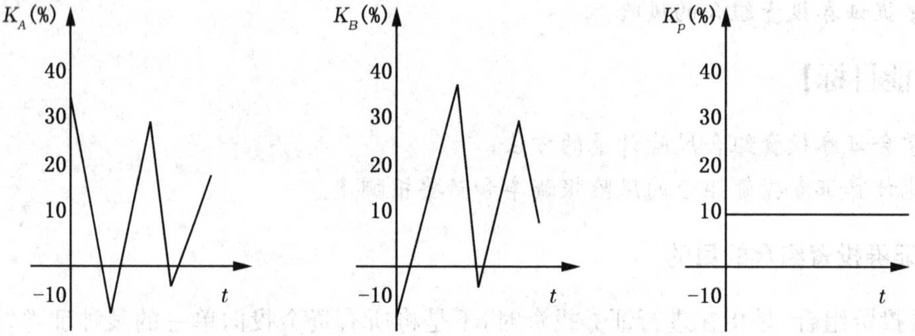

图 6—1　两种完全负相关股票的收益图

从图 6—1 中可以看出，如果投资者单独持有 A 股票或 B 股票，风险都很高；但由于 A 股票与 B 股票完全负相关，如果同时投资于两个股票，形成证券投资组合，其风险就被完全抵消了。

大部分股票相关系数 r 在 $+0.5\sim+0.7$ 之间，即部分正相关。在这种情况下，把两种股票组合成证券组合能够减少证券投资的风险，但不能全部消除风险。不过，当股票种类足够多时，几乎能把所有的非系统性风险分散掉。

(二)系统性风险

系统性风险是指由那些影响整个市场的风险因素所引起的、影响所有证券的风险，不能通过证券投资组合分散或消除，因此又称为不可分散风险。

系统性风险的程度通常用 β 系数来计量。作为整体的证券市场的 β 系数为 1。如果某种股票的风险情况与整个证券市场的风险情况一致，则这种股票的β系数等于1；如果某种股票的β系数大于1，说明其风险大于整个市场的风险；如果某种股票的β系数小于1，说明其风险小于整个市场的风险。

单个证券的β系数可以由有关的投资服务机构提供。证券投资组合的β系数是单个证券β系数的加权平均数，权数为各种证券在投资组合中所占的比重。其计算公式为：

$$\beta_p = \sum_{i=1}^{n} W_i \beta_i$$

其中：β_p为证券投资组合的β系数；W_i为证券组合中第i种股票所占的比重；β_i为第i种股票的β系数；n为证券组合中股票的数量。

【做中学6－12】 公司投资于A、B、C三种股票构成的证券组合，三种股票的β系数分别为0.5、1.0和1.5，它们在证券组合中所占的比重分别为20%、30%和50%。则该证券投资组合的β系数为：

$\beta_P = 0.5 \times 20\% + 1.0 \times 35\% + 1.5 \times 50\% = 1.15$

三、证券投资组合的收益

（一）证券组合的风险收益（率）

证券组合的风险收益是投资者因承担不可分散风险而要求的、超过时间价值的那部分的额外收益。可用下列公式计算：

$$R_P = \beta_P \times (K_m - R_F)$$

其中：R_P为证券投资组合的风险收益率；β_p为证券投资组合的β系数；K_m为所有证券的平均收益率，即市场收益率；R_F为无风险收益率。

【做中学6－13】 在【做中学6－12】中，假设股票市场平均收益率为15%，无风险收益率为10%，公司拟投资100万元。试确定该证券投资组合的风险收益率。

根据【做中学6－12】的计算结果，该证券投资组合的β系数为1.15，则风险收益率为：

$R_P = 1.15 \times (15\% - 10\%) = 5.75\%$

在其他因素不变的情况下，风险收益（率）的大小主要取决于证券投资组合的β系数，β系数越大，则风险越大，要求获得的风险收益（率）就越高；反之亦然。另外，调整各种证券在证券组合中的比重，可改变证券组合的风险程度和风险收益（率）。

（二）证券组合的必要收益（率）

投资者在进行证券投资决策时，必须全面考虑风险与收益的关系。西方理论界有许多模型论述风险和收益的关系，资本资产定价模型(Capital Asset Pricing Model，CAPM)是其中最为重要的一个模型。

对于每项资产，投资者都会因承担风险而要求额外的补偿，其要求的最低投资收益率应该包括无风险收益率和风险收益率两部分，即：

必要收益率＝无风险收益率＋风险收益率

资本资产定价模型用下面这个简单的表达式，来反映风险与收益之间的关系：

$$K_i = R_F + \beta_i \times (K_m - R_F)$$

其中：K_i为第i种证券或证券投资组合的必要收益率；R_F为无风险收益率；β_i为第i种证券或证券投资组合的β系数；K_m为所有证券的平均收益率。

【做中学6－14】 XYZ公司股票的β系数为2.0，无风险收益率为8%，市场资产组合的平均收益率为14%。根据资本资产定价模型，该股票的必要收益率应为：

$K=8\%+2.0\times(14\%-8\%)=20\%$

因此，只有当该股票的收益率达到或超过20%时，投资者才愿意进行投资；否则，投资者将不会购买该公司股票。

同理，可以计算出【做中学6—13】中证券投资组合的必要收益率应为：

$K=10\%+1.15\times(15\%-10\%)=15.75\%$

拓展阅读

金融衍生工具

金融衍生工具又称金融衍生产品，是与基础金融产品相对应的一个概念，是指建立在基础产品或基础变量之上，其价格取决于基础金融产品价格(或数值)变动的派生金融产品。根据我国《企业会计准则第22号——金融工具确认和计量》的规定，衍生工具包括远期合同、期货合同、互换和期权，以及具有远期合同、期货合同、互换和期权中一种或一种以上特征的工具。

金融衍生工具具有下列四个显著特性：

(1)跨期性。金融衍生工具是交易双方通过对利率、汇率、股价等因素变动趋势的预测，约定在未来某一时间按照一定条件进行交易或选择是否交易的合约。

(2)杠杆性。金融衍生工具交易一般只需要支付少量的保证金或权利金就可签订远期大额合约或互换不同的金融工具。例如，若期货交易保证金为合约金额的5%，则期货交易者可以控制20倍于所交易金额的合约资产，实现以小博大的效果。在收益可能成倍放大的同时，交易者所承担的风险与损失也会成倍放大。

(3)联动性。这是指金融衍生工具的价值与基础产品或基础变量紧密联系、规则变动。

(4)不确定性或高风险性。金融衍生工具的交易后果取决于交易者对基础工具未来价格的预测和判断的准确程度。而基础工具价格的变幻莫测决定了金融衍生工具交易盈亏的不稳定性。同时，金融衍生工具还伴随着信用风险、市场风险、流动性风险、结算风险、操作风险和法律风险等复杂风险因素。

近30年来，衍生产品市场的快速崛起成为市场经济史中最引人注目的事件之一。过去，通常把市场区分为商品(劳务)市场和金融市场，进而根据金融市场工具的期限特征把金融市场分为货币市场和资本市场。衍生产品的普及改变了整个市场结构：它们连接起传统的商品市场和金融市场，并深刻地改变了金融市场与商品市场的截然划分；衍生产品的期限可以从几天扩展至数十年，已经很难将其简单地归入货币市场或是资本市场；其杠杆交易特征撬动了巨大的交易量，它们无穷的派生能力使所有的现货交易都相形见绌；衍生工具最令人着迷的地方还在于其强大的构造特性，不但可以用衍生工具合成新的衍生产品，还可以复制出几乎所有的基础产品。它们所具有的这种不可思议的能力已经改变了“基础产品决定衍生工具”的传统思维模式，使基础产品与衍生产品之间的关系成为不折不扣的“鸡与蛋孰先孰后”的不解之谜。

2007年10月以来，起源于美国的次贷危机波及全球金融市场，并进而将全球经济带入下降轨道。美联储估计原本规模为1 000亿美元左右的美国次级贷款，何以最终波及大量金融机构，最终放大为一场“海啸”呢？很多人将其归咎于金融衍生产品的泛滥和难以估值、无法约束。早在 2002 年，巴菲特就在其致股东信中断言衍生产品是“魔鬼”“定时炸弹”，甚至是“大规模杀伤武器”。

要论衍生产品功过，还是要坚持一分为二的辩证立场。衍生产品具有灵活方便、设计精巧、高效率等特征，的确是风险管理和金融投资的“利器”，不能因为引致金融“海啸”就彻底否定它，对它的研究和运用都还需要进一步深化；同时，也必须看到，对微观个体分散风险有利的衍生工具，并没有从根本上消除金融风险的源头，反而可能引起风险总量的净增长，在特定条件下，就可能酝酿出巨大的金融灾难。因此，强化对金融衍生产品的政府监管、信息披露以及市场参与者的自律将是必要之举。

（资料来源：中国证券业协会：《证券市场基础知识》，中国金融出版社 2012 年版。）

案例分析

IBM 为何调整股利政策？

1989 年以前，IBM 公司的股利每年以 7%的速度增长。从 1989～1991 年，IBM 公司的每股股利稳定在 4.89 美元/年股，即平均每季度 1.22 美元/股。1992 年 1 月 26 日上午 9 时 2 分，《财务新闻直线》公布了 IBM 公司新的股利政策，季度每股股利从 1.21 美元调整为 0.54 美元，下降超过 50%。维持多年的稳定的股利政策终于发生了变化。

IBM 公司董事会指出：这个决定是在慎重考虑 IBM 的盈利和公司未来的长期发展的基础上做出的，同时也考虑到了给广大股东一个合适的回报率。这是一个为了维护股东和公司未来最好的长期利益，维持公司稳健的财务状况，综合考虑多种影响因素之后做出的决定。1993 年，IBM 的问题累积成堆，股利不得不从 2.16 美元再次削减到 1.00 美元。

在此之前，许多投资者和分析人士已经预计到 IBM 将削减其股利，因为它没有充分估计到微型计算机的巨大市场，没有尽快从大型计算机市场转向微型计算机市场。IBM 的大量资源被套在销路不好的产品上。同时，在 20 世纪 80 年代，IBM 将一些有利可图的项目，如软件开发、芯片等拱手让给微软和英特尔，使他们后来获得丰厚的创纪录的利润。结果是：IBM 公司在 1992 年创造了美国企业历史上最大的年度亏损，股票价格下跌 60%，股利削减 53%。

面对 IBM 的问题，老的管理层不得不辞职。到了 1994 年，新的管理层推行的改革开始奏效，公司从 1993 年的亏损转为盈利，1994 年的 EPS 达到 4.92 美元，1995 年 EPS 则高达 11 美元。因为 IBM 公司恢复了盈利，股利政策又重新提到议事日程上来……最后，IBM 董事会批准了一个庞大的股票回购计划——回购 50 亿美元，使得股东的股利达到 1.4 美元/股。1993 年是 IBM 股价最为低迷的时候，最低价格是 40.75 美元/股；最高价格是 1987 年，为 176 美元/股。股利政策调整后，IBM 的股价上升到 128 美元。

价值线(Value Line)预测：1999 年 IBM 公司的 EPS 将达到 15.5 美元，股利将达到 3 美元/股，股票价格将达到 200 美元/股。

（资料来源：南方证券网，2002 年 7 月 8 日。）

案例讨论：

(1)IBM 是否应该调整其股利政策？为什么？

(2)如果 IBM 应调整其股利政策，应发放多少现金股利？

(3)IBM应该采取提高现金股利的政策还是推行股票股利的政策?

(4)如果IBM公司的股利政策再次调整,是否将影响其股票价格?

职业能力训练

一、名词解释

证券投资　系统性风险　非系统性风险　利率风险　再投资风险　购买力风险　违约风险　流动性风险　投资基金　证券投资组合

二、单项选择题

1. 在债券投资中,因通货膨胀带来的风险称为(　　)。

A. 违约风险　B. 利息率风险　C. 购买力风险　D. 流动性风险

2. 在投资人想出售有价证券获取现金时,证券不能立即出售的风险称为(　　)。

A. 违约风险　B. 购买力风险　C. 流动性风险　D. 期限性风险

3. 对证券持有人而言,证券发行人无法按期支付债券利息或偿付本金的风险是(　　)。

A. 流动性风险　B. 系统性风险　C. 违约风险　D. 购买力风险

4. 企业进行短期证券投资时,一般应投资于(　　)的股票和债券。

A. 风险低、流动性强　B. 风险低、流动性弱

C. 风险高、流动性强　D. 风险高、流动性弱

5. 减少债券利率风险的方法是(　　)。

A. 持有单一债券　B. 持有多种债券　C. 集中债券的到期日　D. 分散债券的到期日

6. 下列不属于证券投资风险的是(　　)。

A. 利率风险　B. 流动性风险　C. 财务风险　D. 购买力风险

7. 下列投资中,风险最小的是(　　)。

A. 购买政府债券　B. 购买企业债券　C. 购买股票　D. 购买金融债券

8. 下列证券中,能够更好地避免证券投资购买力风险的是(　　)。

A. 普通股　B. 优先股　C. 公司债券　D. 国库券

9. 下列因素引起的风险中,投资者可以通过证券投资组合予以消减的是(　　)。

A. 国家财政政策变化　B. 世界能源状况变化

C. 发生经济危机　D. 被投资企业出现经营失误

10. 某投资的风险系数为2,无风险收益率为10%,市场平均收益率为15%,则投资必要收益率为(　　)。

A. 15%　B. 25%　C. 23%　D. 20%

11. 股票投资与债券投资相比,(　　)。

A. 风险高　B. 收益低　C. 价格波动小　D. 变现能力差

12. 投资基金证券是由(　　)发行的。

A. 投资人　B. 托管人　C. 管理人　D. 发起人

13. 某公司购买某种股票,面值14元,市价35元,持有期间每股获现金股利5.60元,一个月后售出,售价为42元,则投资收益率为(　　)。

A. 16%　B. 20%　C. 40%　D. 36%

14. 一张面额为100元的长期债券,每年可获得利息10元,如果折现率为8%,则其估价为(　　)元。

A. 100　B. 125　C. 110　D. 80

15. 某公司购入一种准备永久持有的股票，预计每年股利为3元，公司要求的必要报酬率为10%，则当其价格不超过(　　)元时可以购买。

A. 20　　B. 30　　C. 35　　D. 40

16. 当两种证券完全正相关时，由此所形成的证券组合(　　)。

A. 能适当分散风险　　B. 不能分散风险

C. 风险小于单项证券风险的加权平均值　　D. 可分散全部风险

17. 某投资者持有甲、乙、丙三种股票，三种股票所占资金的比例分别为20%、30%、50%，其β系数分别为1.2、0.8、1.8，则该证券组合的β系数为(　　)。

A. 1.8　　B. 3.8　　C. 1.38　　D. 1.58

三、多项选择题

1. 根据证券投资的对象，可将证券分类为(　　)。

A. 债券投资　　B. 组合投资　　C. 基金投资　　D. 股票投资

2. 债券投资的优点主要有(　　)。

A. 本金安全性高　　B. 收入稳定性强　　C. 投资收益较高　　D. 市场流动性好

3. 股票投资的缺点主要有(　　)。

A. 购买力风险高　　B. 求偿权居后　　C. 价格不稳定　　D. 收入稳定性强

4. 证券投资的收益包括(　　)。

A. 现价与原价的价差　　B. 股利收益　　C. 债券利息收益　　D. 出售收入

5. 由影响所有公司的因素引起的风险，可称为(　　)。

A. 可分散风险　　B. 非系统性风险　　C. 不可分散风险　　D. 系统性风险

6. 利率上升时，下列说法中正确的是(　　)。

A. 企业资金成本增加　　B. 股票投资风险增加，收益减少

C. 股票价格下跌　　D. 吸引投资者进行股票投资

7. 投资基金与债券相比，(　　)。

A. 发行的主体不同　　B. 体现的权利关系不同

C. 风险和收益较小　　D. 存续时间不同

8. 当A、B股票组合在一起时，则(　　)。

A. 可能分散部分风险

B. 当两种股票完全负相关时，可分散掉全部非系统性风险

C. 能分散掉全部风险

D. 可能不能分散风险

9. 在计算长期证券的投资收益率时，下列说法中正确的有(　　)。

A. 要考虑时间价值因素

B. 要求的收益率越高，则其购买价格越高

C. 可以采用插值法计算

D. 投资收益率即为能使证券未来收益的现值等于购买价格时的贴现率

10. 下列关于β系数的说法中，正确的是(　　)。

A. 在其他因素不变的情况下，β系数越大，风险收益就越大

B. 作为整体的证券市场的β系数为1

C. 用来反映不可分散风险的程度

D. 某股票β系数小于1，说明其风险大于整个市场的风险

11. 下列风险中，属于系统性风险的有(　　)。

A. 违约风险　　B. 利息率风险　　C. 购买力风险　　D. 流动性风险

12. 下列各风险中，能够通过多角化投资降低或分散的风险有（　　）。

A. 市场风险　　B. 系统风险　　C. 公司特有风险　　D. 市场利率的风险

13. 在资本资产定价模型下，投资股票的预期收益率受（　　）的影响。

A. 无风险收益率　　B. β 系数　　C. 市场平均收益率　　D. 每股盈利

14. 下列各项中，能够影响债券内在价值的因素有（　　）。

A. 债券的价格　　B. 债券的计息方式　　C. 当前的市场利率　　D. 票面利率

四、判断题

1. 系统性风险可以通过证券投资组合来适当消减。（　　）
2. 一般来说，证券投资的流动性要高于非证券投资。（　　）
3. 某种股票的面值越大，其内在价值就越大。（　　）
4. 债权性证券与所有权证券相比，由于债权证券在企业破产时，其清偿权先于所有权证券，因此，投资于债权性证券承担的风险相对于所有权证券，其风险较小。（　　）
5. 投资者可以根据投资经济价值与当前证券市场价格的比较决定是否进行证券投资。（　　）
6. 一般来说，长期投资的风险要小于短期投资。（　　）
7. 一般而言，银行利率下降，证券价格下降；银行利率上升，证券价格上升。（　　）

五、简答题

1. 简述企业证券投资的目的和特点。
2. 证券投资的风险主要来自哪些方面？
3. 简述影响证券投资的因素。
4. 债券投资和股票投资的目的分别是什么？
5. 比较债券投资和股票投资的优缺点。
6. 简述基金投资的目的和特点。
7. 简述证券投资组合的目的和风险。
8. 简述资本资产定价模型的内容。

六、实务训练题

1. 某投资者以每股 20 元价格买入 ABC 公司股票 100 股。当年 3 月 2 日，ABC 公司按 10 送 2 的比例发放股票股利，8 月 5 日发放每股 1.5 元的现金红利，之后该投资者以每股 25 元的价格将所持有的股票全部售出。

要求：计算投资者在股票持有期间的投资收益率。

2. 某公司在 2011 年 7 月 1 日投资 600 万元购买 A 种股票 200 万股，2012 年和 2013 年的 6 月 30 日分别获得现金股利每股 0.3 元和 0.5 元，并于 2014 年 7 月 1 日以每股 4 元的价格将股票全部售出。

要求：计算该项投资的投资收益率。

3. A 企业于 2014 年 1 月 5 日以每张1 020元的价格购买 B 企业发行的利随本清的企业债券。该债券的面值为1 000元，期限为 3 年，票面年利率为 10%，不计复利，购买时市场利率为 8%。

要求：

(1)利用债券估计模型评价 A 企业是否应购买此债券。

(2)如果 A 企业于 2015 年 1 月 5 日将该债券以 1 130 元的市价出售，计算该债券的投资收益率。

4. 某公司拟购买公司债券作为长期投资，要求的必要收益率为 6%。现有 A、B 两家公司同时发行面值为1 000元的债券，其中：A 公司债券票面利率为 8%，每年年末按单利付息，到期还本，债券发行价格为1 041元；B 公司债券票面利率为 0，债券发行价格为 750 元，到期按面值还付本金。

要求：

(1)分别计算A债券和B债券的内在价值。

(2)若企业持有债券到期,请分别计算A债券和B债券的收益率。

(3)根据上述计算结果,评价A债券和B债券是否具有投资价值。

5. 甲企业计划利用一笔长期资金投资购买股票。现有M公司股票和N公司股票可供选择。已知M公司股票现行市价为每股9元,上年每股股利为0.15元,预计今后每年以6%的增长率增长。N公司股票现行市价为每股7元,上年每股股利为0.60元,股利分配政策将坚持固定股利政策。甲企业所要求的投资必要酬率为8%。

要求:

(1)分别计算M、N公司股票价值。

(2)代甲企业作出股票投资决策。

6. 某公司持有A、B、C三种股票构成的证券组合,其β系数分别是1.8、1.5和0.7,在证券组合中所占的比重分别为50%、30%和20%,股票市场的平均收益率为15%,无风险收益率为12%。

要求:

(1)计算该证券组合的β系数。

(2)计算该证券组合的风险收益率。

(3)计算该证券组合的必要收益率。

项目七

营运资金管理

导学案例

华盟公司是一家从事食品生产加工的民营企业。在最近的公司例会上，各部门常常存在一些抱怨——

采购部门：财务部特别抠门，每次采购资金都不能足额及时提供，导致不能进行大批量采购，供应商给的数量折扣很难享受到，而且每次还得和供应商谈谈能不能给点赊购。再看看人家别的企业，每次采购的数量不仅多，还付现款，供应商可把他们当上帝看了。

仓储部门：仓库里有几种产品已经库存近半年了，每个月管理费用都不得了。

销售部门：生产部门总是让人担心，每次交货都是快到合同期了。一旦哪次没有及时完成生产，订单就得泡汤，还造成客户不信任。

生产部门：仓库每次都不能及时发料，经常让我们停工待料，我们很难保证按时完成生产计划。

财务部门：销售总是回款太慢，才导致现金紧张。有些应收账款都逾期快半年了，销售部门也不管，反正我们是没有时间和人去收的。

阅读上述资料，试分析讨论以下问题：

(1)针对公司各部门存在的抱怨，请分析公司日常营运管理出现了哪些问题？

(2)如果你是公司财务经理，你会向公司提供什么样的管理建议？

1. 业务流程图

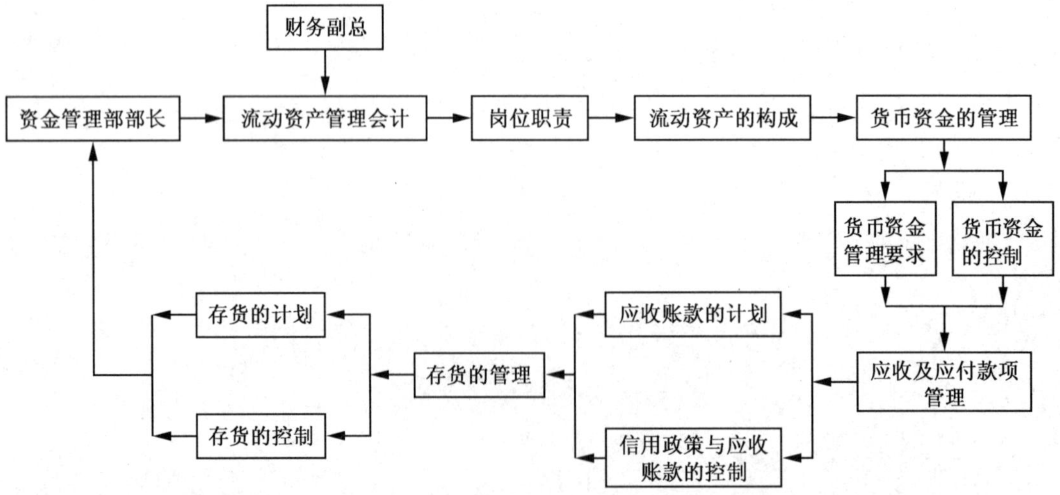

2. 主要岗位职责

职责内容	
职责内容	（1）负责流动资金调度，组织流动资金供应，考核流动资金使用效果。 （2）编制货币资金收支预测计划和银行借款计划。 （3）进行货币最佳持有量控制。 （4）制定应收账款信用政策和管理制度。 （5）通过账款分析对超期应收账款提出具体处理建议、收账策略等。 （6）会同有关部门核定流动资金存货定额。 （7）对存货进行管理，办理有关流动资金存货的报批手续。

任务一 现金管理

【知识目标】

1. 了解营运资金的含义、特点及管理策略；
2. 理解现金持有动机和管理目标；
3. 掌握持有现金的各项成本；
4. 掌握确定最佳现金持有量的方法；
5. 了解现金日常收支管理的方法。

【技能目标】

1. 学会计算持有现金的机会成本和转换成本；
2. 能运用成本分析模式确定最佳现金持有量；
3. 能运用存货模式确定最佳现金持有量。

一、营运资金概述

(一)营运资金的概念

营运资金是指在企业生产经营活动中占用在流动资产上的资金。营运资金有广义和狭义之分。广义的营运资金是指一个企业流动资产的总额;狭义的营运资金是指流动资产减去流动负债后的余额,用公式表示为:

营运资金总额＝流动资产总额－流动负债总额

流动资产是指可以在1年内或者超过1年的一个营业周期内变现或运用的资产,如现金、短期投资、应收及预付款项和存货等。流动负债是指需要在1年或者超过1年的一个营业周期内偿还的债务,如短期借款、应付账款、应付职工薪酬、应交税费、应付股利等。

营运资金管理既包括流动资产的管理,又包括流动负债的管理,以流动资产的管理为主。

(二)营运资金的特点

(1)营运资金周转速度快、周转期短。企业占用在流动资产上的资金,一般在一年或一个营业周期内收回,对企业影响的时间比较短。

(2)营运资金的流动性较强。流动资产相对固定资产等长期资产来说比较容易变现,这对于财务上满足临时性资金需求具有重要意义。

(3)营运资金的实物形态具有并存性和变动性。在循环周转过程中,营运资金的实物形态一般在现金、材料、在产品、产成品、应收账款、现金之间顺序转换。各种不同形态的流动资产在空间上同时并存,在时间上依次继起。因此,必须合理地配置流动资产各项目的资金数额,以保证资金得以顺利周转。

(4)营运资金的数量具有波动性。流动资产容易受到企业内外环境的影响,其资金占用量的波动往往很大。随着流动资产数量的变动,流动负债的数量也会相应发生变动。财务人员应有效地预测和控制这种波动,防止其影响企业正常的生产经营活动。

(三)营运资金管理原则

1. 满足合理的资金需求

企业应认真分析生产经营状况,合理确定营运资金的需要数量。一般来说,当企业产销量旺时,流动资产和流动负债均会相应增加;当企业产销量不断下降时,流动资产和流动负债也会相应减少。

2. 提高资金使用效率

营运资金的周转是指企业从现金投入生产经营开始,到最终转化为现金的过程。加速资金周转是提高资金使用效率的主要手段之一。因此,企业要千方百计加速存货、应收账款等流动资产的周转,以便用有限的资金服务于更大的产业规模,为企业创造更好的经济效益。

3. 节约资金使用成本

在营运资金管理中,要在保证生产经营需要的前提下,尽力降低资金使用成本。一方面,要挖掘资金潜力,加速资金周转,精打细算使用资金;另一方面,要积极拓展融资渠道,合理配置资源,筹措低成本资金。

4. 保持足够的短期偿债能力

流动资产、流动负债以及两者之间的关系能较好地反映企业的短期偿债能力。如果企业流动资产较多、流动负债较少,则短期偿债能力较强;反之,则短期偿债能力较弱。但也要同时避免出现流动资产闲置或流动负债利用不足的现象。

(四)营运资金管理策略

企业财务管理人员在营运资金管理方面必须做两项决策:一是需要拥有多少流动资产;二是如何为需要的流动资产融资。

1. 流动资产投资策略

企业流动资产的投资规模影响着企业的风险和收益。一般情况下,较多的流动资产可以保证经营活动平稳进行和到期债务的偿还,从而降低企业的风险。但是,流动资产的收益性一般低于长期资产。如果流动资产投资过多,造成流动资产的相对闲置,而固定资产却又相对不足,就会导致企业生产能力降低,从而减少企业盈利。因此,在确定流动资产投资规模时,我们必须在风险和收益之间进行权衡。

在现实中,企业流动资产占用规模受行业特点、经营规模、利率水平等多方面因素的影响。企业流动资产投资策略,如图 7—1 所示。

(1)宽松的流动资产投资策略。采用该种策略,企业通常会维持高水平的流动资产与销售收入比率,也就是说,企业将保持高水平的现金和有价证券、高水平的应收账款。在这种策略下,由于较高的流动性,企业的财务与经营风险较小。但是,过多的流动资产投资会使流动资产持有成本和企业资金成本增加,降低收益水平。

(2)紧缩的流动资产投资策略。在该种策略下,企业维持低水平的流动资产与销售收入比率。紧缩的流动资产投资策略可以节约流动资产的持有成本,但与此同时可能伴随着更高的

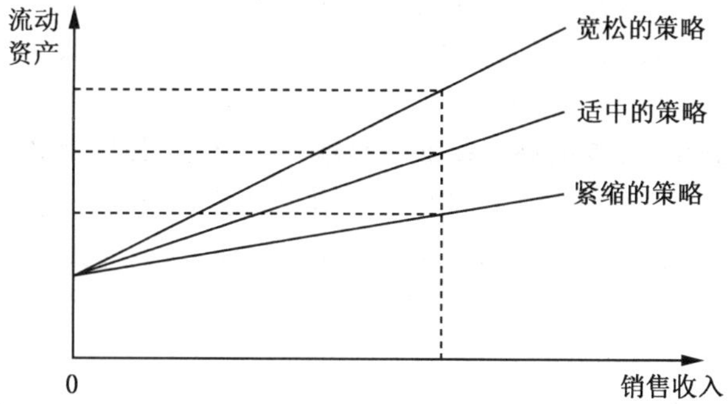

图 7—1　流动资产投资策略

风险。采用这种策略对企业的管理水平有较高的要求，因为一旦管理失控，由于流动资产的短缺，会对企业经营活动产生重大影响。

2. 流动资产融资策略

企业的生产经营规模往往因季节性变化或其他因素而表现出一定的波动性，因而导致对流动资产的需求也呈季节性变化。在经营的旺季，企业会扩大经营规模，增加对流动资产的需求量；而在经营的淡季，企业对流动资产的需求量会显著降低。

但是，无论流动资金需求量如何波动，总存在一个长期稳定的、满足正常生产经营所需最低限度的流动资产占用，这一部分流动资产称为永久性流动资产；因临时性或季节性原因而多占用的流动资产，则称为临时性或波动性流动资产。与流动资产的分类相对应，流动负债也可以分为临时性负债和自发性负债。临时性负债是指为满足临时性资金需要所发生的负债，一般只能供企业短期使用，如为满足节日销售超量购入货物而举借的银行短期借款；自发性负债是指直接产生于企业持续经营中的负债，可供企业长期使用，如日常运营中产生的商业信用筹资、应付职工薪酬、应交税费等。

企业在筹措营运资金时，既要保证一部分稳定的资金来源，又要合理安排短期资金来源。流动资产的融资政策通常有以下三种类型（如图 7—2 所示）：

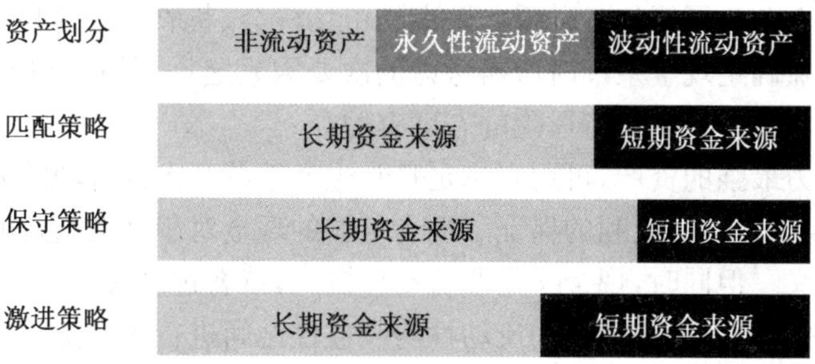

图 7—2　流动资产融资策略

（1）匹配型（或折中型）融资策略。在匹配型融资策略中，永久性流动资产和非流动资产以长期融资方式（长期负债或股东权益）融通；对于临时性流动资产，运用短期资金来源满足其资金需要，如应付账款、短期银行借款和商业信用等。

（2）激进型（或冒险型）融资策略。在激进型融资策略中，企业以长期负债和权益资金为所有的固定资产和一部分永久性流动资产融资，短期融资方式支持剩余的永久性流动资产和所有临时性流动资产。短期融资方式通常比长期融资方式具有更低成本，但过多使用短期资金会导致较高的偿债压力和流动性风险。

(3)保守型(或稳健型)融资策略。在保守型融资策略中，长期融资支持非流动资产、永久性流动资产和部分波动性流动资产，短期融资仅用于融通剩余的波动性流动资产。这种策略通常融资风险较低，但由于长期资金成本高于短期资金成本，会导致融资成本较高，收益较低。

二、现金管理的目标

现金概念有广义和狭义之分。广义的现金是指在生产过程中暂时停留在货币形态的资金，包括库存现金、银行存款、其他货币资金等；狭义的现金仅指企业库存现金。这里所指为广义的现金。

企业置存一定数量的现金，主要出于以下三种需求：

(一)交易性需求

交易性需求是指企业为了维持日常周转及正常商业活动所需持有的现金额。企业每日都在发生支出和收入，这些支出和收入在数额上不相等、在时间上不匹配，企业必须持有一定现金来调节，以使生产经营活动能持续进行。

一般来说，企业为满足交易性需求所持有的现金余额主要取决于企业的销售水平。企业销售扩大，销售额增加，所需现金余额也随之增加。

(二)预防性需求

预防性需求是指企业为应付紧急情况而需要保有的现金支付能力。由于市场行情的瞬息万变和各种不测因素的存在，企业通常难以对未来现金流入量和流出量作出准确的估计和预期。因此，在正常业务活动现金需要量的基础上，追加一定数量的现金余额以应付未来现金流入和流出的随机波动。

确定预防性需求的现金数额时，需要考虑以下因素：一是企业现金收支预测的可靠程度；二是企业临时筹资的能力；三是企业承受风险的意愿和能力。

(三)投机性需求

投机性需求是企业为了抓住各种瞬息即逝的市场机会，获取较大的利益而持有一定现金。投机性需求只是企业确定现金余额时所需考虑的次要因素之一，其持有量的大小往往与企业在金融市场的投资机会及企业对待风险的态度有关。

现金是变现能力最强的资产，可用来满足日常生产经营开支的各项需要，也是企业还本付息、履行纳税义务及支付现金股利的保证。拥有足够的现金对于降低企业财务风险、增加资产流动性具有重要意义。但同时，现金又是非营利性资产，持有过多必然降低企业资产的获利能力。因此，财务管理人员需要在现金的流动性与收益性之间进行权衡选择。通过现金管理，使现金收支不仅在数量上，而且在时间上相互衔接，其目的在于保证企业经营活动现金需要的同时，降低企业闲置的现金数量，提高资金收益率。

三、现金持有量的确定

确定最佳现金持有量对企业具有重要的意义，下面介绍两种常用的方法。

(一)成本分析模式

成本分析模式是根据企业持有现金的各相关成本，分析测算其总成本最低时的现金持有量的一种方法。成本分析模式下考虑的现金成本包括：

1. 机会成本

现金的机会成本，是指企业因持有一定的现金余额而丧失的再投资收益。再投资收益是企业不能同时用该现金进行有价证券投资所产生的机会成本。持有现金的机会成本属于变动成本，它与现金持有量之间成正比关系。可以用下式计算：

机会成本＝现金持有量×有价证券利率(或收益率)

2. 管理成本

企业保留现金，对现金进行管理，会发生一定的管理费用，如管理人员工资、安全措施费用等。这部分费用在一定范围内与现金持有量的多少关系不大，具有固定成本的性质。

3. 短缺成本

现金短缺成本，是指现金持有量不足且又无法及时通过有价证券变现加以补充而给企业造成的损失，包括直接损失与间接损失。短缺成本与现金持有量负相关。

需要指出的是，运用成本分析模式确定现金最佳持有量，只考虑持有一定量现金而产生的机会成本、管理成本及短缺成本，而不考虑交易成本。

在成本分析模式下，持有现金的成本同现金持有量之间的关系如图7—3所示。

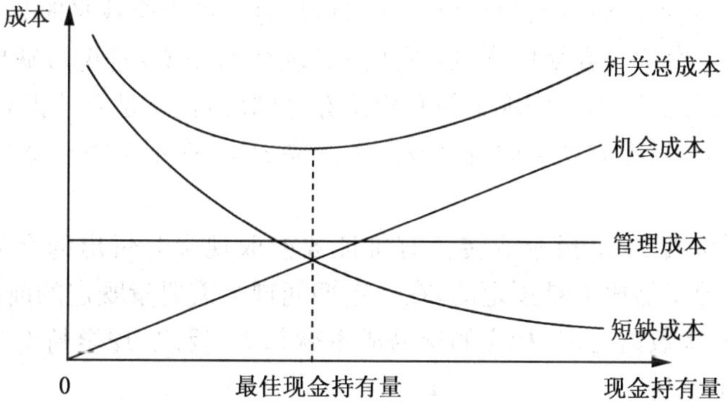

图7—3　成本分析模式示意图

由图7—3可以看出，相关总成本线为一条抛物线，抛物线的最低点即为持有现金的最低总成本，该点所对应的现金持有量即为最佳现金持有量。

【做中学7—1】 成新公司有四种现金持有方案，有关成本资料如表7—1所示。

表7—1　**公司现金持有方案**　单位：元

项目＼方案	甲	乙	丙	丁
现金持有量	25 000	50 000	75 000	100 000
机会成本率	12%	12%	12%	12%
管理成本	5 000	5 000	5 000	5 000
短缺成本	12 000	6 750	2 500	0

根据表7—1，可编制最佳现金持有量测算表，如表7—2所示。

表 7—2 最佳现金持有量测算表 单位:元

项目 \ 方案	甲	乙	丙	丁
现金持有量	25 000	50 000	75 000	100 000
机会成本	3 000	6 000	9 000	12 000
管理成本	5 000	5 000	5 000	5 000
短缺成本	12 000	6 750	2 500	0
相关总成本	20 000	17 750	16 500	17 000

将以上各方案加以比较可知,丙方案的相关总成本最低。因此,该企业最佳现金持有量为75 000元。

(二)存货模式

确定现金最佳持有量的存货模式来源于存货的经济批量模型,1952年由美国经济学家威廉·J.鲍莫(William. J. Baumol)首先提出,因此又称为鲍莫模式。

在存货模式中,假设现金收入是每隔一段时间发生的,而支出则是在一定时期内均匀发生的。在此时期内,企业可以通过出售有价证券取得现金。如果企业平时只持有少量现金,在有现金需要时通过出售有价证券换回现金,既能满足现金的需要,避免短缺成本,又能减少持有现金的机会成本。因此,适当利用现金与有价证券之间的转换,是企业提高资金使用效率的有效途径。在该模式中,只考虑现金的机会成本和交易成本,而不考虑现金的管理费用和短缺成本。

所谓现金的交易成本,是指企业转让有价证券换取现金时付出的交易费用,如手续费用等。假定现金每次的交易成本是固定的,在一定期间现金需要量既定的前提下,现金持有量越少,进行证券变现的次数就越多,相应的交易成本就越大;反之,现金持有量越多,证券变现次数就越少,交易成本就越小。

如果现金余额大,则持有现金的机会成本较高,交易成本降低;如果现金余额小,则持有现金的机会成本降低,但交易成本上升。因此,能够使现金管理的机会成本和交易成本之和保持最低的现金持有量,即为最佳现金持有量(如图7—4所示)。

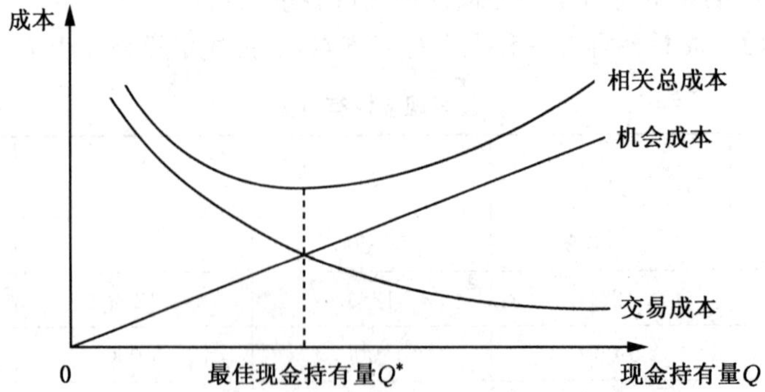

图 7—4 存货模式示意图

假设:T 为预测期内现金总需求量;F 为每次转换有价证券的交易成本;K 为有价证券利

息率(即机会成本率);TC 为现金管理相关总成本。

则:

现金管理相关总成本=机会成本+交易成本

即:

$$TC=\frac{Q}{2}\cdot K+\frac{T}{Q}\cdot F$$

从图 7—4 可以看出,当持有现金的机会成本与证券变现的交易成本相等时,现金管理的相关总成本最低,此时的现金持有量为最佳现金持有量。

即:

$$Q^{*}=\sqrt{2TF/K}$$

此时:

$$\text{最低现金管理相关总成本 } TC^{*}=\sqrt{2TFK}$$

【做中学 7—2】 XYZ 公司现金收支情况比较稳定,预计全年(按 360 天计算)需要现金 100 万元,有价证券交易每次的固定成本为 400 元,有价证券的年利率为 8%。则有:

最佳现金持有量 $Q^{*}=\sqrt{2\times1\ 000\ 000\times400\div8\%}=100\ 000$(元)

最低现金管理相关总成本 $TC^{*}=\sqrt{2\times1\ 000\ 000\times400\times8\%}=8\ 000$(元)

其中:机会成本=100 000÷2×8%=4 000(元)

交易成本=(1 000 000÷100 000)×400=4 000(元)

有价证券交易次数=1 000 000÷100 000=10(次)

交易间隔期=360÷10=36(天)

任务二　应收账款管理

【知识目标】

1. 了解应收账款的功能和管理目标;
2. 掌握应收账款的各项成本;
3. 掌握信用政策的内容;
4. 了解应收账款日常管理的方法。

【技能目标】

1. 学会计算应收账款的各项成本;
2. 能进行企业信用标准决策;
3. 能进行应收账款信用条件决策;
4. 能进行企业收账政策决策。

一、应收账款管理的目标

应收账款,是指企业因对外赊销产品、材料,供应劳务等,应向购货或接受劳务的单位及其他单位收取的款项。应收账款的发生,主要由于以下两种原因:一是商业竞争,这是发生应收账款的主要原因。在市场经济条件下,激烈的商业竞争迫使企业有时不得不以赊销或其他优惠条件来招揽顾客、扩大销售，于是产生了应收账款。由竞争引起的应收账款是一种商业信用。二是销售和收款的时间差。商品成交的时间和收到货款的时间经常不一致，这是因为货款结算需要时间。由此而产生的应收账款不属于商业信用，也不是应收账款管理的主要对象。

企业通过赊销商品，提供商业信用，一方面可以扩大销售、增加市场份额、提高企业竞争力，从而给企业带来更多的利润；另一方面还可以减少企业产成品存货的资金占用，将存货转化为应收账款，降低存货的管理成本。

应收账款作为企业扩大销售和盈利的一项投资，也会带来一定的成本。因此，应收账款的管理目标就是要在扩大的收益与增加的成本之间进行权衡，作出信用标准、信用条件和收账政策的具体决策方案，最大限度地获取应收账款投资的净收益。

二、应收账款的成本

要进行应收账款的投资决策，首先必须确定应收账款的各项成本。企业持有应收账款主要有三项成本：

(一)机会成本

应收账款的机会成本是指因资金投放在应收账款上而放弃其他投资所带来的收益，如投资于有价证券的利息收入。这一成本的大小通常与企业应收账款投资额、资金成本率有关。其计算公式如下：

$$\text{应收账款平均余额}=\text{日赊销额}\times\text{平均收账天数}$$

$$\text{应收账款占用资金}=\text{应收账款平均余额}\times\text{变动成本率}$$

$$\begin{aligned}\text{应收账款机会成本}&=\text{应收账款占用资金}\times\text{资金成本率}\\&=\text{应收账款平均余额}\times\text{变动成本率}\times\text{资金成本率}\\&=\frac{\text{全年赊销额}}{360}\times\text{平均收账天数}\times\frac{\text{变动成本}}{\text{销售收入}}\times\text{资金成本率}\end{aligned}$$

式中，若假设企业销售全部为赊销方式，则可以用全年销售额来计算。

【做中学 7－3】 XYZ 公司预测的年度赊销净额为2 400 000元，应收账款平均收账天数为 30 天，变动成本率为 75%，资金成本率为 8%。则应收账款机会成本可计算如下：

应收账款平均余额＝2 400 000÷360×30＝200 000(元)

应收账款占用资金＝200 000×75%＝150 000(元)

应收账款机会成本＝150 000×8%＝12 000(元)

(二)管理成本

应收账款的管理成本是指对应收账款进行管理所耗费的开支，主要包括：调查顾客信用状况的费用、收集各种信息的费用、账簿的记录费用、收账费用、数据处理成本、相关管理人员成本等。

(三)坏账成本

坏账成本是指应收账款不能收回而给企业造成的损失。应收账款基于商业信用而产生，存在无法收回的可能性。一般来说，坏账成本与应收账款数量成正比，即应收账款越多，坏账成本也越多。因此，为减少发生坏账给企业生产经营活动的稳定性带来的不利影响，企业应合理提取坏账准备金。

该项成本一般用下列公式测算：

$$\text{应收账款坏账成本}=\text{赊销额}\times\text{预计坏账损失率}$$

三、信用政策决策

信用政策即应收账款的管理政策，是指企业对应收账款投资进行规划和控制而制定的基本原则和行为规范，包括信用标准、信用条件和收账政策三个方面。合理制定信用政策，是加强应收账款管理、提高应收账款投资效益的重要前提。

（一）信用标准

信用标准是客户获得企业商业信用所应具备的最低条件，通常以预期的坏账损失率来表示。它表明企业可接受的信用风险水平。一般而言，在严格的信用标准下，企业只对信用很好、坏账损失率很低的客户给予赊销，许多客户会因信用品质达不到设定的标准而享受不到企业提供的商业信用。其结果虽然有利于降低坏账损失、减少应收账款的成本占用，但不利于企业市场竞争力的提高和销售收入的扩大。反之，在宽松的信用标准下，虽然有利于企业扩大销售，提高市场竞争力，但可能导致企业坏账损失风险加大，同时应收账款的机会成本、收账费用等相应增加。因此，企业应权衡收益和相关成本，确定适宜的信用标准。

企业设定某一客户的信用标准时，首先应对客户的资信进行调查与分析。客户的信用状况通常可以从以下五个方面进行定性分析，简称“5C”评价法：

1. 品质

品质（Character）是指顾客的信誉，即履行偿债义务的可能性。企业必须设法了解客户过去的付款记录，看其是否有一贯按期如数付款的做法，及与其他供货企业是否有良好关系。品质往往被看作信用评价体系中的首要因素。

2. 能力

能力（Capacity）是指顾客的偿债能力，主要取决于其资产特别是流动资产的数量、质量、流动比率以及现金的持有水平等因素。一般来说，顾客的流动资产越多，其支付货款的能力就越强。同时还应注意顾客流动资产的质量，如是否有存货过多、过时或质量下降，影响其变现能力和支付能力的情况。

3. 资本

资本（Capital）是指顾客的财务实力和财务状况，表明顾客可能偿还债务的背景。该指标主要根据有关的财务比率来测定客户净资产大小及其获利的可能性。

4. 抵押

抵押（Collateral）是指顾客拒付款项或无力支付款项时能被用作抵押的资产。这对于不知底细或信用状况有争议的顾客尤为重要。如果这些顾客提供足够的抵押，就可以考虑向他们提供相应的信用。这不仅有利于顺利收回货款，而且一旦顾客违约，可以变卖抵押品，挽回经济损失。

5. 经济状况

经济状况（Conditions）是指可能影响顾客付款能力的经济环境。比如，万一出现经济不景气，会对顾客付款产生什么样的影响、顾客会如何做等。这需要了解顾客在过去困难时期的付款历史。

上述五个方面的信用资料可以通过直接采访、查阅客户报表等财务资料来取得，也可以间接通过银行提供的客户信用资料、与该客户的其他供应单位交换有关信息获得。在此基础上对客户的信用状况进行评估分析，判断信用风险的大小，从而制定恰当的信用标准。至于将来是否需要改变信用标准，则应在标准变化后增加的收益与增加的应收账款成本之间进行抉择。

(二)信用条件

信用条件是指企业接受客户信用订单时所提出的付款要求。当客户达到了企业的信用标准,企业决定给予其信用优惠时,就需要考虑具体的信用条件。信用条件一般由信用期限、折扣期限及现金折扣率三部分构成,基本表示方法如“2/10,n/30”。其中,信用期限为30天,折扣期限为10天,现金折扣率为2%,若客户在发票开出后的10日内付款,可以享受2%的现金折扣;如果不想取得折扣,这笔货款必须在30天内付清。

1. 信用期限

信用期限是指企业允许客户从购货到支付货款的最长时间。通常,延长信用期限可以在一定程度上扩大销售量。但不适当地延长信用期限,会给企业带来以下问题:一是使平均收账期延长,占用在应收账款上的资金相应增加,引起机会成本增加;二是引起坏账损失和收账费用的增加。因此,企业是否给客户延长信用期限,应视延长信用期限增加的边际收入是否大于增加的边际成本而定。

2. 现金折扣和折扣期限

为了加速资金周转,及时收回货款,减少可能的坏账损失,企业往往在确定信用期限的同时,规定顾客偿付货款的折扣期限及所给予的现金折扣优惠。现金折扣是企业对顾客在商品价格上所做的扣减,企业提供这种价格上的优惠,主要目的在于吸引客户为享受优惠而提前付款,从而缩短企业的平均收账期。另外,现金折扣还能起到招徕顾客、扩大销售的作用。但同时,现金折扣的存在增加了企业的折扣成本,该项成本可按下面的公式计算:

现金折扣成本=赊销额×折扣期内付款的销售额比例×现金折扣率

企业核定多长的现金折扣期限,以及给予客户多大程度的现金折扣优惠,必须与信用期限结合起来考虑。在信用条件决策中,一般应在成本与收益比较原则的基础上,计算不同信用条件下的销售收入与相关成本,选择净收益最大的信用条件。

【做中学7—4】 XYZ公司预计全年赊销额为2 400万元,变动成本率为60%,资金成本(或有价证券利率)为10%,假设固定成本总额保持不变。该公司现行的信用条件是“n/30”。由于产品销售市场发生了变化,公司考虑是否应延长信用期限,将现行信用条件调整为“n/60”。财务人员为两个方案估计的赊销收入、坏账损失和收账费用等有关资料如表7—3所示,试选择对公司最有利的信用条件。

表7—3 **信用条件备选方案表** 单位:万元

项目 \ 方案	现行方案(n/30)	备选方案(n/60)
年赊销额	2 400	2 640
平均收账天数	30	60
坏账损失率	2%	3%
收账费用	24	40

根据以上资料,可以计算两个方案的信用成本与收益,如表7—4所示。

表 7—4 信用条件分析评价表 单位:万元

项目＼方案	现行方案(n/30)	备选方案(n/60)
年赊销额	2 400	2 640
变动成本	2 400×60%=1 440	2 640×60%=1 584
信用成本前收益	960	1 056
信用成本:		
应收账款机会成本	2 400÷360×30×60%×10%=12	2 640÷360×60×60%×10%=26.4
坏账损失	2 400×2%=48	2 640×3%=79.2
收账费用	24	40
小计	84	145.6
信用成本后收益	876	910.4

通过上述计算可知,采用“n/60”的信用条件比现行信用条件“n/30”增加了 34.4 万元(910.4—876)的收益。因此,在其他条件不变的情况下,公司应调整现行的信用条件,向顾客延长信用期限至 60 天。

【做中学 7—5】 根据【做中学 7—4】的资料,如果公司将信用期限延长至 60 天,同时为了加速应收账款的回收,准备向顾客提供现金折扣,具体条件为“2/20,n/60”。估计采用该方案后,约有 70%的客户(按赊销额计算)会享受 2%的现金折扣,坏账损失率降至 1.5%,收账费用减少至 30 万元。公司是否应采用新的信用条件而向顾客提供现金折扣?

如果公司向顾客提供新的现金折扣条件,则有:

现金折扣成本=2 640×70%×2%=36.96(万元)

应收账款平均收账天数=70%×20+(1—70%)×60=32(天)

根据以上资料,可以计算两个方案的信用成本与收益,如表 7—5 所示。

表 7—5 信用条件分析评价表 单位:万元

项目＼方案	现行方案(n/60)	备选方案(2/20,n/60)
年赊销额	2 640	2 640
现金折扣成本	0	36.96
变动成本	2 640×60%=1 584	2 640×60%=1 584
信用成本前收益	1 056	1 019.04
信用成本:		
应收账款机会成本	2 640÷360×60×60%×10%=26.4	2 640÷360×32×60%×10%=14.08
坏账损失	2 640×3%=79.2	2 640×1.5%=39.6
收账费用	40	30
小计	145.6	83.68
信用成本后收益	910.4	935.36

通过上述计算可知，采用“2/20，n/60”的信用条件比现行信用条件“n/60”增加了24.96万元（935.36－910.4）的收益。因此，在其他条件不变的情况下，公司应调整现行的信用条件，向顾客提供“2/20，n/60”的现金折扣条件。

（三）收账政策

收账政策是针对客户违反信用条件、拖欠甚至拒付账款所采取的收账策略与措施。

履约付款是企业义不容辞的法定责任和义务，作为债权方企业也拥有要求债务方企业偿付账款的法定权利。但这并不意味着一旦发生拖欠或拒付账款的情况就付诸法律。这是因为，一方面每个客户拖欠或拒付账款的原因是不同的，有些信用品质良好的企业也可能由于一时资金周转不灵而不能如期付款；另一方面，向法院提起诉讼需要花费相当数量的诉讼费，耗费大量时间精力，且效果往往也不很理想。所以，通过法律途径强行收回账款一般是企业不得已而采取的最后手段。

企业无论采取何种方式催收账款，都需要付出一定的代价。一般而言，如果企业采取积极的收账政策，可以减少坏账损失，减少应收账款上的资金占用，但会增加收账费用；如果采取消极的收账政策，虽然会减少收账费用，但可能会增加坏账损失及应收账款的机会成本。需要说明的是，通常在一定范围内企业加大收账力度，适当增加收账费用，坏账损失会相对减少。但当收账费用达到某一限度后，坏账损失的减少就不再明显了。因此，收账费用并非越多越好。只有当收账费用小于回收应收账款的收益额时才是适当的。

【做中学7－6】 某企业在不同收账政策下的有关资料如表7－6所示。

表7－6　收账政策备选方案表

方案 项目	现行收账政策	建议收账政策
年收账费用（元）	1 500	2 500
平均收账天数	60	30
坏账损失率（%）	3%	2%

企业当年实现销售额120 000元（假设全部为赊销），变动成本率为60%，资金成本率为10%。根据以上资料，可以计算两种收账政策下的信用成本，如表7－7所示。

表7－7　收账政策分析评价表　单位：元

方案 项目	现行收账政策	建议收账政策
信用成本：		
应收账款机会成本	120 000÷360×60×60%×10%＝1 200	120 000÷360×30×60%×10%＝600
坏账损失	120 000×3%＝3 600	120 000×2%＝2 400
年收账费用	1 500	2 500
合　计	6 300	5 500

上述计算结果表明，若企业采用建议的收账政策，比现行收账政策减少了应收账款机会成本和坏账损失1 800元［（1 200－600）＋（3 600－2 400）］，大于增加的收账费用1 000元（2 500－1 500）。因此，企业应当采用建议的收账政策。

四、应收账款的日常管理

应收账款是企业对外提供商业信用的结果，对于大多数企业来说，存在应收账款是十分正常的事，但其中往往蕴涵着相当的风险。因此，在建立了合理的信用政策之后，企业对应收账款还必须加强日常管理，包括调查和评估客户信用、应收账款账龄分析、收现保证率分析、建立坏账准备金制度、应收账款保理等内容。在此主要介绍应收账款账龄分析和应收账款保理。

(一)应收账款账龄分析

在应收账款的账龄结构中，可以清楚地看出应收账款的分布和被拖欠情况，便于企业加强对应收账款的管理。

【做中学 7—7】 某企业应收账款账龄结构如表 7—8 所示。

表 7—8　　应收账款账龄分析表

应收账款账龄	账户数量	金额(万元)	比重(%)
信用期内	100	600	60
超过信用期 1 个月内	40	150	15
超过信用期 2 个月内	20	75	7.5
超过信用期 3 个月内	15	60	6
超过信用期半年内	10	35	3.5
超过信用期 1 年内	8	30	3
超过信用期 1 年以上	12	50	5
应收账款余额总计	—	1 000	100

表 7—8 表明，该企业应收账款总计1 000万元，其中仍在信用期内的账款 600 万元，占全部应收账款的 60%；逾期账款 400 万元，占全部应收账款的 40%。其中，逾期 1 个月、2 个月、3 个月、半年及 1 年以内的分别占 15%、7.5%、6%、3.5%和 3%，另有 5%的应收账款已逾期 1 年以上。从总体上看，该企业逾期的应收账款达 40%，比重较大，应引起高度重视。

确定了企业应收账款的账龄结构之后，首先应分析逾期账款属于哪些客户，是否经常发生拖欠以及发生拖欠的原因是什么。如果属于企业信用政策的问题，应立即进行信用政策的调整。其次，对不同拖欠时间的账款以及不同信用品质的客户，采取不同的收账方法，制定出经济可行的不同收账政策和方案。同时，对尚未过期的应收账款也不应放松管理和账龄分析，以防发生新的逾期拖欠。

(二)应收账款保理

保理即保付代理，是指保理商与债权人签订协议，转让其对应收账款部分或全部权利与义务，并收取一定费用的业务。随着市场经济的发展以及商业信用的普遍推广和运用，保理业务日益成为一项集贸易融资、商业资信调查、应收账款管理及信用风险担保于一体的新兴综合性金融服务。

应收账款保理是企业将赊销形成的未到期应收账款在满足一定条件的情况下，转让给保理商(通常为商业银行)，以获得流动资金，加快资金周转。保理可以分为有追索权保理(非买断型)和无追索权保理(买断型)、明保理和暗保理、折扣保理和到期保理。

应收账款保理对于企业而言，其财务管理作用主要体现在：

(1)融资功能。应收账款保理，其实质是将未到期应收账款这种流动资产作为抵押从而获得银行短期借款的一种融资方式。

(2)减轻企业应收账款管理负担。企业把应收账款让与专门保理商进行管理，使企业减轻财务管理负担，提高财务管理效率。

(3)减少坏账损失、降低经营风险。采用应收账款保理后，一方面可以提供信用风险控制与坏账担保；另一方面可以借助专业保理商催收账款，有效控制坏账风险。

(4)改善企业财务结构。应收账款保理业务是将企业的应收账款与货币资金进行置换，增强了企业资产的流动性，提高了债务清偿能力和盈利能力。

任务三 存货管理

【知识目标】

1. 了解存货持有的动机和管理目标；
2. 掌握持有存货的各项成本；
3. 掌握确定存货经济进货批量的方法；
4. 了解存货控制管理的基本方法。

【技能目标】

1. 会计算存货的进货成本和储存成本；
2. 能运用经济批量基本模型和扩展模型确定最佳进货批量；
3. 会描述ABC控制系统和适时制库存控制系统。

一、存货管理的目标

存货是指企业在生产经营过程中为了生产或销售而储备的物资，包括持有以备出售的产成品或商品、处在生产过程中的在产品、在生产过程或提供劳务过程中耗用的材料和物料等。存货往往在企业流动资产中占有较大比重，存货管理水平的高低，直接影响到企业日常生产经营能否顺利开展，并会最终影响到企业的流动性水平和获利能力。因此，存货管理在企业营运资金管理中占有重要的地位。

对于一般的企业来说，持有一定数量的存货是十分必要的。在企业生产经营过程中，存货的功能主要表现在以下几个方面：

(一)防止停工待料

适当的原材料存货和在产品、半成品存货是企业生产正常进行的前提和保障。就企业外部而言，供货方的生产和销售往往会因为某些原因暂停或推迟，从而影响企业材料的即时采购、入库和投产。就企业内部而言，适量的存货储备能够使各生产环节的生产调度更加合理，各生产工序步调更为协调。可见，适量的存货能有效防止停工待料的发生，维持企业生产的连续性。

(二)适应市场变化

存货储备能增强企业在生产和销售方面的机动性和适应市场变化的能力。企业有了足够的库存产成品,能有效地供应市场,满足顾客需要。相反,若某种畅销产品库存不足,将会错失眼前或未来的销售良机,并有可能因此而失去顾客。当发生通货膨胀时,适当储存原材料存货,能使企业获得因市场物价上涨而带来的好处。

(三)降低进货成本

一般零购物资的价格往往较高,而采用批量进货常常可以享受到价格上的优惠。此外,增加每次进货数量,可以减少购货次数,从而降低采购费用。

(四)维持均衡生产

许多产品的市场需求存在季节性。企业的生产安排一般可以随着市场的变化而做相应的调整。但是,如果完全按照市场需求状况开展生产,就会导致生产的不均衡,有时生产能力得不到充分利用,有时又会出现超负荷生产,这些情况都会使企业的生产成本提高。因此,对这些产品的生产既要考虑到季节性的变动,又要考虑到生产的均衡性,在销售淡季适当增加产品库存。

可见,企业持有充足的存货,不仅有利于生产过程的顺利进行,节约采购费用与生产时间,而且能够迅速地满足客户各种订货的需要,从而为企业的生产与销售提供较大的机动性,避免因存货不足带来的机会损失。然而,存货的增加必然要占用更多的资金,将使企业付出更大的持有成本,且存货的储存与管理费用也会相应增加,影响企业获利能力的提高。因此,如何在存货的功能(收益)与成本之间进行利弊权衡,在充分发挥存货功能的同时降低成本、增加收益,实现它们的最佳组合,成为存货管理的基本目标。

二、存货的成本

(一)取得成本

存货的取得成本是指企业取得存货时的成本费用支出,主要由存货的订货成本和购置费用两部分组成。

订货成本是指企业为组织进货而发生的运杂费、差旅费、途中保险费、采购人员工资、办公费等。进货费用中有一部分与订货次数有关,属于变动性成本,如差旅费等;另一部分则与订货次数无关,属于固定性成本,如专设销售机构的基本开支等。变动性订货成本是存货经济批量决策的相关成本。

购置成本是指购买存货所支出的进价成本,在数量上等于采购单价与采购数量的乘积。

(二)储存成本

储存成本是指企业为持有存货而发生的成本,主要包括存货占用资金的机会成本(以现金购买存货而丧失的其他投资机会可能带来的投资收益)或资金占用费(以贷款购买存货的利息成本)、仓储费用、保险费用、库存损耗等。

储存成本一部分与存货的储存数量密切相关,属于变动性成本,如存货占用资金的机会成本、保险费用等;另一部分则在一定范围内与存货储存数量无关,属于固定性成本,如仓库折旧费用、仓库管理人员的固定工资等。变动性储存成本是存货经济批量决策的相关成本。

(三)缺货成本

缺货成本是指因存货供应中断而造成的损失,主要包括由于原材料供应中断造成的停工待料损失或紧急采购增加的额外开支、产成品库存缺货导致延误发货的信誉损失以及丧失销售机会的机会损失等。缺货成本能否成为存货经济批量决策的相关成本,应视企业是否允许出现缺货而定。如果允许缺货,则缺货成本与存货数量反向相关,属于决策相关成本;反之,如果不允许缺货，缺货成本为零，也就不需要加以考虑了。

三、存货经济批量决策

通过对存货成本的分析可知，存货的各项成本与进货批量呈现着不同的变动关系。减少进货批量，增加进货次数，在带来储存成本降低的同时，也会导致进货费用与缺货成本的提高；相反，增加进货批量，减少进货次数，尽管有利于降低进货费用与缺货成本，但同时会导致储存成本的提高。

按照存货管理的目的，企业需要通过合理的进货批量和进货时间，使存货的总成本最低，这个批量就是经济进货批量或经济订货量。

(一)经济进货批量基本模型

经济进货批量基本模型是建立在一系列严格假设基础上的。这些假设包括：(1)一定时期的进货总量可以较为准确地予以预测；(2)存货的耗用或者销售比较均衡；(3)存货的价格稳定，且不存在数量折扣；(4)进货日期由企业自行决定，并且每当存货量降为零时，下一批存货能立即一次性到货；(5)仓储条件及所需现金不受限制；(6)不允许出现缺货情形；(7)所需存货市场供应充足，且不受其他货物影响。

当满足上述假设时，企业一定时期内存货数量的变化情况如图 7—5 所示。

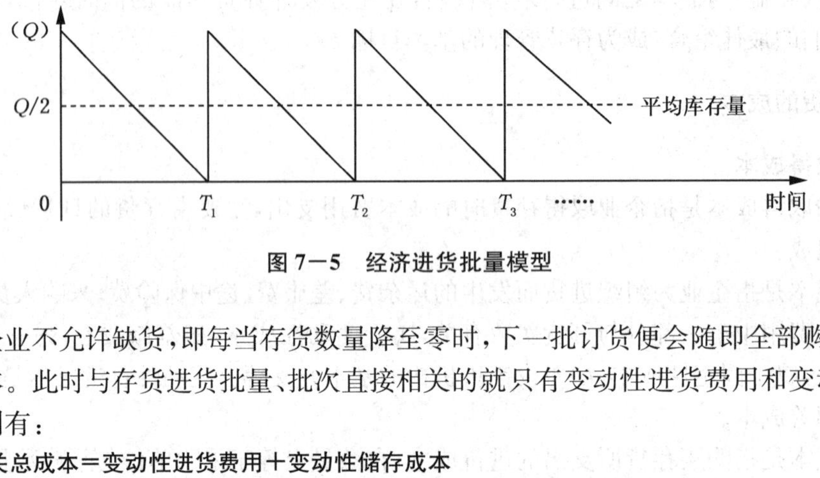

图 7—5 经济进货批量模型

由于企业不允许缺货，即每当存货数量降至零时，下一批订货便会随即全部购入，故不存在缺货成本。此时与存货进货批量、批次直接相关的就只有变动性进货费用和变动性储存成本两项。则有：

$$\text{存货相关总成本}=\text{变动性进货费用}+\text{变动性储存成本}$$

$$=\frac{\text{存货全年计划进货总量}}{\text{每次进货批量}}\times\text{每次进货费用}+\frac{\text{每次进货批量}}{2}\times\text{单位存货年储存成本}$$

存货相关总成本与相关进货费用、储存成本的关系如图 7—6 所示。

由图 7—6 可以看出，当相关进货费用与储存成本相等时，存货相关总成本最低，此时的进货批量就是经济进货批量。

假设：A 为某种存货年度计划进货总量；B 为平均每次进货费用；C 为单位存货年储存成本；TC 为存货相关总成本。

则：

$$\text{经济进货批量 } Q^{*}=\sqrt{2AB/C}$$

$$\text{经济进货批量的相关总成本 } TC^{*}=\sqrt{2ABC}$$

$$\text{年度最佳进货批次 } N^{*}=A/Q^{*}=\sqrt{AC/2B}$$

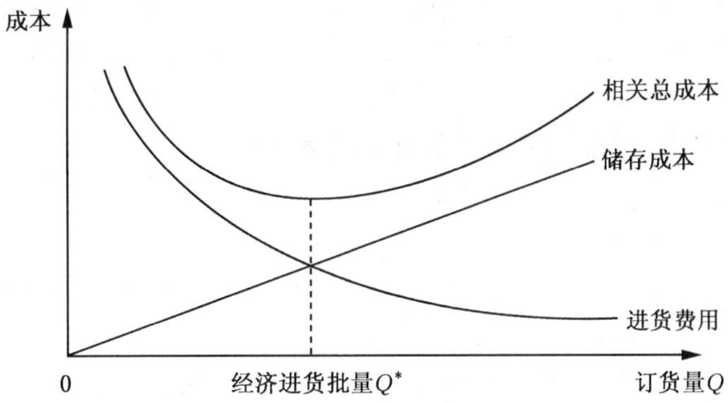

图 7—6 存货成本分析示意图

【做中学 7—8】 天宇公司全年需要甲材料27 000件，材料单价为 6 元，年储存成本占存货价值的 25%，每次进货费用为1 000元。试计算甲材料的经济进货批量、最低相关总成本和全年最佳进货次数。

单位存货年储存成本＝6×25%＝1.5(元)

经济进货批量 $Q^*=\sqrt{2AB/C}=\sqrt{2\times 27\ 000\times 1\ 000/1.5}=6\ 000$(件)

经济进货批量的相关总成本 $TC^*=\sqrt{2ABC}=\sqrt{2\times 27\ 000\times 1\ 000\times 1.5}=9\ 000$(元)

其中：进货费用＝27 000÷6 000×1 000＝4 500(元)

储存成本＝6 000÷2×1.5＝4 500(元)

全年最佳进货批次 $N^*=A/Q^*=27\ 000\div 6\ 000=4.5$(次)

需要指出的是，在实际工作中不可能满足经济批量基本模型的全部假设，每一个假设条件的打破，都意味着基本模型的修正，即扩展的经济批量模型。

(二)经济进货批量扩展模型

1. 实行商业折扣的经济进货批量决策

在存货经济批量基本模型中有购进单价不变，且不存在数量折扣的假设。事实上，为了鼓励客户购买更多的商品，销售企业通常会给予不同程度的价格优惠，即实行商业折扣。购买越多，所获得的价格优惠越大。此时，存货进价成本已经与进货批量的大小有了直接的联系，属于决策的相关成本。进货企业对经济进货批量的确定，除了考虑相关的进货费用与储存成本外，还应考虑存货的进价成本。

在经济进货批量基本模型其他各种假设条件均具备的前提下，存在商业折扣时的存货相关总成本可按下式计算：

存货相关总成本＝进价成本＋变动性进货费用＋变动性储存成本

实行商业折扣的经济进货批量的具体确定步骤如下：

第一步，按照基本经济进货批量模型确定经济进货批量；

第二步，计算按经济进货批量进货时的存货相关总成本；

第三步，计算按给予数量折扣的进货批量进货时的存货相关总成本。

需要说明的是，给予商业折扣的进货批量通常是一个范围，如进货数量在 2 000～3 000 千克可享受 2%的价格优惠，此时按给予商业折扣的最低进货批量，即按2 000千克计算存货相关总成本。

【做中学 7—9】 天宇公司预计全年耗用乙材料72 000千克，该材料单价为每千克 30 元。每次订货成本为 800 元，单位年储存成本为 2 元。供货企业提供商业折扣，当一次采购量超过3 600千克时，可享受每千克 28 元的优惠价格。试计算确定乙材料的经济进货批量。

按经济进货批量基本模型确定的经济进货批量为：

$Q=\sqrt{2\times7\ 200\times800/2}=2\ 400$(千克)

每次进货 2 400 千克时：

存货相关总成本=7 200×30+2×2 400÷2+800×7 200÷2 400=220 800(元)

每次进货 3 600 千克时：

存货相关总成本=7 200×28+2×3 600÷2+800×7 200÷3 600=206 800(元)

通过比较可以看出，当进货批量为 3 600 千克时，存货相关总成本最低。因此，最佳经济进货批量为 3 600 千克。

2. 再订货点决策

在存货经济批量基本模型中假设采购不需要时间，这在实务中是很难做到的。为了保证生产和销售的正常进行，企业通常必须在存货用完之前提前组织采购。但是如果订货过早，会增加存货的储存量，造成资金积压和成本的上升；如果订货不及时，就会影响正常生产经营的开展。那么，究竟在上一批存货库存数量还有多少时，订购下一批货物最为适宜呢？这就需要正确确定再订货点。

所谓再订货点，就是在提前订货的情况下，为确保存货用完时下一批货物刚好到达，企业再次发出订货单时应保持的存货库存量。它的数量等于平均交货时间和每日平均存货需用量的乘积：

$$R=L\times d$$

其中：R 为再订货点；L 为平均交货时间；d 为每日平均需要量。

订货提前期对经济进货批量并无影响，只是采购时间需要提前。

【做中学 7—10】 天宇公司每日需耗用丙材料 50 千克，采购该材料需要 10 天，则该材料的订货点为 500 千克(50×10)，即当该材料尚有 500 千克时就应当组织采购。等到下一批采购的丙材料到达时，原有库存刚好用完。

四、存货的管理控制系统

(一)ABC 控制系统

一般来说，企业的存货品种繁多，数量巨大，尤其是大中型生产型企业的存货更是成千上万。如何对这些存货加强管理是财务管理工作的重要课题。19 世纪意大利经济学家巴雷特首创了 ABC 控制法。存货 ABC 分类管理就是按照一定的标准，将企业存货划分为 A、B、C 三类，按照各类存货的重要程度分别采取不同的方法进行管理。

1. 存货 ABC 分类的标准

进行存货分类的标准主要有两个：一是存货的金额，二是存货的品种数量。以存货的金额为基本标准。一般来说，A 类存货的特点是金额很大，而品种数量很少；B 类存货金额较大，存货的品种数量较多；C 类存货品种数量繁多，但价值金额很小。

不同的企业，分类的标准没有严格的额度限制。一般而言，三类存货的金额比重大致为 A∶B∶C=0.7∶0.2∶0.1；而品种数量的比重大致为 A∶B∶C=0.1∶0.2∶0.7。

2. 分类管理的具体方法

将存货划分成A、B、C类后，再采取不同的管理方法。A类存货应按照每一个具体品种分别进行管理，经常检查这类存货的库存情况，严格控制该类存货支出。由于该类存货的品种数量很少，而占用企业资金很多，所以，企业应当也完全有能力对其实行按品种重点管理。B类存货的金额相对较小，数量也较多，企业可以通过划分类别的方式进行一般管理。C类存货尽管品种数量繁多，但所占金额却很小，企业通常只对其进行总量管理和控制。

运用存货ABC分类管理法，企业就可以做到分清主次，突出重点，兼顾一般。既可以加强存货的重点控制，又可以简化日常管理，从而提高存货资金管理的整体效率。

(二)适时制(JIT)库存控制系统

存货的适时制管理，又称零库存管理，最早是由丰田公司提出并将其应用于实践，是指通过合理规划企业的产供销过程，使从原材料采购到产成品销售每个环节都能紧密衔接，减少制造过程中不增加价值的作业，减少库存，消除浪费，从而降低成本，提高产品质量，最终实现企业效益最大化。

在这种管理模式下，要求企业具有高效的采购计划、极为可靠的供应商以及有效的存货处理系统。只有在使用之前才从供应商处进货，从而将原材料或配件的库存数量减少到最小；只有在出现需求或接到订单时才开始生产，从而避免产成品的库存。零存货是JIT的最高目标。但适时库存控制系统要求企业内外部全面协调与配合，一旦供应链破坏，或企业不能在很短的时间内根据客户需求调整生产，企业生产经营的稳定性将会受到影响，经营风险加大。目前，已有越来越多的企业如沃尔玛、海尔等，利用该系统实施零库存管理，并应用于企业整个生产管理过程中。

拓展阅读

信息时代的存货管理

一、物料需求计划管理

20世纪六七十年代物料需求计划(Material Requirements Planing,MRP)应用于生产管理上是存货管理的一大突破。MRP是一种以计算机为基础的生产计划与控制系统，它根据总生产进度计划中规定的最终产品的交货日期，规定必须完成各项作业的时间，编制所有较低层次零部件的生产进度计划，对外计划各种零部件的采购时间与数量，对内确定生产部门应进行加工生产的时间和数量。一旦作业不能按计划完成时，MRP系统可以对采购和生产进度的时间和数量加以调整，使各项作业的优先顺序符合实际情况，实现对企业的库存和生产的有效管理。MRP的基本原理就是由产品的交货期展开成零部件的生产进度日程与原材料、外购件的需求数量和需求日期，即将产品出产计划转换成物料需求表，并为编制能力需求计划提供信息。MRP的库存状态文件的数据主要有两部分：一部分是静态的数据，在运行MRP之前就确定的数据，如物料的编号、描述、提前期、安全库存等；另一部分是动态的数据，如总需求量、库存量、净需求量、计划发出(订货)量等。

20世纪80年代属于消费者导向阶段。市场对品质及产品多样化的要求，使生产模式进入多种少量阶段，此阶段信息系统的应用以MRPⅡ为主。MRPⅡ是将生产活动中的主要环节如销售、财务、成本、工程技术等与闭环MRP集成为一个系统,成为管理整个企业的一种综合性的制订计划的工具。它可在周密的计划下有效地利用各种制造资源,控制资金占用,缩短生产周期,降低成本,实现企业整体优化,以最佳的产品和服务占领市场。MRP和MRPⅡ的使用提高了存货管理的效率和精确度,但是MRP和MRPⅡ是按预测的需求编制的固定计划进行,是一种需求推动式的系统,它仍然认为存货成本在企业中是必须存在的。

二、企业资源规划管理

20世纪90年代至21世纪初的生产模式属于大量生产模式,信息系统的应用以企业资源规划(ERP)为主轴,涵盖研发、销售、生产、配送、服务与财务等所有资源,并加以整合,以达到快速应变及提升竞争力的目标。ERP是从MRP发展而来的新一代集成化管理信息系统,它扩展了MRP的功能,其核心思想是供应链管理。它跳出了传统企业边界,从供应链范围去优化企业的资源。ERP系统集信息技术与先进管理思想于一身,成为现代企业的运行模式,反映时代对企业合理调配资源,最大化地创造社会财富,成为企业在信息时代生存、发展的基石。它对于改善企业业务流程、提高企业核心竞争力具有显著作用。ERP在库存控制方面主要体现在控制存储物料的数量,以保证稳定的物流、支持正常的生产,但又最小限度地占用资本。它是一种相关的、动态的、真实的库存控制系统。这一系统的功能又涉及:为所有的物料建立库存,决定何时订货采购,同时作为采购部门采购、生产部门制订生产计划的依据;收到订购的物料,经过质量检验入库,生产的产品也同样要经过检验入库;收发料的日常业务处理工作记录。

三、供应链管理系统管理

进入21世纪后,企业内部的资源整合已不足以顺应全球竞争的需求。企业除强化其ERP系统外,还须整合供应链管理(Supply Chain Management,SCM)系统,网内网络与工作流程技术将内部资源与外部资源有效地结合在一起而形成虚拟竞争实体,进而适应未来电子商务及全球竞争的变局。供应链是由供应商、制造商、仓库、配送中心和渠道商等构成的物流网络。同一企业可能构成这个网络的不同组成节点,但更多的情况下是由不同的企业构成这个网络中的不同节点。供应链管理是指对整个供应链系统进行计划、协调、操作、控制和优化的各种活动和过程,其目标是要将顾客所需的正确的产品(Right Product)在正确的时间(Right Time),按照正确的数量(Right Quantity)、正确的质量(Right Quality)和正确的状态(Right Status)送到正确的地点(Right Place),并使总成本达到最佳化。供应链管理是围绕核心企业的网链关系,如核心企业与供应商、供应商的供应商的关系,与用户、用户的用户的关系。协调好该网络各个节点的供产销,由顾客需求确定销售量,根据销售量由生产制造商确定生产量,进而得出需要采购的原料数量,由供应商提供原料的供应量,该过程消除了一切不增值的过程,提高了生产运营效率。但是供应链管理对预测和内部控制提出了很高的要求。Riddalls and Bennett(2002)强调应该缓解需求放大或者是避免出现"长鞭"效应("Bullwhip" Effect)。

长期以来,学术界一直致力于改进存货管理系统,存货管理也随着经济环境的变化、信息技术的快速发展而不断改进,满足管理的要求。虽然管理理论不断丰富,但并不意味着以前的方法已经陈旧落后、不再适用,管理方法的选择与运用要根据实际情况,每个方法也不是孤立的,应根据各个方法的优缺点结合适用。

(资料来源:韩真真:《存货管理发展历程研究》,《商业会计》,2014年第7期。)

案例分析

丧失利润"奶牛"后,大飞距业绩变脸还有多远?

一、背景回顾

2004年12月15日,正当人们的目光还聚集在飞乐音响(600651)与清华系之间的收购事件上的时候,飞乐股份(600654)已经悄然出手,将其所持有的1 772万股飞乐音响股份悉数抛光,粗略计算,飞乐股份此次出售飞乐音响获利应在6 000万元以上。飞乐音响("小飞")一直被市场人士视为飞乐股份("大飞")的利润"奶牛"。然而在卖掉飞乐音响这只"奶牛"之后,一直隐藏在飞乐股份身上的问题也开始逐渐显露出来。飞乐股份多年来凭借出售飞乐音响带来的收益,才能不亏损,那飞乐股份明年的业绩靠什么来支撑呢?而更大的问题是,目前飞乐股份的财务状况存在着严重的隐患,那就是目前公司的资金大量外流且存在较大的坏账可能。

二、案例分析

截至2004年9月30日,飞乐股份的应收款项期末余额已经在7亿元左右,而飞乐股份对这些巨额的应收款项计提的坏账准备却明显偏低。以飞乐股份2004年半年时的数据为例,截至2004年6月30日,飞乐股份3年以上的应收款项总额为13 607万元,按照目前其他上市公司普遍实施的标准,3年以上的应收款项至少应计提50%以上的坏账准备,即计提金额应在6 803万元以上。然而实际上飞乐股份对这13 607万元的应收款项仅仅计提了680万元的坏账准备,少计提6 000万元以上。既然计提的坏账比例如此之低,是否意味着飞乐股份能够安全收回这些欠款呢?答案应该是否定的。2001年,飞乐股份账龄在3～5年的应收款项为6 436.93万元,账龄在5年以上的应收款项为2 244.3万元,而从2001年至今,飞乐股份账龄在3年以上的应收款项一直有增无减,因此可以判断,在目前飞乐股份3年以上的13 607万元应收款项中,有6 000万元左右的款项账龄可能已有6～8年,有2 000万元左右的款项账龄很可能已经超过了8年。由此看来,飞乐股份的应收款项出现巨额坏账的可能性极大,一旦飞乐股份加大应收款项的计提比例,无疑将会导致公司业绩的剧变。而目前飞乐股份数亿元的不良存货也很可能会成为导致公司业绩突变的不良因素。

三、小结

根据以往的经验来看,应收账款已经成为上市公司会计报表中一个十分"灵活"的会计科目。由于其绝大多数形成于企业的销售环节,具有"应收而未收"的特点,它的存在既在一定程度上反映了企业的经营绩效,也有可能因日后无法收回造成坏账损失,严重影响企业的经营业绩,甚至"刹那间"将企业由盈变亏。

(资料来源:新浪网财经纵横,2004年12月18日。)

职业能力训练

一、名词解释

营运资金　机会成本　现金浮游量　信用标准　信用条件　收账政策　经济进货批量　保本储存期　保利储存期

二、单项选择题

1. 企业为满足交易动机所持有的现金数量主要取决于(　　)。
A. 企业的支付能力　B. 企业的生产能力　C. 企业的偿债能力　D. 企业的销售水平
2. 不属于流动资产特点的是(　　)。
A. 形态的变动性　B. 数量波动大　C. 获利能力强　D. 投资回收期短
3. 企业将资金占用在应收账款上而放弃其他方面投资可获得的收益是应收账款的(　　)。
A. 管理成本　B. 机会成本　C. 坏账成本　D. 资金成本
4. 下列不属于信用条件的是(　　)。
A. 现金折扣　B. 数量折扣　C. 信用期间　D. 折扣期间
5. 在一定时期,当现金需要量一定时,同现金持有量成反比的成本是(　　)。
A. 管理成本　B. 资金成本　C. 短缺成本　D. 机会成本
6. 在存在商业折扣的情况下,与最优经济批量无关的成本有(　　)。
A. 储存成本　B. 购置成本　C. 进货成本　D. 资金成本
7. 在存货 ABC 管理中,将存货金额很大、品种数量很少的存货划分为(　　)。
A. A 类　B. B 类　C. C 类　D. A 类或 B 类
8. 企业既要充分发挥应收账款的作用,又要加强应收账款的管理,其核心是(　　)。
A. 加强销售管理　B. 制定适当的信用政策
C. 采取积极的收账政策　D. 尽量采用现款现货
9. 信用标准一般可用(　　)表示。
A. 坏账损失率　B. 信用期限　C. 折扣期限　D. 赊销额
10. 下列不影响应收账款机会成本大小的是(　　)。
A. 赊销净额　B. 应收账款平均回收期　C. 坏账损失率　D. 资金成本
11. 在一定范围内,下列不随现金持有量变动而变动的成本是(　　)。
A. 机会成本　B. 管理成本　C. 短缺成本　D. 转换成本
12. 下列现金的成本中,属于固定成本性质的是(　　)。
A. 现金管理成本　B. 持有现金的机会成本　C. 现金交易成本　D. 现金短缺成本
13. 下列对信用期限的叙述中,正确的是(　　)。
A. 信用期限越长,坏账发生的可能性越小　B. 延长信用期限,将会减少销售收入
C. 信用期限越长,客户享受的信用条件越优惠　D. 信用期限越长,收账费用越少
14. 企业在进行现金管理时,可利用的现金浮游量是指(　　)。
A. 企业账户所记存款余额　B. 企业账户与银行账户所记存款余额之差额
C. 银行账户所记企业存款余额　D. 企业实际现金余额超过最佳现金持有量之差
15. 企业持有短期有价证券,主要是为了维持企业资产的流动性和(　　)。
A. 企业良好的信用地位　B. 企业资产的收益性
C. 正常情况下的现金需要　D. 非正常情况下的现金需要
16. 基本经济进货批量模型所依据的假设不包括(　　)。
A. 一定时期的进货总量可以准确预测　B. 存货进价稳定
C. 存货耗用或销售均衡　D. 允许缺货的情况出现

三、多项选择题

1. 为了提高企业的现金使用效率,企业应当(　　)。
A. 加速收款并尽可能推迟付款　B. 尽可能使用支票付款
C. 使用现金浮游量　D. 力争现金流入与现金流出同步

2. 企业对顾客进行评估应当考虑的主要因素有(　　)。

A. 信用品质　　B. 偿付能力　　C. 资本和抵押品　　D. 经济环境

3. 下列项目中,与存货经济批量无关的是(　　)。

A. 储存变动成本　　B. 订货提前期　　C. 年度计划订货总量　　D. 存货单价

4. 提供比较优惠的信用条件,可增加销售量,但也会付出一定代价,主要有(　　)。

A. 应收账款机会成本　　B. 坏账损失　　C. 收账费用　　D. 现金折扣成本

5. 在确定经济订货量时,下列表述正确的有(　　)。

A. 随每次进货批量的变动,订货成本和储存成本呈反方向变化

B. 储存成本的高低与每次进货批量成正比

C. 订货成本的高低与每次进货批量成反比

D. 年储存总成本与年订货总成本相等时的采购批量,即为经济订货量

6. 企业持有现金的动机有(　　)。

A. 交易动机　　B. 预防动机　　C. 投资动机　　D. 投机动机

7. 现金成本包括(　　)。

A. 持有成本　　B. 转换成本　　C. 短缺成本　　D. 管理成本

8. 确定最佳现金持有量的存货模式考虑的成本主要是(　　)。

A. 机会成本　　B. 管理成本　　C. 短缺成本　　D. 转换成本

9. 加快现金回收的管理方法有(　　)。

A. 邮政信箱法　　B. 集中银行法　　C. 零余额账户法　　D. 账龄分析法

10. 构成企业信用政策的主要内容有(　　)。

A. 信用标准　　B. 信用条件　　C. 信用期限　　D. 收账政策

11. 下列属于存货功能的有(　　)。

A. 有利于企业的销售　　B. 防止生产中断　　C. 降低进货成本　　D. 提高企业的变现能力

12. 在存货的 ABC 管理中,对存货进行划分的标准有(　　)。

A. 存货的金额　　B. 存货的类别　　C. 存货的大小　　D. 存货的品种数量

13. 下列与现金周转期有关的因素有(　　)。

A. 存货周转期　　B. 应收账款周转期　　C. 应付账款周转期　　D. 生产周期

14. 现金最佳持有量的成本分析模式,不需要考虑的现金成本有(　　)。

A. 机会成本　　B. 短缺成本　　C. 管理成本　　D. 转换成本

15. 下列有关信用期限的表述中,正确的是(　　)。

A. 缩短信用期限可能增加当期现金流量　　B. 延长信用期限会扩大销售

C. 降低信用标准意味着延长信用期限　　D. 延长信用期限将增加应收账款的机会成本

四、判断题

1. 企业持有现金的动机主要是交易的动机和预防的动机。(　　)

2. 赊销是扩大销售的有力手段之一,企业应尽可能放宽信用条件,增加赊销量。(　　)

3. 在集中银行制方法的企业里,收账中心将每天收到的货款汇入集中银行,以加速账款回收。(　　)

4. 应收账款管理的基本目标是尽量减少应收账款的数量,降低应收账款投资的成本。(　　)

5. 信用标准是企业接受客户赊销要求时,客户必须具备的最高财务能力。(　　)

6. 只要花费必要的收账费用,积极做好收账工作,坏账损失是可以完全避免的。(　　)

7. 存货管理的目标是以最低的存货成本保证企业生产经营的顺利进行。(　　)

8. 为保证企业生产经营所需现金,企业持有的现金越多越好。(　　)

9. 存货采购批量越大,持有成本越高,订货成本越低。(　　)

10. 加速收款是提高现金使用效率的重要策略之一,因此要努力把应收账款降低到最低水平。(　　)

11. 由于现金的管理成本是相对固定的，所以在确定现金最佳持有量时可以不加以考虑。（ ）

12. 订货的经济批量大小与订货提前期的长短没有关系。（ ）

五、简答题

1. 营运资金有哪些特点？
2. 简述营运资金的三种筹资政策。
3. 现金管理的主要目标是什么？
4. 简述现金日常收支管理的主要方法。
5. 简述应收账款管理的主要内容。
6. 简述存货 ABC 分类管理的主要方法。

六、实务训练题

1. 某公司现金收支平稳，预计全年现金需求量为90 000元，现金与有价证券的转换成本为每次 400 元，有价证券年收益率为 8%。

要求：

(1)计算该公司最佳现金持有量；

(2)计算最佳现金持有量下的现金管理总成本、转换成本和机会成本；

(3)计算最佳现金持有量下有价证券的最佳交易次数和交易间隔期。

2. 某公司预测的年度赊销收入为5 500万元，总成本为4 850万元(其中，固定成本1 000万元)，信用条件为“$n/30$”，资金成本率为 10%。该公司为扩大销售，拟订了 A、B 两个信用条件方案。

A 方案：将信用条件放宽到“$n/60$”，预计坏账损失率为 4%，收账费用为 80 万元。

B 方案：将信用条件放宽到“2/10、1/20、$n/60$”，估计有 70%的顾客会利用 2%的折扣，10%的顾客会利用 1%的现金折扣，坏账损失率为 3%，收账费用为 60 万元。

要求：计算确定该公司应选择何种信用条件方案。

3. 某企业只生产一种产品，每年赊销额为 450 万元。该企业变动成本率为 60%，资金成本率为 12%。该企业现有 A、B 两种收账政策可供选择：A、B 两种收账政策的平均收账期分别是 60 天和 40 天，年收账费用分别为 2 万元和 3.5 万元，坏账损失率分别是 3%和 2%。

要求：对上述收账政策进行决策。

4. 某公司预计年耗用某材料 80 000 千克，单位采购成本为 20 元，单位储存成本为 10 元，平均每次进货费用为 40 元，假设该材料不存在短缺情况。

要求：

(1)计算该材料的经济订货量；

(2)计算经济进货量下的总成本；

(3)计算经济进货批量的平均占用资金；

(4)确定年度最佳进货次数。

5. 某企业每年需要甲材料8 000件，每次订货成本为 160 元，每件材料的年储存成本为 6 元，该种材料的单价为 25 元/件，一次订货量在2 000件以上时可获得 3%的折扣，在3 000件以上时可获得 4%的折扣。

要求：计算确定对企业最有利的进货批量。

项目八

收益分配管理

导学案例

银座集团股份有限公司2013年度利润分配实施公告的部分内容：

银座集团股份有限公司2013年度利润分配方案已经在2014年6月27日召开的公司2013年度股东大会审议通过，该次股东大会决议公告已披露于2014年6月28日《上海证券报》《中国证券报》及上海证券交易所网站。

一、发放年度：2013年度

二、分配方案：本次分配以公司2013年12月31日的总股本520 066 589股为基数，向全体股东每10股派发现金红利0.70元(含税)，共计派发股利36 404 661.23元。

三、实施日期

1. 股权登记日：2014年8月19日

2. 除权(除息)日：2014年8月20日

3. 现金红利发放日：2014年8月20日

四、分派对象

截至2014年8月19日下午上海证券交易所收市后，在中国证券登记结算有限责任公司上海分公司登记在册的全体股东。

利润分配关系到企业内外部关系人的权益，需要在股利分配理论的支撑下选择适合的股利政策，并由股东大会来决议利润分配的方案。从利润分配实施公告看出，上市公司的利润分配方案涉及股利分配政策、股利支付形式以及股权登记日、除权日等重要因素。

1. 业务流程图

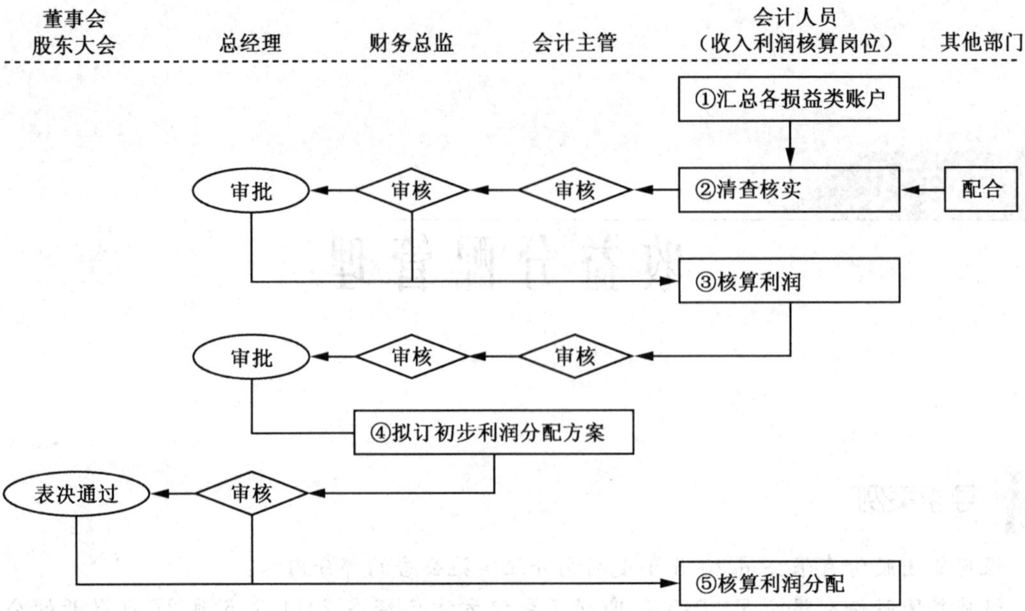

2. 主要岗位职责

职责内容

（1）熟悉利润核算与分配程序，如实反映企业利润的形成和分配情况。
（2）根据企业目标利润和销售计划、成本计划等资料，编制利润计划并落实到有关部门，督促保证利润指标的实现。
（3）按规定计算利润分配，负责利润的明细核算。
（4）编制利润表进行利润的分配和考核，分析评价利润计划的执行情况，提出增收节支、扩大利润的建议和措施。

任务一　收益分配概述

【知识目标】

1. 理解收益分配的原则；
2. 理解收益分配的程序。

【技能目标】

1. 学会运用收益分配原则；
2. 学会收益分配程序的应用。

收益分配是将一定时期内所创造的经营成果合理地在企业内外部各利益相关者之间进行有效分配的过程，是一种利用财务手段确保经营成果的合理归属和正确分配的管理过程。对企业而言，收益分配是资产保值增值的手段，也是扩大再生产的工具。狭义的收益分配一般是指对企业净收益的分配。

一、收益分配的基本原则

(一)依法分配原则

企业收益分配必须依法进行。为了规范企业的收益分配行为,维护各利益相关者的合法权益,国家颁布了相关法规。这些法规规定了企业收入分配的基本要求、一般程序和重要比例,企业应当认真执行,不得违反。

(二)分配与积累并重原则

企业赚取的净收益,除进行分配外还要注意形成企业的积累。积累的留存收益不仅为企业扩大再生产筹措了资金,同时也可增强企业抗风险能力,平抑收益分配数额波动,提高了经营的稳定性和安全性。

(三)兼顾各方利益原则

企业是经济社会的基本单元,企业的收入分配涉及国家、企业股东、债权人、职工等多方面的利益。正确处理它们之间的关系,协调其矛盾,对企业的生存、发展是至关重要的。企业在进行收益分配时,应当统筹兼顾,维护各利益相关者的合法权益。

(四)投资与收入对等原则

企业进行收益分配应当体现“谁投资谁受益”、收入大小与投资比例相对等的原则。这是正确处理投资者利益关系的关键。企业在向投资者分配收入时,应本着平等一致的原则,按照投资者投资额的比例进行分配,不允许任何一方随意多分多占,以从根本上实现收益分配中的公开、公平和公正,保护投资者的利益。

二、收益分配的程序

收益分配关系着国家、企业及所有者各方面的利益关系,必须严格按照国家的法令制度执行,根据我国《公司法》及相关法律制度的规定,企业的净收益应按照以下顺序分配:

(一)弥补以前年度亏损

企业在提前法定公积金之前,应先用当年利润弥补以前年度亏损。企业年度亏损可以用下一年度税前利润弥补,下一年度不足弥补的,可以在 5 年内用税前利润连续弥补,连续 5 年未弥补的亏损可以用税后利润弥补。

(二)提取法定盈余公积金

法定盈余公积金按照税后净利润的 10%提取,法定盈余公积金已达注册资本的 50%时可不再提取。提取的法定盈余公积金用于弥补亏损或转增资本金。但转增资本金后留存的法定盈余公积金不得低于注册资本的 25%。

(三)提取任意公积金

经股东会或股东大会决议,公司还可以从税后利润中提取任意公积金,满足企业经营管理需要,控制向投资者分配利润的水平,以及调整各年度利润分配的波动。

(四)向投资者分配利润或股利

公司弥补亏损和提取公积金后所余税后利润,可以向股东分配股利,企业以前年度未分配的利润,可以并入本年度分配。

任务二 制定股利政策与方案

【知识目标】

1. 理解股利分配理论的基本特点；
2. 掌握股利的分配程序和股利发放日程；
3. 理解股票分割与股票回购。

【技能目标】

1. 学会运用股利理论选择合适的股利政策；
2. 学会按照程序分配股利并确定股利发放日程；
3. 学会计算分析股票分割与股票回购。

一、股利分配理论

股利政策是在法律允许的范围内，公司是否发放股利、发放多少股利以及何时发放股利的方针及对策。股利政策的最终目标是使企业价值最大化，股利可以向市场传递企业信息，是投资者预测公司经营状况、发展前景的依据，成功的股利政策有利于提高公司的市场价值。

企业的股利分配方案取决于企业的股利政策，又取决于决策者对股利分配的理解与认识，即股利分配理论。股利分配理论是指人们对股利分配的客观规律的科学认识与总结，其核心问题是股利政策与公司价值的关系问题。在市场经济条件下，股利分配要符合财务管理目标，关于股利分配与财务目标之间的关系，存在着不同观点，但主要理论包括股利无关论和股利相关论两种。

(一)股利无关论

股利无关论认为，在一定的假设条件限制下，股利政策不会对公司的股票价格或公司价值产生影响，投资者不关心公司股利分配。公司的股票价格由公司投资决策的获利能力和风险组合决定，与公司收益分配政策无关。该理论是建立在完全资本市场理论之上的，有着严格的假设条件，包括：(1)资本市场具有强势效率，没有交易成本，没有任何一个股东的实力足以影响股票价格；(2)没有任何筹资费用(包括股票发行和交易费用)；(3)不存在任何公司和个人所得税；(4)公司的投资决策和股利决策是彼此独立的，即股利政策不影响投资决策；(5)股东对股利收入和资本增值并无偏好。

(二)股利相关论

与股利无关论相反，股利相关论认为企业的股利政策会影响股票价格和公司价值。代表性观点主要有：

1. 股利重要论

股利重要论认为，用留存收益再投资带给投资者的收益具有很大的不确定性，并且投资风险将随着时间的推移而进一步增大，因此，投资者更喜欢现金股利，而不喜欢将利润留给公司，公司的股利政策与股票价格密切相关，当公司支付较高的股利时，公司的股票价格会随之上升，公司价值将得到提高。用西方一句格言形容就是“双鸟在林，不如一鸟在手”，所以股利重要论也被称为“手中鸟”论。

2. 信号传递论

信号传递论认为，在信息不对称的情况下，公司可以通过股利政策向市场传递有关公司未来盈利能力的信息，从而影响公司股票价格。对市场上的投资者来讲，股利政策的差异或许就是反映公司预期获利能力的极有价值的信号。一般来说，如果公司连续保持较为稳定的股利支付率，那么，投资者就可能对公司未来的盈利能力与现金流量抱有较为乐观的预期；反之，如果股利支付忽然产生波动或者下降，投资者会认为是公司经营状况变坏的信号，股价就会下跌。所以股利政策与股票价格是相关的。

3. 所得税差异理论

所得税差异理论认为，考虑到纳税的影响，资本利得的收入比股利收入更有利于实现企业价值最大化的目标，企业应采用低股利政策。因为一般而言，资本利得收入征收的税率低于对股利收入征收的税率，征税的差异使得公司的股利支付政策不仅会对公司的市场价值产生不同的影响，而且也会使公司和个人的税收负担出现差异，因而使得投资者更喜欢资本利得，而不愿多得股利。

4. 代理理论

代理理论认为，股利政策有助于减缓管理者与股东之间的代理冲突，即股利政策是协调股东与管理者之间代理关系的一种约束机制。该理论认为，股利的支付能够有效地降低代理成本。首先，股利的支付减少了管理者对自由现金流量的支配权，这在一定程度上可以抑制公司管理者的过度投资或在职消费行为，从而保护外部投资者的利益；其次，较多的现金股利发放，减少了内部融资，导致公司进入资本市场寻求外部融资，从而公司将接受资本市场上更多的、更严格的监督，这样便通过资本市场的监督减少了代理成本。因此，高水平的股利政策降低了企业的代理成本，但同时增加了外部融资成本，理想的股利政策应当使两种成本之和最小。

二、股利政策

股利政策是股份公司财务管理的重要内容之一，不仅影响股东财富，也会影响企业形象和公司价值。股利政策由企业在不违反国家有关法律、法规的前提下，根据本企业具体情况制定。股利政策既要保持相对稳定，又要符合公司财务目标和发展目标。股利政策的关键问题是确定分配和留存的比例，即股利支付率问题。归纳起来，主要有以下四种股利政策：

(一)剩余股利政策

剩余股利政策是指在企业确定的最佳资本结构下，税后净收益首先要满足公司的投资需求，如果还有剩余才用于分配股利。这是一种投资优先的股利政策，是股利无关论在股利政策实务上的具体应用。根据股利无关论，股利政策不会影响公司股票价格，公司在有较好的投资机会时，可以少分配甚至不分配股利，而将留存收益用于再投资。根据这一股利政策，可以按照以下步骤确定股利分配额：

(1)确定企业目标资金结构下的投资预算；

(2)确定为达到目标资金结构所需增加的留存收益的数额；

(3)最大限度地使用留存收益来满足投资方案所需的权益资金数额；

(4)在满足上述需要后，将剩余利润分配给投资者。

【做中学 8－1】 华信公司 2014 年提取了公积金、公益金后的税后净利为 800 万元，2015 年的投资计划所需资金 1 000 万元，公司的目标资金结构为权益资金占 60%、债务资金占 40%。按照目标资金结构的要求，公司投资方案所需的权益资金数额为多少？根据剩余股利政策，可以发放的股利是多少？

投资所需权益资金＝1 000×60％＝600（万元）

按照剩余股利政策的要求，公司当年全部可用于分配的利润为800万元，除了满足上述投资方案所需的600万元权益性资本额外，还有剩余可以用于发放股利。

华信公司2015年向投资者发放股利数额＝800－600＝200（万元）

剩余股利政策的优点是留存收益优先满足投资机会的需要并保持理想的资金结构，可以降低筹资成本，使综合资金成本最低。缺点是股利发放会随投资机会和盈利水平波动，导致股利支付不稳定，不能得到希望取得稳定收入股东的满意；同时，在投资机会不变的情况下，股利发放额会因公司盈利的波动而波动，不利于投资者安排收入和支出，也不利于树立企业良好的财务形象。所以该政策一般适用于公司初创阶段。

（二）固定或稳定增长股利政策

固定或稳定增长股利政策是指公司每年支付固定股利额或在此基础上维持某一固定比例逐年稳定增长，股利不随经营状况的变化而变动，公司只有在预期未来收益不会发生逆转时才会实施这种股利政策。这是一种稳定的股利政策。依据股利相关论，公司的股利政策会对股票价格产生影响，稳定的股利发放是向投资者传递企业经营状况良好的信息。

固定股利政策的优点是固定的股利有利于公司树立良好的形象，稳定公司股票价格，从而增强投资者对公司的信心；同时，稳定的股利有利于投资者安排收入与支出，特别是那些对股利有较强依赖性的股东更是如此。

固定股利政策的缺点在于股利支付与公司盈利能力相脱节，当盈利较低时仍要支付较高的股利，容易引起公司资金短缺，导致财务状况恶化；并且股利支付可能会影响投资计划的实施，或使公司的资本结构偏离目标值，从而加大资本成本。所以该政策通常适用于收益比较稳定或正处于成长期、财务状况也较稳定的公司。

（三）固定股利支付率政策

固定股利支付率政策是指公司每年都按一个固定的股利支付率从税后利润中支付股利，股利支付率一旦确定，不得随意变更。在该政策下，税后利润计算确定后，股利就确定了，股利支付率越高，留存收益越少。

该政策的优点是使企业的股利支付与企业的盈利状况密切相关，每年的股利随着公司收益变动而变动，体现了“多盈多分、少盈少分、无盈不分”的股利分配原则；体现投资收益均衡原则，股利的多少与公司的利润正相关，从企业支付能力的角度看，这是一种稳定的股利政策。其不足之处在于，由于股利波动容易使外界产生公司经营不稳定的印象，不利于股票价格的稳定与上涨，不利于公司的成长，同时，确定一个合适的固定股利支付率的难度很大。所以该政策只适用于处于成熟期、盈利相对比较稳定的公司。

【做中学8－2】 富安公司长期以来采用固定股利支付率政策进行股利分配，确定的股利支付率为40％。2014年可供分配的税后利润为1 000万元，如果仍然继续执行固定股利支付率政策，公司本年度将要支付的股利为多少？

本年度将要支付的股利＝1 000×40％＝400（万元）

（四）低正常股利加额外股利政策

该政策要求企业每年按固定的数额向股东支付较低的正常股利，当企业盈利较多、资金较充裕时，再根据实际需要，向股东发放高于正常股利的额外股利。但是，额外股利并不固定化，不意味着公司永久地提高了股利支付额。

该政策的优点是具有较大灵活性，可给企业在股利支付上有较大的财务弹性。公司可根据每年的具体情况，选择不同的股利发放水平，以稳定和提高股价，进而实现公司价值的最大化；同时，使那些依靠股利度日的股东每年至少可以得到较低但稳定的股利收入，从而吸引这部分股东。

该政策的缺点是额外股利会随公司盈利波动不断变化，容易给投资者以公司收益不稳定的感觉，并且若公司在较长时期持续发放额外股利时，容易被股东认为是"正常股利"，而一旦取消，可能会使股东误认为是公司财务状况恶化的表现，引起公司股价下跌。

相对来说，低正常股利加额外股利政策能较好地将灵活性和稳定性结合起来，因而为许多企业所采用。

三、股利分配方案

确定股利分配方案主要考虑四方面的内容：

(一)选择制定适当的股利分配政策

股利分配政策会影响股东利益、公司的正常运营以及未来的发展，因此，制定恰当的股利政策显得尤为重要。由于股利政策各有利弊，所以公司在选择股利政策时，要遵循收益分配的原则，综合考虑各种具体影响因素。

企业在不同的成长发展阶段可以选用的股利政策见表 8－1。

表 8－1　　企业在不同成长发展阶段适用的股利政策

企业发展阶段	特　点	适用的股利政策
初创阶段	投资需求强，融资能力弱，经营风险高	剩余股利政策
快速发展阶段	投资规模快速扩张，发展迅猛	低正常股利加额外股利政策
稳定增长阶段	销量稳定，市场竞争力强，行业地位稳固，投资需求降低，每股收益稳步增长	固定或稳定增长股利政策
成熟阶段	产品市场趋于饱和，企业盈利水平保持稳定，利润和资金积累量多	固定股利支付率政策
衰退阶段	销量减少，获利能力和股利支付能力减弱	剩余股利政策

(二)确定股利支付水平

股利支付水平通常用股利支付率来衡量。股利支付率是发放股利与净利润之比，发放股利越多，股利支付率越高，对股东和潜在投资者的吸引力就越高，可能会使公司股票供不应求，从而提高股价，而股价越高，对公司吸引投资、再融资越有利。但是过高的股利支付率会使公司留存收益减少，如果为维持高股利支付率而大量举债则又会增加资金成本，最终影响公司的未来收益和股东权益。

股利支付率是股利分配政策的核心，是否发放股利以及确定多高的股利支付率通常取决于公司下列因素：企业所处的经营周期、企业的投资机会、企业的筹资能力及成本、股利政策的信号传递功能、企业的资本结构、股东偏好和通货膨胀等因素。

(三)确定股利支付形式

1. 现金股利

现金股利，是以现金支付的股利，是企业最常见、也最易被投资者接受的股利支付方式。公司选择支付现金股利时，除了要有足够的留存收益之外，还要有足够的现金，而现金充足与否已成为发放现金股利最主要的制约因素。

2. 财产股利

财产股利，是以现金以外的其他资产支付的股利，主要是以公司所拥有的其他公司的有价证券，如债券、股票等，作为股利支付给股东。

3. 负债股利

负债股利，是以负债方式支付的股利，通常以公司的应付票据支付给股东，有时也以发放公司债券的方式支付股利。财产股利和负债股利实际上是现金股利的替代，但这两种股利支付形式在我国公司实务中很少使用。

4. 股票股利

股票股利，是企业以股票形式发放股利，通常也称其为"红股"。股票股利的支付不会引起公司资产流出或负债增加，也不会导致公司的财产减少，只是将公司的留存收益转化为股本，所以不会改变股东权益总额，只是股东权益内部结构的调整，但股票股利的发放会增加流通在外的股票数量，降低股票的每股价值。

【做中学 8－3】 某上市公司在 2014 年发放股票股利前，其资产负债表上的股东权益账户情况如下(单位：万元)：

股东权益：	
普通股(面值 1 元，流通在外 2 000 万股)	2 000
资本公积	4 000
盈余公积	2 000
未分配利润	3 000
股东权益合计	11 000

假设该公司宣布发放 30％的股票股利，现有股东每持有 10 股，即可获得赠送的 3 股普通股。该公司发放的股票股利为 600 万股，随着股票股利的发放，未分配利润中有 600 万元的资金要转移到普通股的股本账户上去，因而普通股股本由原来的2 000万元增加到2 600万元，而未分配利润的余额由3 000万元减少至2 400万元，但该公司的股东权益总额并未发生改变，仍是11 000万元，但股东权益的结构发生了变化。股票股利发放之后的资产负债表上股东权益部分如下(单位：万元)：

股东权益：	
普通股(面额 1 元，流通在外 2 600 万股)	2 600
资本公积	4 000
盈余公积	2 000
未分配利润	2 400
股东权益合计	11 000

假设股东派发股票股利之前持有公司的普通股为 3 000 股，那么他拥有的股权比例为：

3 000 股/2 000 万股＝0.015％

派发股利之后，他拥有的股票数量和股份比例为：

3 000＋900＝3 900(股)

3 900 股/2 600 万股＝0.015％

通过上例可以说明，由于公司的净资产不变，而股票股利派发前后每一位股东的持股比例也没有变化，那么他们各自持股所代表的净资产也不会改变。

从表面上来看，除了所持股数增加之外，股票股利好像并没有给股东带来直接收益，事实上并非如此。理论上派发股票股利之后的每股价格会成比例降低，保持股东的持有价值不变，但实务中这并非是必然的结果。因为市场和投资者普遍认为，公司发放股票股利往往预示着公司会有较大的发展和成长，这样的信息传递不仅会稳定股票价格甚至可能使股价不降反升。另外，如果股东把股票股利出售，变成现金收入，还会给他带来资本利得纳税上的好处。所以股票股利对股东来说并非像表面上看到的那样毫无意义。

对公司来讲，股票股利的优点主要有：第一，股利分配无须支付现金，使公司留存了大量现金用于再投资，有利于公司的长期发展。第二，发放股票股利可以降低公司股价，吸引更多投资者，促进股票的交易流通。第三，股利降低使更多投资者成为公司的股东，可以分散股权，有效防止公司被恶意控制。

四、股利的支付程序

公司股利的发放必须遵守相关要求，按照日程安排来进行。一般情况下，先由董事会提出分配预案，然后提交股东大会决议，股东大会决议通过才能进行分配。股东大会向股东宣布发放股利的方案时要明确以下几个日期：

（一）预案公布日

预案公布日即董事会向社会公开发布分红预案的日期。分红预案包括本次分红的数量、方式，股东大会召开的时间、地点及表决方式等。

（二）股利宣告日

股利宣告日即董事会将股利支付情况予以公告的日期。公告中将宣布每股股利、股权登记日、除息日和股利支付日等事项。

（三）股权登记日

股权登记日即有权领取本期股利股东资格的登记截止日期。只有在股权登记日前在公司股东名册上登记在册的股东，才有权分享股利，在此日之后取得股票的股东则无权享受已宣布的股利。

（四）除权（除息）日

除权（除息）日即领取股利的权利与股票相互分离的日期。在除权（除息）日前，持有股票者享有领取股利的权利；从除权（除息）日当天或是以后购入股票的股东不能分享本期股利。因为失去收息的权利，除权（除息）日之后，股票价格会下跌。除权（除息）日为股权登记日的下一个交易日。

（五）股利支付日

股利支付日即向股东发放股利的日期。在这一天，公司按公布的分红方案向股权登记日在册的股东实际支付股利。

【做中学8－4】　某上市公司于2015年4月10日公布2014年度的年度分红方案，其发布的公告如下："2015年4月9日在北京召开的股东大会，通过了2015年4月2日董事会关于每股分派0.2元的股息分配方案。股权登记日为4月25日，除息日是4月26日，股东可在5月10日至25日之间通过深圳交易所按交易方式领取股息。特此公告。"

根据题意，4月2日为预案公布日，4月10日为股利宣告日，4月25日为股权登记日，4月26日为除息日，5月10日至5月25日为股利支付期间。

五、股票分割与股票回购

(一)股票分割

1. 股票分割的含义

股票分割又称拆股，是将一股股票拆分为多股股票的行为。股票分割可以增加公司发行在外的股票数额，使每股账面价值下降，但对公司的资产总额、负债总额、股东权益总额以及股东权益内部各项目之间的比例关系都不会产生影响。

2. 股票分割的意义

(1)降低股票价格。股票分割会使每股市价降低，买卖该股票所需资金量减少，从而可以促进股票的流通和交易，使公司的股东更为广泛。流通性的提高和股东数量的增加，会在一定程度上加大对公司股票恶意收购的难度。

(2)传递公司经营良好的信号。股票分割一般是成长中的公司所为，因此，股票分割通常被认为是一种利好消息而影响股价，公司股东可以从股票数量和股票价格中获得相对收益。

(3)为新股发行做准备。在发行新股之前，通过股票分割降低股价，可以促进股票交易和流通，吸引投资者的关注，促进新股的发行。

【做中学 8－5】 某上市公司在 2014 年年末，其资产负债表上的股东权益账户情况如下(单位：万元)：

股东权益：	
普通股(面值 10 元，流通在外 1 000 万股)	10 000
资本公积	20 000
盈余公积	4 000
未分配利润	5 000
股东权益合计	39 000

要求：

(1)假设该公司宣布发放 10 股送 3 股的股票股利，即现有股东每持有 10 股，即可获得赠送的 3 股普通股。发放股票股利后，股东权益有何变化？每股净资产是多少？

(2)假设该公司按照 1∶5 的比例进行股票分割，股票分割后，股东权益有何变化？每股的净资产是多少？

(1)发放股票股利后股东权益情况如下(单位：万元)：

股东权益：	
普通股(面值 10 元，流通在外 1 300 万股)	13 000
资本公积	20 000
盈余公积	4 000
未分配利润	2 000
股东权益合计	39 000

每股净资产＝39 000/(10 000＋3 000)＝3(元/股)

(2)股票分割后股东权益情况如下(单位：万元)：

股东权益：	
普通股(面值2元，流通在外5 000万股)	10 000
资本公积	20 000
盈余公积	4 000
未分配利润	5 000
股东权益合计	39 000

每股净资产＝39 000/(10 000×5)＝0.78(元/股)

(二)股票回购

1. 股票回购的含义

股票回购是上市公司出资将其发行在外的普通股以一定价格购买回来予以注销或作为库存股的一种资本运作方式。公司不得随意收购本公司的股份，必须满足相关法律规定才允许股票回购。

2. 股票回购的意义

股票回购在西方已经被作为一种理财手段广泛应用，对公司和投资者的意义在于：

(1)公司可以用回购的股票交换被收购或被兼并公司的股票，也可以用来满足认股权证持有人认购公司股票或可转换债券持有人转换公司普通股的需要。

(2)通过股票回购，可以减少流通在外的股数，稳定并提高股价，以向市场和投资者传递公司真正的投资价值，树立公司形象，吸引投资并且可以增大收购难度，避免公司落入被他人控制的局面。

(3)股票回购可以改变公司的资本结构，加大负债比例，提高财务杠杆的水平，从而降低整体资金成本。

(4)当公司拥有多余资金而又没有把握长期维持高股利政策时，以股票回购的方式替代现金股利，将多余现金分给股东，可避免过大的股利波动；并且对股东来讲，与现金股利相比，可以节约个人税收，具有更大的灵活性。

同时，股票回购对上市公司带来不同程度的影响：第一，股票回购需要大量资金支付回购成本，容易造成资金紧张，降低资产流动性，影响公司的后续发展；第二，股票回购无异于股东退股和公司资本的减少，也可能会使公司的发起人股东更注重创业利润的实现，从而不仅在一定程度上削弱了对债权人利益的保护，而且忽视了公司的长远发展，损害公司的根本利益；第三，股票回购容易导致公司操纵股价，公司可能会利用内幕消息对自己的股票进行炒作，损害投资者利益。

拓展阅读

高分红的用友软件：是好公司还是坏公司

在国内上市公司中，用友软件是一家很特别的公司。自从2001年上市以来，用友软件每年都采取高分红派息的做法，在“铁公鸡”遍地都是的国内资本市场，用友软件显得很另类。不过也正因为此，外界对用友软件的高分红做法也是议论纷纷，有的认为高分红“肥”了用友公司总裁王文京，因为他是最大股东；有的分析人士则认为，连续多年的高分红证明用友软件是一家优秀的企业。

在很多人眼里,王文京是"知识创造财富"这句话最生动的诠释。他15岁就考上江西财经大学,19岁大学毕业后进入国务院机关事务管理局财务司工作。在这段时间,王文京起草了中央国家机关行政会计制度,负责实施中央国家机关行政会计电算化工作,仕途一帆风顺。但是王文京却在1988年"下海"了,他和同事苏启强一起辞职,借款5万元在中关村注册成立用友财务软件服务社。

1999年,用友集团公司从有限责任公司变更为股份有限公司,注册资本最终增至7 500万元。2001年5月,用友软件股票在上海证券交易所挂牌上市。在上市后第一年,用友就采取了高现金分红的做法,每股派送红利0.6元(税前),而后用友软件一发不可收拾。记者在上海证券交易所网站上查到,2002～2013年,用友软件每年都派送红利,最高的是2007年财季,每股派送1元红利;最低的是2010年财季,每股派送0.22元红利。按照此表格计算,2002～2013年,用友现金分红近17亿元,而最近的这次现金分红金额达到2.91亿元。

"反王派":只肥了大股东,普通投资者受益甚微

证监会一位人士此前表示,我国上市公司分红股利支付率总体偏低,2001～2013年上市公司现金分红占净利润的比例约为25%,而国际成熟市场该比例通常在40%至50%之间。相比国内大部分上市公司,用友的分红比例却高得吓人,特别是近年来:2010年,用友分红1.8亿元,占净利润的比例为54%;2011年,用友分红3.26亿元,占净利润的比例超过60%;2013年,用友分红2.91亿元,占净利润的比例超过65%。

有分析人士认为,大股东持股比例高的上市公司,一般都愿意分红,对于用友和王文京而言,上市前两年的分红,他的股本就已经赚回去了。而现在用友股价不高,分红比套现更合适。用友软件上市之初,董事长王文京通过直接和间接方式共持有55.2%的股份。经过股改和套现后,王文京的持股比例不足50%。而且大股东持股成本比普通投资者要低很多,用友软件上市之初的股本中,王文京等法人股东以8 000万元拥有7 500万股,普通投资者花了9亿多元才拥有2 500万股。大股东和普通投资者的持股成本差异巨大,这也注定分红更有利于大股东。

"挺王派":能做到持续可分红的就是好公司

但也有人认为,持续高现金分红最能考验一个公司的经营能力、盈利能力,不是一般的公司能做得到的。用友软件能做到这点,说明这是一家好公司。王文京持股比例是比较高,但不在分红上,股东是人人平等的。高分红是不是过度,是不是应该?主要是看高分红之后有没有掏空、拖垮公司。而用友这些年一直高分红,给股东较大的回报,同时分红后又能保持稳定的增长和盈利能力,这样的公司是优秀的,是上市公司里不多见的。

而且,证监会要求上市公司积极分红,并采取了具体措施。2008年证监会制定了《关于修改上市公司现金分红若干规定的决定》,就分红问题提出了具体要求。2011年11月,证监会又发布了公告,要求上市公司在年报中明确披露前3年现金分红的数额、与净利润的比率。2013年11月,证监会又制定了《上市公司监管指引第3号——上市公司现金分红指引》,就现金分红的优先顺序及对中小股东的权益保护等方面做出指引。

优秀的上市公司应该做到每年分红,甚至按季分红。

(资料来源:中国证券网。)

案例分析

贵州茅台的股利分配政策特征及原因分析

贵州茅台于1999年11月20日由中国贵州茅台酒厂有限责任公司作为主发起人，联合贵州茅台酒厂技术开发公司等其他七家公司共同发起设立，2001年8月27日在上海证券交易所上市。贵州茅台是国内白酒行业的标志性企业，主要生产销售茅台酒，同时进行饮料、食品、包装材料的生产和销售，防伪技术开发，信息产业相关产品的研制开发。其生产的茅台酒是我国酱香型白酒的代表，享有“国酒”的美誉。

贵州茅台自2001年上市以来总计向A股流通股股东派现12次共计88.77亿元，却只进行过一次募资，募资金额为22.44亿元，其派现金额是募资金额的3.96倍，远高于市场平均水平，在业内享有“现金奶牛”的美称。贵州茅台2009～2013年的股利分配情况如下表所示。

报告年度	分红方案(每10股)		
	送股(股)	转增(股)	派息(税前)(元)
2013	0	0	64.19
2012	0	0	39.97
2011	1	0	23
2010	0	0	11.85
2009	0	0	11.56

分析：从贵州茅台近5年的股利分配情况可知其股利政策的特征：

(1)连续性。自2001年上市以来，贵州茅台坚持每年以发放现金股利回报投资者。

(2)增长性。贵州茅台的股利支付水平平稳增长，2009年每股派现11.85元，2010年推出每10股1股并派现23元，创下了A股派现之最，股利支付率一直保持在20%～30%之间，而2011～2013年的股利支付率均超过了40%。

(3)高股利。贵州茅台的每股现金股利和股利支付率水平较高，每股现金股利甚至比行业平均水平高出数十倍。

高派现股利政策的深层原因探析：

(1)股权结构影响。贵州茅台的第一大股东是贵州茅台酒厂有限责任公司，持有法人股占总股本的61.8%，处于绝对控股地位，属于典型的“一股独大”企业。公司的实际控制人是贵州省国资委，其对分配的现金股利享有收益权。所以，当地方财政吃紧时，当地政府便会考虑借助贵州茅台近年来所派发的高额现金股利来合法地补充本地财政收入。贵州茅台的高派现行为实质上是为其实际控制人补充收入。

(2)投资机会不足。公司近年来与主营业务相关的项目投资建设仅占未分配利润的20%，对外投资更是少得可怜，还鲜有长期借款和临时负债，更无从谈及发挥财务杠杆作用了。投资机会的减少使企业闲置资金增多，资金收益水平下降，投资机会成本加大。

(3)信号传递理论影响。贵州茅台透过高派现股利政策向外界显示出公司管理当局对于企业未来经营业绩的坚定信心，不仅有利于增强投资者对公司的信心，还有助于对外营造一个良好的公众形象，真正体现出对投资者的价值回馈。

(资料来源：《商业会计》，2013年第5期。)

职业能力训练

一、名词解释

收益分配　股利政策　剩余股利政策　股利支付率　股权登记日　除息日　股票分割　股票回购

二、单项选择题

1. 下列各项中，不属于企业利润分配的项目为(　　)。

A. 法定盈余公积金　B. 任意盈余公积金　C. 股利　D. 资本公积金

2. 按照剩余股利政策，假定某公司目标资本结构即权益资本，负债资本为5∶3，明年计划投资600万元，今年年末股利分配时，应从税后净利中保留(　　)万元用于投资需要，再将剩余利润用于发放股利。

A. 375　B. 360　C. 600　D. 0

3. 股利决策涉及面很广，其中最主要的是确定(　　)。

A. 股利支付日期　B. 股利支付方式　C. 股利支付比率　D. 股利政策

4. 对初创阶段的企业，最适宜选择的股利政策是(　　)。

A. 剩余股利政策　B. 固定或稳定增长股利政策

C. 固定股利支付率政策　D. 低正常股利加额外股利政策

5. 关于股票股利，下列说法中正确的有(　　)。

A. 股票股利会导致股东财富的增加

B. 股票股利会引起所有者权益各项目的结构发生变化

C. 股票股利会导致公司资产的流出

D. 股票股利会引起负债的增加

6. 以下方式中，投资者将要支付较高所得税税款的方式是(　　)。

A. 股票分割　B. 股票股利　C. 现金股利　D. 股票回购

7. 在以下股利政策中，有利于稳定股票价格，从而树立公司良好形象，但股利的支付与公司盈余相脱节的股利政策是(　　)。

A. 剩余股利政策　B. 固定或稳定增长股利政策

C. 固定股利支付率政策　D. 低正常股利加额外股利政策

8. 从除息日开始，(　　)。

A. 股利权从属于股票　B. 股利宣告发放

C. 股利权与股票相分离　D. 持有股票者享有领取股利的权利

9. 股份公司如果发放股票股利，会使 (　　)。

A. 企业资产增加　B. 企业所有者权益增加

C. 企业所有者权益内部结构变化　D. 企业股东财富增加

10. 股票分割一般不会引起(　　)。

A. 每股市价变化　B. 公司发行股数变化　C. 每股盈余变化　D. 公司财务结构变化

三、多项选择题

1. 我国有关法规对公司股利的分配进行了一定的限制，这些法律主要是指(　　)。

A.《公司法》　B.《宪法》　C.《经济合同法》　D.《证券法》

2. 下列各项中，属于税后利润分配项目的有(　　)。

A. 法定盈余公积金　B. 任意盈余公积金　C. 股利　D. 股利支出

3. 下列各项中，按规定可用于弥补亏损的有(　　)

A. 法定盈余公积金　B. 任意盈余公积金　C. 税前利润　D. 未分配利润

4. 企业在成长成熟阶段可以采用的股利政策有(　　)。

A. 剩余股利政策　　B. 固定或稳定增长股利政策

C. 固定股利支付率政策　　D. 低正常股利加额外股利政策

5. 如果公司认为目前本公司的股票市价较高，要想降低公司的股票价格，可以用的方式有(　　)。

A. 发放股票股利　　B. 发放现金股利　　C. 进行股票分割　　D. 进行股票反分割

6. 公司的经营需要对股利分配常常会产生影响，下列叙述中正确的是(　　)。

A. 为保持一定的资产流动性，公司不愿支付过多的现金股利

B. 保留盈余因无须筹资费用，故从资金成本考虑，公司也愿采取低股利政策

C. 成长型的公司多采取高股利政策，而处于收缩期的公司多采用低股利政策

D. 举债能力强的公司有能力及时筹措到所需现金，可能采取较宽松的股利政策

7. 企业发放股票股利(　　)。

A. 实际上是企业盈利的资本化　　B. 能达到节约企业现金的目的

C. 可使股票价格不至于过高　　D. 会使企业财产价值增加

8. 利润分配政策直接影响公司的(　　)。

A. 经营能力　　B. 盈利水平　　C. 筹资能力　　D. 市场价值

9. 股份公司常用并为广大的投资者所认可的收益分配基本政策主要有(　　)。

A. 剩余股利政策　　B. 固定或稳定增长股利政策

C. 固定股利支付率政策　　D. 低正常股利加额外股利政策

10. 回购对公司所产生的影响有(　　)。

A. 每股盈余不变　　B. 股价不变

C. 流通在外的股数减少　　D. 公司库藏股增加

四、判断题

1. 公司奉行剩余政策的目的是保持理想的资金结构。　　(　　)

2. 固定股利政策的一个主要缺点是当企业盈余较少甚至亏损时，仍需支付一固定数额的股利，可能导致企业财务状况恶化。　　(　　)

3. 在收益分配实践中，固定股利政策和低正常股利加额外股利政策为最常见的两种股利政策。　　(　　)

4. 企业年度经营亏损，依法用以后年度实现的利润弥补。连续5年不足弥补的，用税后利润弥补，或经企业董事会或经理办公会审议后，依次用企业盈余公积、资本公积弥补。　　(　　)

5. 为了减少税赋，高收入阶层的股东通常愿意公司少支付股利而将较多的盈余保留下来以作为再投资用。　　(　　)

6. 低正常股利加额外股利政策，能使股利与公司盈余紧密配合，以体现多盈多分、少盈少分的原则。　　(　　)

7. 剩余股利政策的优点是能充分利用筹资成本最低的资金来源，保持理想的资金结构，使综合资金成本最低。　　(　　)

8. 股票股利不会改变股东权益总额，也不会改变股东权益的内部组成比例。　　(　　)

9. 公司发行股票股利，股东权益总额相应会发生改变。　　(　　)

10. 处于成长中的公司多采取低股利政策；陷于经营收缩的公司多采取高股利政策。　　(　　)

五、简答题

1. 简述收益分配的基本原则。

2. 简述税后利润的分配顺序。

3. 股利分配理论主要有几种？

4. 股利政策主要有几种？各有什么特点？

5. 简述股票股利与现金股利的区别。

六、实务训练题

1. 正大上市公司原股东权益结构如下(单位:万元):

股本(面值2元,发行30万股)	60
资本公积	30
未分配利润	190
股东权益合计	280

本年度公司因现金不足,决定发放8%的股票股利。已知股票市价为24元,本年净利润为54万元。

要求:

(1)发放股票股利前后股东权益各项目有何变化?

(2)发放股票股利前后公司每股利润各为多少?

2. 豪成公司目前发行在外的股数为1 000万股,该公司的产品销路稳定,拟投资1 200万元,扩大生产能力50%。该公司想要维持目前50%的负债比率,并想继续执行10%的固定股利支付率政策。已知公司在2014年的税后利润为500万元。

要求:2015年为扩充上述生产能力,公司必须从外部筹措多少权益资本?

3. 创欣公司本年实现税后净利润100万元。下年度将面临一投资机会,需投资50万元。公司年初未分配利润为20万元。公司预期的最佳资本结构权益/负债为3∶2,公司发行在外的普通股为40万股。公司计提公积金的比例为10%,现公司决定采用剩余股利政策进行股利分配。

要求:

(1)计算应提取的盈余公积金数额;

(2)计算本年应发放的股利数额;

(3)计算年末未分配利润;

(4)计算每股收益和每股股利。

项目九

财务预算管理

导学案例

LZ集团是一家具有10年历史的山东省民营企业，主营业务为饮料制造。经过几年的资本积累，企业资产规模扩大10余倍，成为当地的纳税大户。看到企业自有资金充足，筹资渠道畅通，集团在加大主业投资规模和速度的同时，也开始对非相关的其他行业领域进行了实业投资，如化工、房地产大大小小十几家分子公司，组成了一个多元化经营的集团公司。

随着规模的扩张，集团总经理岳志鹏越来越意识到“预算管理”和“过程控制”的重要性。在与集团领导班子其他成员讨论后，LZ集团在2004年年初提出了“以财务为核心，以预算管理为突破口，全面提升集团对下属子公司的管控力度”的管理改进目标，特别指定集团CFO王彬全面负责此事，并对王彬充分授权开展预算工作。

岳志鹏本以为到年底就可以听取有关“集团推行预算效果显著”的汇报了。可是，还没到国庆节，王彬却找上门来，说是预算在企业里推行极不理想，自己得罪了不少人且不说，大家对财务部门预算的抵触情绪越来越大，年初编的预算现在看来就是废纸一张，没人拿它当回事，更别说实现年初的目标了。

岳志鹏感到意外和困惑：为什么人家都说预算管理对企业有好处，而在我的企业里却见不到效果甚至起反作用呢？他决定开一次预算工作研讨会，让大家畅所欲言发表意见，听听各个单位或部门怎么说，分析问题出在哪儿。

1. 业务流程图

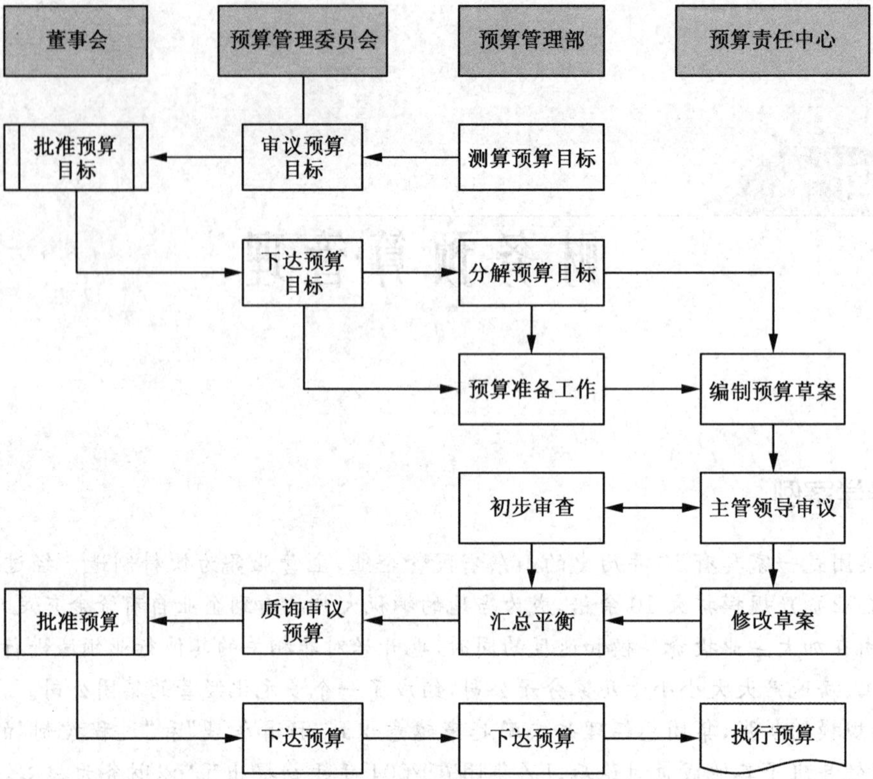

2. 主要岗位职责

职责内容

（1）协助财务总监建立预算管理体系，为预算工作建立配套的执行、控制机制。
（2）制定分司年度全面预算，组织编制整个企业的财务预算及财务部门费用预算。
（3）汇编各部门预算草案，形成企业的销售预算、采购预算和费用预算等项目预算。
（4）综合、平衡企业各职能部门的预算，经决策层批准后下达实施。
（5）监督管理预算的执行情况，查看预算建议，及时向管理层反馈。
（6）定期汇总、综合分析各部门编制的简要预算执行差异分析报告。
（7）负责向董事会解答有关预算的质疑，确定组织的预算要求符合法律规定。

任务一　预算的基本认知

【知识目标】

1. 理解预算的特征与作用；
2. 掌握预算体系的内容构成。

【技能目标】

1. 能进行预算分类；
2. 能绘制预算体系图。

一、预算的特征与作用

预算是企业在预测、决策的基础上，以数量和金额的形式反映企业未来一定时期内经营、投资、财务等活动的具体计划，是为实现企业目标而对各种资源和企业活动做的详细安排。预算是一种可据以执行和控制经济活动的、最为具体的计划，是对目标的具体化，是将企业活动导向预定目标的有力工具。

（一）预算的特征

（1）预算与企业的战略或目标保持一致。因为预算是为实现企业目标而对各种资源和企业活动做的详细安排。

（2）预算是数量化的并具有可执行性。因为预算作为一种数量化的详细计划，是对未来活动的细致周密安排，是未来经营的依据。因此，数量化和可执行性是预算最主要的特征。

（二）预算的作用

1. 预算通过引导和控制经济活动，使企业经营达到预期目标

通过预算指标可以控制实际活动过程，随时发现问题，采取必要的措施，纠正不良偏差，避免经营活动的漫无目的，通过有效的方式实现预期目标。因此，预算具有规划、控制、引导企业经济活动有序进行、以最经济有效的方式实现预定目标的功能。

2. 预算可以实现企业内部各个部门之间的协调

从系统论的观点来看，局部计划的最优化，对全局来说不一定是最合理的。为了使各个职能部门向着共同的战略目标前进，它们的经济活动必须密切配合，相互协调，统筹兼顾，综合平衡。各部门预算的综合平衡，能促使各部门管理人员清楚地了解本部门在全局中的地位和作用，尽可能地做好部门之间的协调工作。各级各部门因其职责不同，往往会出现相互冲突的现象。各部门之间只有协调一致，才能最大限度地实现企业整体目标。全面预算经过综合平衡后可以提供解决各部门冲突的最佳办法，代表企业的最优方案，可以使各级各部门的工作在此基础上协调地进行。

3. 预算可以作为业绩考核的标准

预算作为企业财务活动的行为标准，使各项活动的执行有章可循。预算标准可以作为各部门责任考核的依据。经过分解落实的预算规划目标能与部门、责任人的业绩考评结合起来，成为奖勤罚懒、评估优劣的标准。

二、预算的分类

（一）按照预算指标覆盖的时间长短，可分为长期预算和短期预算

预算期在1年以内（含1年）的预算称为短期预算，预算期在1年以上的预算称为长期预算。预算的编制时间可以视预算的内容和实际需要而定，可以是1周、1月、1季、1年或若干年等。在预算编制过程中，应结合各项预算的特点，将长期预算和短期预算结合使用。一般情况下，企业的业务预算和财务预算多为1年期的短期预算，年内再按季或月细分，而且预算期间往往与会计期间保持一致。

（二）按照内容不同，可分为业务预算、专门预算和财务预算

业务预算是指与企业日常经营活动直接相关的经营业务的各种预算。具体包括：销售预算、生产预算、直接材料耗用量及采购预算、直接人工预算、制造费用预算、产品成本预算、期末存货预算、销售费用预算、管理费用预算等内容。这些预算前后衔接，相互钩稽，既有价值量指

标，又有实物量指标。

专门预算是指企业不经常发生的、需要根据特定决策临时编制的一次性预算，如反映固定资产购建、扩建的资本支出预算。

财务预算是指反映企业未来一定预算期内的预计现金收支、经营成果和财务状况的各种预算。具体包括现金预算、预计资产负债表、预计利润表、预计利润分配表和预计现金流量表。

预算内容的分类如图 9－1 所示。

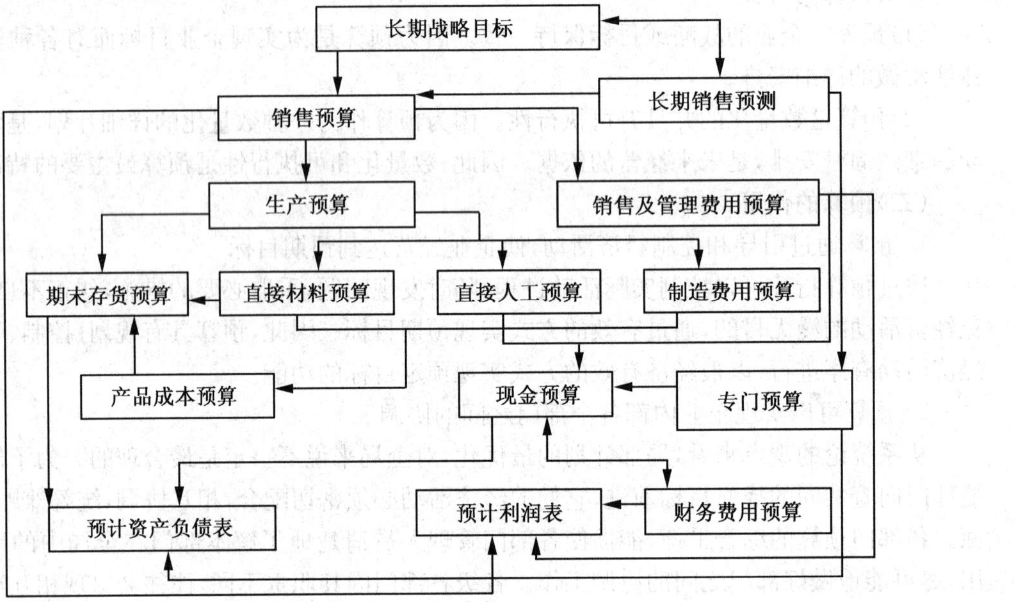

图 9—1　预算内容的分类

前面所述的各种业务预算和专门预算，最终大多可以综合反映在财务预算中，这样，财务预算就成为各项经营业务和专门决策的整体计划，故也称为总预算，各种业务预算和专门预算就称为分预算。

财务预算是企业预算的一个重要组成部分，它和其他预算紧密联系在一起，构成一个数字相互衔接的、完整的预算体系（如图 9－2 所示）。

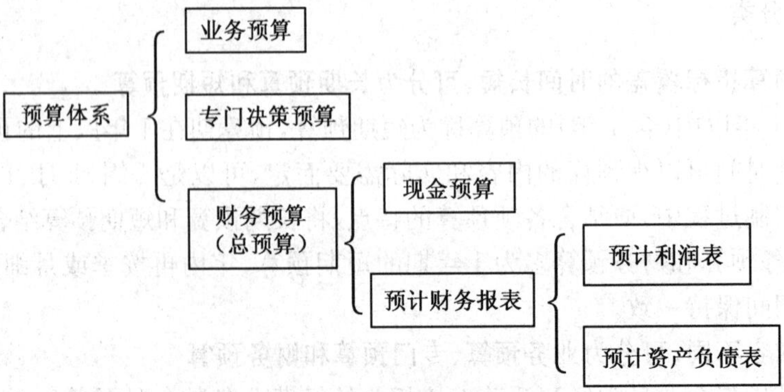

图 9—2　预算体系

任务二 预算编制方法

【知识目标】

1. 理解固定预算与弹性预算的方法和特点；
2. 理解增量预算与零基预算的方法和特点；
3. 理解定期预算与滚动预算的方法和特点。

【技能目标】

1. 能进行固定预算与弹性预算的编制与分析；
2. 能进行增量预算与零基预算的编制与分析；
3. 能进行定期预算与滚动预算的编制与分析。

一、预算编制的步骤

企业预算以利润为最终目标，并把确定下来的目标利润作为编制预算的前提条件。根据已确定的目标利润，通过市场调查，进行销售预测，编制销售预算。在销售预算的基础上，作出不同层次不同项目的预算，最后汇总为综合性的现金预算和预计财务报表。一般应按照"上下结合、分级编制、逐级汇总"的程序进行。财务预算编制的过程可以归结为以下几个主要步骤：

(1)根据销售预测编制销售预算；

(2)根据销售预算确定的预计销售量，结合产成品的期初结存量和预计期末结存量编制生产预算；

(3)根据生产预算确定的预计生产量，先分别编制直接材料消耗及采购预算、直接人工预算和制造费用预算，然后汇总编制产品生产成本预算；

(4)根据销售预算编制销售及管理费用预算；

(5)根据销售预算和生产预算估计所需要的固定资产投资，编制资本支出预算；

(6)根据执行以上各项预算所产生和必需的现金流量，编制现金预算；

(7)综合以上各项预算，进行试算平衡，编制预计资产负债表、预计利润表、预计利润分配表和预计现金流量表。

预算编制中常用的方法有：固定预算、弹性预算、增量预算、零基预算、定期预算、滚动预算。

二、固定预算与弹性预算

(一)固定预算

固定预算又称静态预算，是一种传统的预算编制方法，以未来特定时期(预算期)某一预定的产销量为基础来编制预算，而不考虑预算期内产销量所可能产生的变化。因此，在实际业务量脱离预定水平时，就难以发挥控制和考核作用。

固定预算的主要特点是：第一，过于机械呆板，因为编制预算的业务量基础是事先假定的某个业务量；第二，可比性差，固定预算一般适用于业务比较稳定的企业或部门，而不适用于业务量水平经常变动的企业或部门。

(二)弹性预算

弹性预算又称变动预算,是指根据预计的企业各种可能的业务量,编制不同水平的预算。与固定预算相对应,它不是以某一预定的产销业务量为基础来编制,而是根据业务量、成本和利润之间有规律的数量关系,分别按一系列可能达到的预计业务量水平编制的能适应多种情况的预算。

弹性预算具有机动性强、适用面宽的特性。

弹性预算的优点:一是预算范围宽;二是可比性强。弹性预算理论上适用于编制全面预算中所有与业务量有关的各种预算,但从实用角度看,主要用于编制弹性成本(费用)预算和弹性利润预算等。

弹性预算的编制步骤如下:

(1)选择和确定业务量的计量单位,如产销量、直接人工小时、机器工时等;

(2)根据预测,确定可能达到的各种业务量水平;

(3)根据成本性态和业务量间的依存关系,在编制时要将所有成本划分为变动成本和固定成本,对变动成本按单位成本进行预算和控制,对固定成本按总额进行预算和控制,能够适应不同业务量的变化,扩大了预算的适用范围,可以更好地发挥预算的控制作用。

1. 弹性成本预算的编制

编制弹性成本费用预算应选择适当的业务量计量单位,并确定其有效变动范围,一般可定在正常生产能力的70%~110%之间,或以历史上最高业务量和最低业务量为其上下限。常见的方法有两种:

(1)公式法。在习性分析的基础上,可将任何成本费用近似地表示为 $y=a+bx$(a 为固定成本;b 为单位变动成本;x 为多种可选择业务量,如产销量、直接人工工时等;y 为成本总额),公式法只需列出各项成本费用的 a 和 b,即可推算出业务量在允许范围内任何水平上的各项预算成本。

【做中学 9—1】 光华公司生产甲产品,2014 年 7~12 月份发生的制造费用(维修费)如表 9—1 所示。要求采用高低点法将制造费用(维修费)分解为固定成本和变动成本。

表 9—1　　光华公司甲产品产量和制造费用(维修费)资料

2014 年 7~12 月份

项目 \ 时间	7 月	8 月	9 月	10 月	11 月	12 月
产量 x(件)	100	150	200	250	300	350
维修费 y(元)	50 000	57 000	65 000	73 000	80 000	86 000

根据上述资料,产销(业务)量的低点为 100 件,对应的成本为50 000元;高点为 350 件,对应的成本为86 000元。所以:

$$b=\frac{y_{高}-y_{低}}{x_{高}-x_{低}}=\frac{86\ 000-50\ 000}{350-100}=144(元/件)$$

$$a=y_{低}-bx_{低}=50\ 000-144\times 100=35\ 600(元)$$

或:

$$a=y_{高}-bx_{高}=86\ 000-144\times 350=35\ 600(元)$$

【做中学 9—2】 光华公司 2015 年制造费用弹性预算指标(部分)如表 9—2 所示,其中较大的混合成本项目已经过分解。直接人工工时的有效变动范围为1 400～2 200小时，若采用公式法推算出直接人工工时为2 088小时，计算2015年制造费用预算数额。

表9—2 **光华公司2015年制造费用弹性预算**

项　目	*a*	*b*	项　目	*a*	*b*	项　目	*a*	*b*
1.变动成本项目			2.混合成本项目			3.固定成本项目		
		5	检验员工资	40 000	3	管理人员工资	310 000	
辅助工人工资		50	辅助材料	110 000	15	保险费	280 000	
			维修费	35 600	144	设备租金	268 000	
			水费	50 000	10			

制造费用预算数＝变动成本＋混合成本＋固定成本

＝2 088×(5＋50)＋(110 000＋35 600＋40 000＋50 000)＋(15＋144＋3＋10)×2 088＋(310 000＋280 000＋268 000)

＝114 840＋594 736＋858 000

＝1 567 576(元)

公式法的优点是在一定范围内不受业务量波动影响，缺点是逐项分解比较繁琐。

(2)列表法。列表法在一定程度上克服了公式法查不到不同业务量下的总成本预算数额的弱点，在相关范围内每隔一定业务量间隔进行预算，以反映一系列业务量下的预算成本水平。

【做中学9—3】 光华公司直接人工工时的有效变动范围及制造费用各项目*a*和*b*值的资料如表9—3所示。根据资料，采用列表法推算出按10%为业务量间距时，该公司2015年制造费用预算数额。

表9—3 **光华公司2015年制造费用弹性预算** 单位：元

直接人工工时	1 400	1 600	1 800	2 000	2 200
生产能力利用(%)	70%	80%	90%	100%	110%
1.变动成本项目	77 000	88 000	99 000	110 000	121 000
燃油	7 000	8 000	9 000	10 000	11 000
辅助工人工资	70 000	80 000	90 000	100 000	110 000
2.混合成本项目	476 400	510 800	545 200	579 600	614 000
辅助材料	131 000	134 000	137 000	140 000	143 000
维修费	237 200	266 000	294 800	323 600	352 400
检验员工资	44 200	44 800	45 400	46 000	46 600
水费	64 000	66 000	68 000	70 000	72 000
3.固定成本项目	858 000	858 000	858 000	858 000	858 000
管理人员工资	310 000	310 000	310 000	310 000	310 000
保险费	280 000	280 000	280 000	280 000	280 000
设备租金	268 000	268 000	268 000	268 000	268 000
制造费用预算数	1 411 400	1 456 800	1 502 200	1 547 600	159 300

2. 弹性利润预算的编制

编制弹性利润预算能够反映不同销售业务量条件下相应的预算利润水平。其常见的编制方法有以下两种：

(1)因素法。因素法根据影响利润的有关因素与收入成本的关系，列表反映这些因素分别变动时相应的预算利润水平。主要适用于单一品种经营或采用分算法处理固定成本的多品种经营的企业。

【做中学9—4】 光华公司预计2015年A产品单位变动成本为80元，固定成本为6 000元。当年生产的产品当年销售，销售业务量的有效变动范围为280～440件。同一销售业务量下其售价分别为120元和130元。采用因素法推算出按5%为业务量间隔时，该公司2015年A产品利润预算数额，如表9—4所示。

表9—4　光华公司2015年A产品弹性利润预算　单位：元

销售量	280件					400件			440件	
售价	120	130	…	…	…	120	130	…	120	130
销售收入	33 600	36 400	…	…	…	48 000	52 000	…	52 800	57 200
变动成本	22 400	22 400	…	…	…	32 000	32 000	…	35 200	35 200
固定成本	6 000	6 000	…	…	…	6 000	6 000	…	6 000	6 000
利润总额	5 200	8 000	…	…	…	10 000	14 000	…	11 600	16 000

以销售量280件，售价120元为例：

2015年A产品利润预算数额＝销售收入预算数－预计销售量×单位变动成本预算数－固定成本预算数

＝33 600－280×80－6 000＝5 200(元)

因素法主要适用于单一品种经营的企业，多品种经营的企业常采用百分比法编制弹性利润预算。

(2)百分比法。百分比法是按不同项目占销售额的百分比，列表反映在销售业务量的有效变动范围内，不同销售收入百分比相应的预算利润水平。主要适用于多品种经营的企业，比较简单，但必须假定销售收入百分比的上下限均不突破相关范围，即固定成本在固定预算的基础上不变和变动成本随销售收入变动百分比而同比例变动。

【做中学9—5】 某企业2014年实际利润表及各项目占销售额的百分比如表9—5所示。根据表9—5的资料，采用百分比法编制本企业2015年销售利润弹性预算，如表9—6所示。

表9—5　某企业2014年实际利润表　单位：万元

项　目	金　额	占销售百分比(%)
销售收入	500	100
变动成本	390	78
固定成本	70	14
利润总额	40	8

表 9—6　　某企业 2015 年弹性利润预算　　单位：万元

销售收入百分比(%)	70	80	…	…	100	110
销售收入	350	400	…	…	500	550
变动成本	273	312	…	…	390	429
固定成本	70	70	…	…	70	70
利润总额	7	18	…	…	40	51

注：以销售收入百分比 70%为例：

2015 年利润预算数额＝2014 年销售收入×70%×(1－78%)－2014 年固定成本

＝500×70%×(1－78%)－70＝7(万元)

三、增量预算与零基预算

(一)增量预算

增量预算是一种传统的成本费用预算编制方法。在编制预算时，一般以基期的各种成本费用项目的实际开支数为基础，考虑预算期内业务量水平变动，以及拟采取的降低成本费用的措施等可能使该成本费用项目发生变动的有关因素，对有关成本费用项目进行增减调整。

增量预算的优点：工作量较小，简便易行。缺点：第一，受原有费用项目限制，可能导致保护落后；第二，滋长预算中的“平均主义”和“简单化”；第三，不利于企业未来的发展，由于基期各种费用实际开支数未必是合理的，按一定的百分率平均增加或削减也不一定是合理的。为了克服上述缺陷，零基预算便应运而生了。

(二)零基预算

零基预算是指不受过去预算收支实际情况的约束，一切从零开始重新编制计划和预算的方法，是“以零为基础的编制计划和预算的方法”，是美国的彼得 · 派尔(Peter Pyhrr)于 20 世纪 60 年代提出来的，现已被公认为是编制间接费用预算的一种有效的方法。

1. 与传统的调整预算法相比，零基预算的特点

(1)基础不同。传统的调整预算法的基础是前期预算执行结果，本期预算是在前期预算调整基础上编制的；而零基预算的基础是零。

(2)编制的分析对象不同。传统的调整预算法的分析对象主要是新增项目，对既有业务不作为主要分析对象；而零基预算要求对一切纳入预算的经营活动都要进行成本—效益分析。

(3)着眼点不同。传统的调整预算法的重点是预算金额的高低，着重从货币资金角度控制预算金额的增减；而零基预算重视业务活动的重要性。

零基预算的优点：(1)不受现有费用基础限制；(2)能够调动各方面降低费用的积极性；(3)有助于企业未来发展。缺点：一切从零出发，在编制费用预算时需要完成大量的基础工作，工作量大。零基预算主要适用于产生较难辨认的服务性部门费用预算的编制。

2. 零基预算的基本程序

(1)各预算单位针对企业提出的总体目标，确定各自的具体责任目标和业务量水平，讨论在预算期内需要发生哪些费用项目，为每一费用项目编写一套开支方案，并说明每项费用开支的目的与数额。

(2)企业预算审核者按成本效益原则逐项审核各项费用开支的必要性，区分约束性费用与

酌量性费用，对酌量性费用要进行成本—效益分析，然后将各个费用开支方案在权衡轻重缓急的基础上，分清等级层次，排列顺序。

(3)根据预算期内的收入和筹资能力，落实可动用资金，按上述步骤所确定的等级和顺序，分配资金，确定并下达预算。

【做中学9－6】 某公司有关单位根据公司的总体目标和本单位的责任目标经详细讨论提出如下费用开支方案：

A. 广告费 100 000 元　B. 培训费 120 000 元　C. 房屋租金 20 000 元

D. 差旅费50 000元　　E. 办公费 10 000 元

预算审核者对上述费用进行了逐项审核，认为C、D、E项为约束性费用，应首先予以保证，列为第一层次。但根据公司的业务特点及现有条件，可以利用现代化办公设备加强与客户的通信联系，进而可以免除一些不必要的差旅，故将差旅费减少20 000元，办公费增加5 000元；广告费、培训费属于酌量性费用支出，根据历史资料进行的成本—效益分析显示，每投入1元广告费或培训费所产生的收益分别是10元和15元，故将培训费列为第二层次，广告费列为第三层次。

考虑多方面的因素，可在A、B、C、D、E项中分配的资金为240 000元。根据上一步骤的审核和排序，确定如下费用预算：

第一层次：房屋租金 20 000 元、差旅费 30 000 元、办公费 15 000 元，共 65 000 元。

第二层次：培训费 105 000 元[(240 000－65 000)×15/(10＋15)]。

第三层次：广告费 70 000 元 [(240 000－65 000)×10/(10＋15)]。

综上所述，零基预算不受基期预算影响，可以摒弃现行的不合理支出，优化资金配置；能够充分调动企业各部门和各级管理人员的积极性，精打细算，合理使用资金，提高经济效益。但是，由于每期预算都要从零开始，对各项业务活动进行分析、研究，因此需要花费较长的时间，付出较大的代价，所以，对于企业是否应该应用零基预算，也应该进行成本—效益分析，避免得不偿失。

四、定期预算与滚动预算

(一)定期预算

定期预算是指在编制预算时以不变的会计期间作为预算期的一种编制预算的方法。传统的业务预算、特种决策预算及财务预算的编制期间一般为1年，即按会计年度定期编制。这样做的优点是将预算期间与会计年度相配合，便于对预算执行情况进行分析评价和考核。但固定以1年为期的预算也明显存在着一些缺陷：精确度较差；灵活性不够；连续性较差。

定期预算的优点在于能够使预算期间与会计期间相配合，便于考核和评价预算的执行结果；缺点是其盲目性、滞后性、间断性。

(二)滚动预算

滚动预算又称连续预算或永续预算，主要特点是预算期是连续不断的，始终保持一定的期限(一般为12个月)。每经过1个月，都要根据变化的内外部情况修订和调整预算，并补充下个月的预算，使预算期始终保持12个月。滚动预算按其预算编制和滚动的时间单位不同可分为逐月滚动、逐季滚动和混合滚动三种方式。

在实务中，滚动预算的预算期期初的前3个月的预算要分月列示，并尽可能详细一些，后9个月按季列示总数即可，可以相对粗略一些。第一个季度3个月过后，再将第二个季度的预算予以必要的调整，按月细分，并在期末增列一个季度的粗略预算。

滚动预算编制方法的理论依据有两点：

(1)企业的生产经营活动是持续的，企业的预算也要反映这个特点，不应将持续不断的经营活动人为地分割成间断的预算期间。

(2)企业所处的外部环境和企业自身是不断地发展变化的，企业对这种变化的趋势、程度以及对企业生产经营的影响的认识，随着时间的推移，是由粗略到详细、由简单到具体的过程。因此，企业的预算也应反映出这种认识的变化。

滚动预算的优点是：第一，连续性、完整性和稳定性突出，在动态预算中把握企业未来发展趋势；第二，使各级管理人员始终对未来一定时期(月、季、年)的生产经营活动作周详的考虑和全盘规划；第三，及时性强，由于预算是根据企业实际情况的变化不断加以调整、修订，使预算与实际情况更相适应。其缺点是工作量大。

滚动预算如图 9—3 所示。

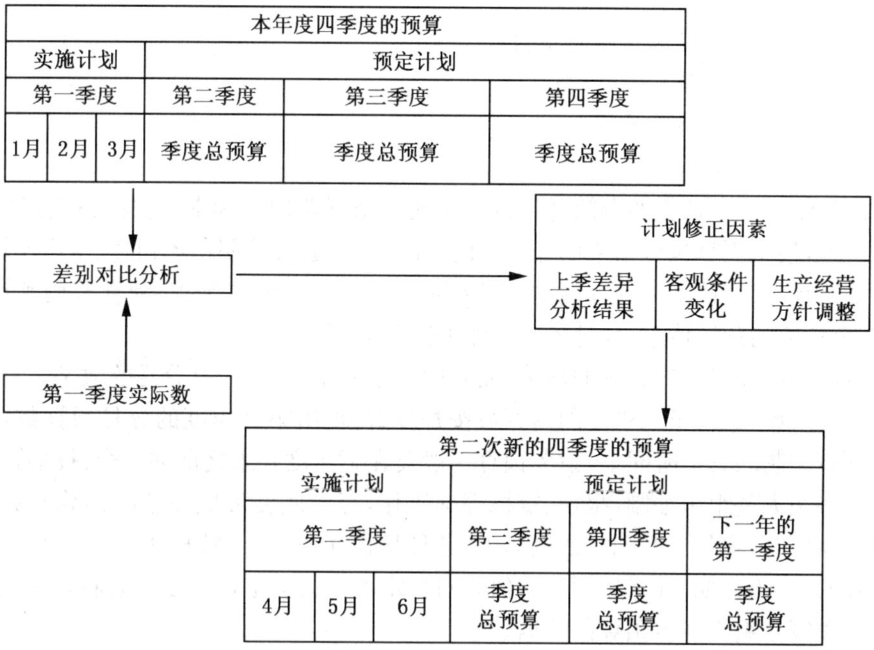

图 9—3 滚动预算

滚动预算能够保持预算的连续性，对企业的经营活动进行连续、系统的统筹考虑，并能根据变化对预算进行修正，使预算与实际情况更加符合，有利于发挥预算的指导和控制作用。但是，采用滚动预算，预算的编制工作相对繁重，需要企业根据具体情况确定一个适宜的滚动期。

任务三 编制业务预算

【知识目标】

1. 掌握销售预算的内容和结构；
2. 掌握生产预算的内容和结构；
3. 掌握直接材料消耗及采购预算的内容和结构；

4. 掌握直接人工预算的内容和结构；
5. 掌握制造费用预算的内容和结构；
6. 掌握产品生产成本预算的内容和结构；
7. 了解利息费用预算的内容和结构；
8. 了解资本支出预算的内容和结构。

【技能目标】

1. 能进行销售预算的编制；
2. 能进行生产预算的编制；
3. 能进行直接材料消耗及采购预算的编制；
4. 能进行直接人工预算的编制；
5. 能进行制造费用预算的编制；
6. 能进行产品生产成本预算的编制；
7. 能进行利息费用预算的编制；
8. 能进行资本支出预算的编制。

企业一般编制业务预算的期间通常以1年或一个营业周期为期，这样可使预算年度与会计年度相一致，便于预算执行结果的分析、评价和考核。通过编制销售预算、生产预算、直接材料消耗及采购预算、直接人工预算、制造费用预算、产品生产成本预算、利息费用预算、资本支出预算、现金预算的预算体系，预计未来一年的财务数据。

企业编制年度预算要有分季的数字，而其中的第一季度，还应有分月的数字。当第二个季度即将来临的时候，又将第二季度的预算数按月分解，提出第二季度的分月预算数，每期顺序推进。在预算编制的具体时间上，财务预算一般要在下年度到来之前的三个月就着手编制，按规定进程由各级人员组织编制、报送、审核等项工作，至年底要形成完整的预算并颁布。为了与会计年度相配合，本任务所列举的例题中，各种日常业务预算、特种决策预算和财务预算的编制期间，均以1年为期，并采用预算数值相对稳定不变的固定预算法来编制各种预算。业务预算和专门预算是编制现金预算的依据。

一、销售预算

销售预算是规定企业预算期内销售目标和实施计划的一种业务预算。它是编制企业预算的出发点，也是编制其他日常业务预算的基础。通过市场预测预计销售量和单价以后，便可根据产品的品种、数量、单价确定预算期销售收入，并根据预算期现金收入与回收赊销货款的可能情况反映现金收入，从而编制销售预算。

【做中学9—7】 光华公司生产销售甲产品，2014年年末有关资料如表9—7所示。预计各季销售情况为现销85%，赊销的15%在下季度收回。2014年第四季度的销售额为2 000万元。现编制光华公司2015年度销售预算，如表9—8所示。

表 9—7

光华公司资产负债表

2014 年 12 月 31 日

单位:万元

资　产	金　额	权　益	金　额
流动资产		流动负债	
现金	120	应付账款	100
应收账款	300	流动负债合计	100
存货			
原材料	50	长期借款	—
库存商品	63		
流动资产合计	533	股东权益	
固定资产	11 500	股本	600
减:累计折旧	4 500	留存收益	6 833
固定资产净值	7 000	股东权益合计	7 433
资产合计	7 533	权益合计	7 533

表 9—8

光华公司销售预算

2015 年度

单位:万元

项　目	1 季度	2 季度	3 季度	4 季度	全年	资料来源及计算依据
预计销量(万件)	2 000	6 000	6 000	2 000	16 000	
销售单价(元/件)	0.7	0.7	0.8	0.8	0.75	加权平均计算所得
①预计销售收入(万元)	1 400	4 200	4 800	1 600	12 000	
②现销收入(万元)	1 190	3 570	4 080	1 360	10 200	②本季①×85%
③回收前期应收账款(万元)	300	210	630	720	1 860	③=上季①×15%
④现金收入小计(万元)	1 490	3 780	4 710	2 080	12 060	④=②+③

注:2015 年度第四季度末应收账款余额为 240 万元(1 600×15%)。

二、生产预算

生产预算是规定企业预算期内有关产品生产数量及品种构成的一种业务预算。它是在销售预算的基础上编制的,并为下一步编制成本和费用预算提供依据。在确定产销量之间的关系时,必须考虑产品的存货水平,其相互关系可用下列公式表示:

预计生产量=预计销售量+预计期末存货量-预计期初存货量

上述公式中,“预计期末存货量”有时凭经验估计,有时经分析确定。

【做中学 9—8】 光华公司 2015 年因经营需要要求在第一季度、第四季度的期初保存 100 万件甲产品,第二季度、第三季度的期初保存 500 万件甲产品。根据有关资料编制光华公司的生产预算,第四季度末的存货数量应保持 100 万件。现编制 2015 年度光华公司生产预算,如表 9—9 所示。

表 9—9 **光华公司生产预算**

2015 年度 单位:万元

项　目	1 季度	2 季度	3 季度	4 季度	全年	来源于计算依据
预计销售量	2 000	6 000	6 000	2 000	16 000	表 9—8
加:预计期末存货量	500	500	100	100	100	资料所示
减:预计期初存货量	100	500	500	100	100	资料所示
本期预计生产量	2 400	6 000	5 600	2 000	16 000	

三、直接材料消耗及采购预算

直接材料消耗及采购预算是规定企业预算期内各种材料消耗量水平，规定材料采购量及其成本的一种业务预算。这种预算以生产预算为基础编制，还必须考虑原材料存货水平，根据预算期现购材料支出和偿还前期所欠材料款的可能情况反映现金支出。

这种预算编制的程序如下：

(1)按每种产品分别计算各种材料的消耗量，公式为：

某产品消耗某种材料数量＝该产品预计生产量×该产品耗用该种材料消耗定额

(2)将各种产品消耗某种材料数量加总，求该种材料总耗用量；

(3)计算某种材料预计采购数量，公式为：

某种材料预计采购量＝该材料总耗用量＋该材料期末存货量－该材料期初存货量

(4)计算某种材料预计采购成本，公式为：

某种材料预计采购成本＝该种材料单价×该种材料预计采购量

(5)将各种材料预计采购成本加总，求预算期直接材料采购总成本。

【做中学 9—9】 光华公司生产甲产品需用 A 种原材料。每件甲产品耗用 A 材料 2.6 千克，A 材料单位成本为每千克 0.1 元。因经营需要，要求第三、第四季度末的原材料为 500 万千克，第一、第二季度末的原材料为 800 万千克，第一季度初的原材料为 500 万千克。在购料款中，80%以现金结算，20%的赊购款在下季度支付，2014 年第四季度的购料款为 500 万元。

现编制光华公司的直接材料消耗及采购预算，如表 9—10 所示。

表 9—10 **光华公司直接材料消耗及采购预算**

2015 年度 单位:万元

项　目	1 季度	2 季度	3 季度	4 季度	全年	来源及计算依据
预计生产量/万元	2 400	6 000	5 600	2 000	16 000	表 9—9
材料消耗/(千克/件)	2.6	2.6	2.6	2.6	2.6	资料所示
预计材料消耗量/万千克	6 240	15 600	14 560	5 200	41 600	
加:材料期末存货量/万千克	800	800	500	500	500	资料所示
减:材料期初存货量/万千克	500	800	800	500	500	资料所示
①本期采购量/万千克	6 540	15 600	14 260	5 200	41 600	
②材料单价(元/千克)	0.1	0.1	0.1	0.1	0.1	资料所示
③预计材料采购成本/万元	654	1 560	1 426	520	4 160	③=①×②

续表

项　目	1季度	2季度	3季度	4季度	全年	来源及计算依据
④偿还前期所欠材料款/万元	100	131	312	285	828	上季购料款的20%
⑤预算期限购材料支出/万元	523	1 248	1 141	416	3 328	⑤=③×80%
⑥现金支出合计/万元	623	1 379	1 453	701	4 156	⑥=④+⑤

注:2015年年末应付账款的余额是104万元(520×20%)。

四、直接人工预算

直接人工预算是反映企业预算期内人工工时消耗水平,规定人工成本开支数额的一种业务预算。这种预算也是以生产预算为基础编制,其预算金额都需要使用现金支付。直接人工预算编制的程序如下:

(1)计算预算期各种产品直接人工总工时,公式为:

某产品预计直接人工总工时=该产品预计生产量×该产品单位直接人工小时

(2)计算预算期各种产品直接人工成本,公式为:

某产品预计直接人工成本=该产品直接人工总工时×小时工资率

(3)计算预算期各种产品其他直接支出,公式为:

某产品预计其他直接支出=该产品预计直接人工成本×提取百分比

(4)将预计直接人工成本和其他直接支出两部分汇总起来,编制直接人工成本预算。

【做中学9—10】 光华公司生产每件甲产品需要0.015直接人工工时,每小时直接人工成本为10元。现编制光华公司直接人工成本预算,如表9—11所示。

表9—11　　光华公司直接人工成本预算

2015年度

单位:万元

项　目	1季度	2季度	3季度	4季度	全年	来源及计算依据
预计生产量(万件)	2 400	6 000	5 600	2 000	16 000	表9—9
单位产品直接人工工时(小时)	0.015	0.015	0.015	0.015	0.015	资料所示
直接人工总工时(万小时)	36	90	84	30	240	
小时工资率(元/小时)	10	10	10	10	10	资料所示
直接人工成本总额(元)	360	900	840	300	2 400	

注:直接人工总成本=直接人工总工时×小时工资率。

五、制造费用预算

制造费用预算是规定企业预算期内完成生产预算所规定的业务量所需的预期制造费用数额的一种预算。编制这种预算时,制造费用需按成本习性划分为变动性制造费用与固定性制造费用两部分。变动性制造费用以生产预算为基础来预计,固定性制造费用按实际需要的支付额逐项预计,并要分别确定变动(或固定)性制造费用分配率,将变动(或固定)性制造费用在各种产品之间进行分配。

$$\text{变动(或固定)性制造费用分配率}=\frac{\text{预计变动(或固定)性制造费用总额}}{\text{相关分配标准预算数}}$$

某期变动性制造费用现金支出=该期产品预计直接人工总工时×变动性制造费用分配率

【做中学 9—11】 光华公司制造费用资料见表 9—12。假定变动性制造费用总额按预计直接人工工时总数进行分配,变动性制造费用资料如表 9—12 所示。固定性制造费用预算金额中,除折旧费用外都需要使用现金支付,固定性制造费用全年预算为1 280万元,每季度 320 万元,其中折旧 200 万元。现编制光华公司制造费用预算,如表 9—12 所示。

表 9—12 **光华公司制造费用预算**

2015 年度 单位:万元

变动性制造费用	金额	固定性制造费用			金额	资料来源
间接人工	550	管理人员工资			230	
间接材料	750	折旧费			800	
修理费	280	修理费			100	
水电费	340	保险费			90	
小计	1 920	财产税			60	
直接人工总工时/万小时	240	小计			1 280	
变动费用分配率	8					
制造费用总额	3 200					
项　目	1 季度	2 季度	3 季度	4 季度	全年	
直接人工总工时	36	90	84	30	240	表 9—11
变动费用分配率	8	8	8	8	8	
变动性制造费用	288	720	672	240	1 920	
固定性制造费用	320	320	320	320	1 280	
减:折旧费	200	200	200	200	800	
现金支出的费用	408	840	792	360	2 400	

六、生产成本预算

生产成本预算是反映企业预算期内各种生产成本水平的一种预算。编制这种预算时,单位成本的有关数据来自直接材料消耗及采购预算、直接人工预算和制造费用预算,生产量、期末存货量的有关数据来自生产预算,销售量数据来自销售预算。

【做中学 9—12】 光华公司甲产品生产成本预算,如表 9—13 所示;光华公司期末存货预算,如表 9—14 所示。

表 9—13 **光华公司甲产品生产成本预算**

2015 年度 单位:万元

(计划产量:16 000 万件)

成本项目	单位用量	单　耗	单位成本(元/件)	总成本(万元)	资料来源
直接材料	2.6 千克/件	0.1 元/千克	0.26	4 160	4 160=0.2×16 000
直接人工	0.015 小时/件	10 元/小时	0.15	2 400	2 400=0.1×16 000

续表

成本项目	单位用量	单　耗	单位成本（元/件）	总成本（万元）	资料来源
变动性制造费用	0.015 小时/件	8 元/小时	0.12	1 920	1 920＝0.12×16 000
固定性制造费用			0.08	1 280	0.08＝1 280/16 000
合　计			0.61	9 760	
预计产品生产成本				9 760	
加：产成品期初余额（100 件）				63	表 9—7
减：产成品期末余额（100 件）				61	表 9—9
预计产品销售成本				9 762	

注：2014 年与 2015 年的单位变动生产成本相同，即为 0.53 元（0.26＋0.15＋0.12），由于两年的产量不同，单位产品所负担的固定性制造费用也不同，因而两年的单位生产成本不同。基期是 0.63 元/件（63/100），预算期是 0.61 元/件，预计产成品期末总成本为 61 万元（0.61×100）。

表 9—14　　光华公司期末存货预算

2015 年度　　单位：万元

项　目	单位成本	期末存货量	期末存货成本		资料来源
产成品：甲产品	0.61	100 件	61		表 9—9，表 9—13
项　目	期初存货成本	本年采购成本	本期消耗材料成本	期末存货成本	资料来源
材料：A 材料	50	4 160	4 160	50	表 9—7，表 9—9，表 9—10，表 9—13

注：期末存货成本＝期初存货成本＋本年采购成本－本期消耗材料成本。

七、销售及管理费用预算

销售及管理费用预算是反映企业预算期内为实现销售预算和进行一般行政管理工作而发生的预期各项费用数额的一种预算。编制这种预算时，不仅要认真分析、考察过去的销售及管理费用的必要性及其效果，而且要以销售预算或过去的实际开支为基础，考虑预算期可能发生的变化，按预算期实际需要逐项预计销售及管理费用的支付额。

【做中学 9—13】 光华公司销售及管理费用资料如表 9—15 所示。假定销售及管理费用预算金额中，除折旧费外都需要使用现金支付。设单位变动管理与销售费用为 0.05 元/件，固定管理与销售费用预算第一、二、四季度为 65 万元，第三季度为 80 万元，其中包括每季折旧 15 万元。现编制光华公司销售及管理费用预算，如表 9—15 所示。

表 9—15　　光华公司销售及管理费用预算

2015 年度　　单位：万元

变动管理与销售费用	金　额	固定管理与销售费用	金　额	资料来源
直接人员工资	370	间接人员工资	140	
变动管理与销售费用	金　额	固定管理与销售费用	金　额	资料来源

续表

<table>
<tr><td>变动管理与销售费用</td><td>金　额</td><td colspan="2">固定管理与销售费用</td><td>金　额</td><td colspan="2">资料来源</td></tr>
<tr><td>专设销售机构办公费</td><td>220</td><td colspan="2">差旅费</td><td>20</td><td colspan="2"></td></tr>
<tr><td>广告费</td><td>100</td><td colspan="2">保险费</td><td>15</td><td colspan="2"></td></tr>
<tr><td>包装费、运杂费</td><td>75</td><td colspan="2">折旧费</td><td>60</td><td colspan="2"></td></tr>
<tr><td>保管费用</td><td>35</td><td colspan="2">办公费</td><td>40</td><td colspan="2"></td></tr>
<tr><td>小　计</td><td>800</td><td colspan="2">小　计</td><td>275</td><td colspan="2"></td></tr>
<tr><td>合　计</td><td colspan="6">1 075</td></tr>
<tr><td>项　目</td><td>1 季度</td><td>2 季度</td><td>3 季度</td><td>4 季度</td><td>全年</td><td></td></tr>
<tr><td>预计销售量</td><td>2 000</td><td>6 000</td><td>6 000</td><td>2 000</td><td>16 000</td><td>表 9—8</td></tr>
<tr><td>单位变动管理与销售费用</td><td>0.05</td><td>0.05</td><td>0.05</td><td>0.05</td><td>0.05</td><td>资料所示</td></tr>
<tr><td>预计变动管理与销售费用</td><td>100</td><td>300</td><td>300</td><td>100</td><td>800</td><td></td></tr>
<tr><td>固定管理与销售费用</td><td>65</td><td>65</td><td>80</td><td>65</td><td>275</td><td>资料所示</td></tr>
<tr><td>减：累计折旧</td><td>15</td><td>15</td><td>15</td><td>15</td><td>60</td><td>资料所示</td></tr>
<tr><td>现金支出</td><td>150</td><td>350</td><td>365</td><td>150</td><td>1 015</td><td></td></tr>
</table>

八、利息费用预算

【做中学 9—14】 光华公司生产经营资金主要依靠营业现金，必要时会有流动资金周转借款，借款发生在季初，季末还款，借款年利率为 6%。用于编制现金预算。

九、资本支出预算

【做中学 9—15】 为开发一种新产品，光华公司决定于 2015 年年初购置不需安装的新机器一台，价值 600 万元。用于编制现金预算。

任务四　编制财务预算

【知识目标】

1. 掌握现金预算的结构和内容；
2. 掌握预计利润表的内容；
3. 掌握预计资产负债表的内容。

【技能目标】

1. 能进行现金预算的结构分析和编制；
2. 能编制预计利润表；
3. 能编制预计资产负债表。

企业预算以利润为最终目标，在编制销售预算的基础上，作出不同层次不同项目的预算，最后汇总为综合性的现金预算和预计财务报表。预计财务报表又称企业总预算，是企业财务管理的重要工具，是控制企业预算期内资金、成本和利润总量的重要手段，主要包括预计利润表和预计资产负债表等。

一、现金预算的编制

现金预算又称现金收支预算，是反映预算期企业全部现金收入和全部现金支出的预算，即以日常业务预算和特种决策预算为基础所编制的反映现金收支情况的预算。它反映现金收入、现金支出、现金收支差额、现金筹措及使用情况以及期初、期末现金余额，主要包括现金收入、现金支出、现金余缺和现金融通四个部分。

(一)现金收入

现金收入包括预算期间的期初现金余额加上本期预计可能发生的现金收入，其主要来源是销售收入和应收账款的回收，可以从销售预算中获得有关资料。

(二)现金支出

现金支出包括预算期间预计可能发生的一切现金支出，包括各项经营性现金支出，用于缴纳税金、股利分配的支出，购买设备等资本性支出，可以从直接材料、直接人工、制造费用、销售及管理费用及特种决策预算等中获得有关资料。

(三)现金余缺

现金余缺是将现金收入总额与现金支出总额相抵，如果收入大于支出即出现剩余，如果收入小于支出则出现短缺。

(四)现金融通

现金融通是指当出现现金剩余时，企业可用它来归还以前的借款或进行短期投资；当出现现金短缺时，企业应向银行或其他单位借款，发行债券、股票等。企业不仅要定期筹措到抵补收支差额的现金，还必须保证有一定的现金储备，应注意保持期末现金余额在合理的上下限度内波动。

现金预算编制举例：

现金预算根据前面各种预算中的现金收入和现金支出的资料编制，年初现金余额资料由上年年末资产负债表提供。

【做中学 9—16】 考虑到公司日常开支需要，光华公司每季季末现金余额的最低额度为100 万元。假设借款和还款均以 100 万元为单位。根据上述资料，编制光华公司 2015 度现金预算，如表 9—16 所示。

表 9—16 **光华公司现金预算**

2015 年度

单位：万元

项 目	1 季度	2 季度	3 季度	4 季度	全年	资料来源及计算依据
①期初现金余额	120	114	149	846	120	年初数见表 9—7
②经营现金收入	1 490	3 780	4 710	2 080	12 060	表 9—8
③可运用现金合计	1 610	3 894	4 859	2 926	12 180	③=①+②
现金支出						

续表

项　目	1季度	2季度	3季度	4季度	全年	资料来源及计算依据
其中:直接材料	623	1 379	1 453	701	4 156	表9—10
直接人工	360	900	840	300	2 400	表9—11
制造费用	408	840	792	360	2 400	表9—12
销售及管理费用	150	350	365	150	1 015	表9—15
预计所得税	55	55	55	55	220	估计每季预交55万元
购买机器设备	600	—	—	—	600	
④现金支出小计	2 196	3 254	3 505	1 566	10 791	
⑤最低现金余额	100	100	100	100	100	资料要求
⑥现金需求合计	2 296	3 624	3 605	1 666	10 891	⑥=④+⑤
⑦现金余缺	−686	270	1 254	1 260	1 289	⑦=③−⑥
⑧资金筹措及运用	700	−221	−508	—	−29	
加:流动资金借款	700				700	
减:归还流动资金借款		−200	−500		−700	季初借、季末还
支付银行借款利息		−21	−8		−29	年利息率6%
⑨期末现金余额	114	149	846	1 360	1 360	⑨=⑤+⑦+⑧

注:(1)表9—15"可运用现金合计"的数据是"期初现金余额"与"经营现金收入"两项的合计数额。

(2)流动资金借款700万元是在第一季度初借入,根据预算期现金情况,分别在第二季度末偿还第一笔借款200万元,第二季度末还清剩下本金余额500万元。

(3)利息计算:

第二季度利息=700×6%×2/4=21(万元)

第三季度利息=500×6%×1/4=8(万元)

(4)计算结果保留整数,小数点后面四舍五入。

预计财务报表又称企业总预算,是企业财务管理的重要工具,是控制企业预算期内资金、成本和利润总量的重要手段,主要包括预计利润表和预计资产负债表等。

二、预计利润表

预计利润表是以货币为计量单位,全面、综合地反映企业预算期内生产经营的财务情况和规定利润计划数额的一种预算,是控制企业生产经营活动和财务收支的主要依据。这种预算是在汇总销售预算、产品生产成本预算、销售及管理费用预算、营业外收支预算、现金预算等的基础上加以编制的,编制这种预算的目的在于明确预算反映的利润水平。如果利润预算数额与最初编制预算时确定的目标利润存在较大的差距,就需要调整有关预算,设法达到目标利润,或者经企业领导同意后修改目标利润。

【做中学9—17】 光华公司预算期扣除各项抵减项目后所得税税率为20%,现编制光华公司2015年度预计利润表,如表9—17所示。

表 9－17　　光华公司预计利润表　　单位:万元

2015 年度

项　目	金　额	资料来源及计算依据
销售收入	12 000	表 9－8
销售成本	9 762	9 762＝63＋9 760－61
期初存货成本	63	表 9－13
加:本期生产成本	9 760	表 9－13
减:期末存货成本	61	表 9－13
毛利	2 238	2 238＝12 000－9 762
减:销售及管理费用	1 075	表 9－15
财务费用	29	表 9－16
利润总额	1 134	1 134＝2 238－1 075－29
减:所得税(20%)	227	227＝1 134×20%
净利润	907	907＝1 134－227

注:计算结果保留整数,小数点后面四舍五入。

三、预计资产负债表

预计资产负债表是以货币为计量单位反映企业预算期期末财务状况的总括性预算。这种预算是利用基期期末资产负债表,根据预算期销售、生产、成本等预算的有关数据加以调整编制的。编制这种预算的目的在于明确预算反映的财务状况的稳定性和流动性。如果通过预计资产负债表的分析,发现某些反映企业预算期偿债能力、资产营运能力、盈利能力的财务比率不佳,必要时可修改有关预算,以改善财务状况。

【做中学 9－18】 根据相关数据,编制光华公司预计资产负债表,如表 9－18 所示。

表 9－18　　光华公司预计资产负债表

2015 年度　　单位:万元

资　产	年初数	年末数	权　益	年初数	年末数
流动资产			流动负债		
现金(表 9－16)	120	1 360	应付账款(表 9－12)	100	104
应收账款(表 9－8)	300	240	未交税金(表 9－18、表 9－19)	—	7
存货			流动负债合计	100	111
原材料(表 9－14)	50	50	长期借款	—	—
库存商品(表 9－14)	63	61			
流动资产合计	533	1 711	股东权益		
固定资产	11 500	12 100	股本	600	600

续表

资　产	年初数	年末数	权　益	年初数	年末数
减:累计折旧(表9—12、表9—15)	4 500	5 360	留存收益(表9—19)	6 833	7 740
固定资产净值	7 000	6 740	股东权益合计	7 433	8 340
资产总计	7 535	8 451	权益总计	7 535	8 451

注:(1)"现金"见表9—15,第四季度末现金余额1 360万元。

(2)"应收账款":1 600(表9—7)×15%=240(万元)。

(3)"原材料"与"库存商品"见表9—13。

(4)"固定资产":11 500(表9—6)+本期增加数600=12 100(万元)。

(5)"累计折旧":4 500(表9—6)+800(表9—11)+60(表9—14)=5 360(万元)。

(6)"应付账款":520(表9—9)×20%=104(万元)。

(7)"未交税金":227(表9—16)−220(表9—15)=7(万元)。

(8)"股本"本期没有变动。

(9)"留存收益":6 833(期初数)+907(表9—16)=7 740(万元)。

拓展阅读

非财务人员应掌握的财务预算管理知识

财务预算主要是以现金预算、预计资产负债表和预计利润表的形式反映,期中现金预算是其核心内容,并且财务预算是以业务预算和决策预算为基础编制的,是其他预算有关现金收支的汇总,是全面预算的最后环节。对于财务预算的管理,非财务人员还应了解以下事项:

一、编制财务预算的程序

编制财务预算一般需要经过以下几道程序:

(1)最高机构根据长期规划,选用本量利分析等工具提出企业一定时期的总目标,并下达规划指标。

(2)最基层成本控制人员自行草拟预算,使预算能较为可能,较为符合实际。

(3)各部门汇总部门预算,并初步协调本部门预算,编出销售、生产、财务等业务预算。

(4)预算委员会审查、平衡业务预算,汇总出公司的总预算。

(5)经过行政首长批准,审议机构通过或者驳回修改预算。

(6)主要预算指标报告给董事会或上级主管单位,讨论通过或者驳回修改。

(7)批准后的预算下达给各部门执行。

二、做好财务预算的执行程序

企业应当严格执行销售或营业、生产和成本费用预算,努力完成利润指标。在日常控制中,企业应当健全凭证记录,完善各项管理规章制度,严格执行生产经营月度计划和成本费用的定额、定率标准,加强适时的监控。对预算执行中出现的异常情况,企业有关部门应及时查明原因,提出解决办法。

企业应当建立财务预算报告制度,要求各预算执行单位定期报告财务预算的执行情况。对于财务预算执行中发生的新情况、新问题及出现偏差较大的重大项目,企业财务管理部门以及财务预算委员会应当责成有关预算执行单位查找原因，提出改进经营管理的措施和建议。

企业财务管理部门应当利用财务报表监控财务预算的执行情况，及时向有关预算执行单位提供相关的财务预算信息，促进企业完成财务预算目标。

三、财务预算的调整

企业调整要财务预算，应当由预算执行单位逐级向企业财务预算委员会提出书面报告，阐述财务预算执行的具体情况、客观因素变化情况及其对财务预算执行造成的影响程度，提出财务预算指标的调整幅度。

企业财务管理部门应当对预算执行单位的财务预算调整报告进行审核分析，集中编制企业年度财务预算调整方案，提交财务预算委员会以及企业董事会或经理办公会审议批准，然后下达执行。

母公司审议批准的财务预算调整方案，应当在下达执行15日内报送主管财政机关备案。

四、财务预算的执行分析

开展财务预算执行分析，企业财务管理部门及各预算执行单位应当充分收集有关财务、业务、市场、技术、政策、法律等方面的有关信息资料，根据不同情况分别采用比率分析、比较分析、因素分析、平衡分析等方法，从定量与定性两个层面充分反映预算执行单位的现状、发展趋势及其存在的潜力。

企业财务预算委员会应当定期组织财务预算审计，纠正财务预算执行中存在的问题，充分发挥内部审计的监督作用，维护财务预算管理的严肃性。

预算年度终了，财务预算委员会应当向董事会或者经理办公会报告财务预算执行情况，并依据财务预算完成情况和财务预算审计情况对预算执行单位进行考核。

企业内部预算执行单位上报的财务预算执行报告，应经本部门、本单位负责人按照内部议事规范审议通过，作为企业进行财务考核的基本依据。

（资料来源：中华会计网校。）

案例分析

财务预算管理中石化应用案例分析

在实施财务预算管理系统的同时，中石化进一步完善了其财务分析体系。过去，中石化可以实现财务信息穿透查询的功能，即总部工作人员可以通过网络登录各级单位的服务器，查询相关的财务明细信息。这种查询模式只能解决“一查到底”的需求，但总部应用信息的模式更多是“先粗后细”“横向对比”等，更多的是基于报表数据，这就遇到了一些难题：报表数量大，每年报表格式还经常发生变化。由于报表数量众多，做好分析还需要熟悉不同的业务背景（油田、炼化、销售、科研与贸易），所以过去的主要精力都放在“复制”“粘贴”等手工重复劳动上，分析体系也不成规范，分析手段比较原始，造成工作人员工作量大、疲于应付的局面。

为进一步提升财务分析的水平，中石化引入咨询公司普华永道，通过比较国外企业与中石化在分析体系上的差异，针对不同部门的需求特点提供相应的解决方案，帮助中石化建立比较完善的分析体系，改变原有的以手工操作为主的手段，充分应用IT工具，对明确的、重复的分析需求，最终用户鼠标一点就可生成相关的分析图表；对临时产生的分析需求，关键用户可通过图形化的方式自定义实现。并通过多维数据库旋转、切片、钻取、维度切换、WHAT-IF 等手段进行分析，从而使管理人员能够真正将主要精力从“手工劳动”生成分析报表转移到应用先进的手段去发现问题、解决问题上来。为了实现这样的目标，中石化采用了 Hyperion Essbase 解决方案，将过去以“报表”为基本存储单元变为以“报表数据项”为基本存储单元的多维数据库“元数据”存储模式。同时为了能够更好地解决前端展现问题，中石化还采用了 Hyperion Analyzer 和 Hyperion Intelligence 工具，通过图形化以及鼠标拖拽对数据进行穿透查询、处理和分析，进而改善中石化的财务分析体系，满足中石化报表式管理的需求。

中石化的成功经验：对中石化而言，企业的信息化应用包括两个层面的应用。一方面是下属企业的应用，它所要解决的问题主要在于流程、业务、订单、事务等实现信息化。而从总部的角度来看，关键应该考虑如何设计规范，实现下属企业在规范和标准下运作。对大型的集团性企业来说，这样做的难度较大，主要受方案设计、执行、监督等因素的影响，但必须这样做。同时，从管理的角度来看，预算管理相当重要，要实现真正的预算管理，首先必须在思想上意识到预算管理的重要性和必要性，并通过循序渐进的方式逐步完善财务预算体系，同时要有良好的业务解决方案和优秀的工具支持。

（资料来源：中国审计网。）

职业能力训练

一、名词解释

财务预算　专门预算　弹性预算　零基预算　现金预算　预计利润表　预计资产负债表

二、单项选择题

1. 年度预算的编制关键和起点是（　　）。

A. 生产预算　　B. 现金预算　　C. 销售预算　　D. 直接材料预算

2. 下列各项预算中，称为总预算的是（　　）。

A. 日常业务预算　　B. 专门预算　　C. 财务预算　　D. 产成品预算

3. 某企业每季度销售收入中，本季度收到现金 60%，另外的 40%要到下季度才能收回现金。若预算年度的第四季度销售收入为40 000万元，则预计资产负债表中年末应收账款项目金额为（　　）万元。

A. 16 000　　B. 24 000　　C. 40 000　　D. 20 000

4. 在财务预算中，专门用以反映企业未来一定预算期内预计财务状况和经营成果的报表统称为（　　）。

A. 现金预算　　B. 预计利润表　　C. 预计资产负债表　　D. 预计财务报表

5. 企业的外部融资需求的正确估计为：（　　）。

A. 资产增加—预计总负债增加—预计股东权益增加

B. 资产增加—负债增加—留存收益增加

C. 预计总资产增加—负债增加—留存收益增加

D. 预计总资产增加—负债增加—预计股东权益增加

6. 利用历史资料建立各有关项目与销售额之间的函数关系，并据以预测资本需求的财务预测方法是（　　）。

A. 销售百分比法　　B. 回归分析法　　C. 财务规划模型法　　D. 现金预算预测法

7. 编制弹性预算的公式法的优点是（　　）。

A. 不逐项分解成本　B. 能直接查出特定业务量下的总成本预算数额
C. 适用于多品种经营的企业　D. 一定范围内不受业务量波动影响

8. 能够同时以实物量指标和价值量指标分别反映企业经营收入和相关现金收入的预算是(　　)。
A. 现金预算　B. 销售预算　C. 生产预算　D. 预计资产负债表

9. 编制生产预算时,关键是正确地确定(　　)。
A. 销售价格　B. 销售数量　C. 期初存货量　D. 期末存货量

10. 采用百分比法编制弹性利润预算,必须假定固定成本不变,(　　)随着销售收入变动同比例变动。
A. 销售收入　B. 销售成本　C. 变动成本　D. 利润总额

三、多项选择题

1. 某企业只生产一种产品,单价为 10 元,单位变动成本为 6 元,固定成本为 5 000 元,销量为 1 000 件。欲实现目标利润 1 000 元,可采取的措施有(　　)。
A. 单价提高到 12 元　B. 单位变动成本降低至 4 元
C. 固定成本降低至 4 000 元　D. 销量增加至 1 500 件
E. 单价下降至 9 元,同时增加销量至 2 000 件

2. 财务预算的内容具体包括(　　)。
A. 现金预算　B. 预计损益表　C. 预计资产负债表　D. 预计现金流量表

3. 编制生产预算中的"预计生产量"项目时,需要考虑的因素有(　　)。
A. 预计销售量　B. 预计期初存货　C. 预计期末存货　D. 前期实际销量
E. 生产需用量

4. 与生产预算有直接联系的预算是(　　)。
A. 直接材料预算　B. 变动制造费用预算　C. 销售及管理费用预算　D. 直接人工预算

5. 外部融资量取决于(　　)。
A. 销售的增长　B. 股利支付率　C. 销售净利率　D. 资产销售百分比
E. 负债销售百分比

6. 下列各项中,被纳入现金预算的有(　　)。
A. 经营性现金收入　B. 经营性现金支出　C. 资本性现金支出　D. 现金收支差额

7. 编制弹性利润预算的方法包括(　　)。
A. 公式法　B. 列表法　C. 因素法　D. 百分比法

8. 下列各项中,属于日常业务预算内容的有(　　)。
A. 销售预算　B. 生产预算　C. 产品成本预算　D. 制造费用预算

9. 零基预算的优点包括(　　)。
A. 不受基期费用水平的束缚　B. 可充分挖掘内在潜力,增强预算的应用能力
C. 有利于有效地分配资源　D. 工作量小

10. 财务预算中的预计财务报表包括(　　)。
A. 预计收入表　B. 预计成本表　C. 预计损益表　D. 预计资产负债表

11. 预计财务报表的编制基础包括(　　)。
A. 日常业务预算　B. 专门预算　C. 现金预算　D. 人员培训预算

四、判断题

1. 每股收益越高,意味着股东可以从公司分得越高的股利。(　　)

2. 企业预算以利润为最终目标,并把确定下来的目标利润作为编制预算的前提条件。(　　)

3. 生产预算是在销售预算的基础上编制的,是业务预算中唯一仅以数量形式反映预算期内有关产品生产数量及品种构成的一种预算,它是编制直接材料、直接人工和变动制造费用预算的基础。(　　)

4. 从理论上讲，弹性预算只适用于编制成本费用预算和利润预算。 (　　)

5. 制造费用预算分为变动性制造费用和固定性制造费用两部分。变动性制造费用和固定性制造费用均以生产预算为基础来编制。 (　　)

6. 管理费用多属于固定成本，所以，管理费用预算一般是以过去的实际开支为基础，按预算期的可预见变化来调整。 (　　)

7. 销售预测不仅是财务管理的职能，也是财务预测的基础。 (　　)

8. 在编制零基预算时，应以企业基期成本费用水平为基础。 (　　)

9. 生产预算是编制企业预算的出发点，也是编制其他日常业务预算的基础。 (　　)

10. 预计财务报表的编制程序是先编制预计资产负债表，然后再编制预计损益表。 (　　)

五、简答题

1. 什么是财务预算？它与日常业务预算和专门预算有什么关系？
2. 预算的作用是什么？编制预算的步骤有哪些？
3. 编制财务预算的步骤有哪些？
4. 什么是弹性预算？如何编制？
5. 什么是零基预算？编制零基预算的程序有哪些？
6. 为什么说销售预算是编制财务预算的基础和关键？

六、实务训练题

1. 某企业预计 2014 年 A 产品的单位变动成本为 6 万元，固定成本为2 000万元。当年生产的产品当年销售，销售业务量的有效变动范围为 700 万～1 100 万台，同一销售业务量下其售价分别为 10 万元和 11 万元。

要求：练习弹性利润预算编制的因素法，采用因素法推算出以每隔 100 台为业务量间隔时，该企业 2015 年 A 产品利润预算数额。

2. 2014 年 12 月 31 日，某公司拟编制 2015 年现金预算，现已收到了大量订单，并且已从银行取得 40 万元的一年期到期一次还本付息的借款，以备下年生产经营所需。公司销售货款回收情况如下：

当月收现金 30%，次月收 60%，第三个月收回 10%，所有销售均为赊销，该公司 2014 年 12 月 31 日现金余额为 5 万元。企业通常在销售前一个月购买存货，购买量为次月销售额的 50%，购买次月付款。预计 2015 年 1～3 月工资分别为 45 万元、50 万元和 46 万元，1～3 月其他付现费用分别为 60 万元、60 万元、40 万元，1～4月销售收入分别为 120 万元、200 万元、130 万元、150 万元。2014 年 11 月及 12 月销售收入分别为 100 万元、120 万元。

要求：据以上资料，编制 2015 年 1～3 月现金预算（公司每月现金最佳余额为 5 万元，不足时还可申请临时借款，借款利息率为 10%，多余时归还借款，借款在期初，还款在期末，借款、还款均为 1 万元的倍数）。

要求：编制下面的现金预算表：

	11 月	12 月	1 月	2 月	3 月	4 月
销售收入						
现金收入						
采购额						
采购支出						
项　目	1月		2月		3月	
期初余额						
现金收入						

续表

项　目	1月	2月	3月
现金支出			
采购支出			
工资支出			
其他支出			
现金多余或不足			
一年内借款			
临时借款			
归还借款			
利息			
期末余额			

3. 某企业只生产一种产品，单价为50元，单位变动成本为30元，预计每年固定成本为50 000元，计划产销量为每年3 000件。

要求：

(1)如果单价提高10%，利润增长的百分率是多少？

(2)如果销量减少10%，利润减少的百分率是多少？

(3)如果固定成本上升10%，利润减少的百分率是多少？

项目十

财务分析

导学案例

大连天宝绿色食品股份有限公司(上市公司股票代码 002220)2009 年和 2008 年第三季度财务报告的数据值分析如下：

[资本结构分析] 股东权益比率 2009 年和 2008 年前三季度分别为 52.33% 和 63.65%，说明 2009 年天宝股份的自有资金的充足程度不及 2008 年。资本负债率和长期负债比率 2009 年前三季度分别为 47.67% 和 41.36%，相比 2008 年同期指标值 36.35% 和 19.47% 都有所增长，尤其是长期负债比率。可见 2009 年长期负债比率如此大幅度提升是因为企业长期负债过多，从而影响了企业的偿债能力，增加了财务风险。股东权益与固定资产比率 2009 年前三季度为 1.23，该指标 2008 年同期为 1.09，该指标显示的数值进一步说明公司的自有资金不是十分充足。

[偿债能力分析] 短期偿债能力指标中，流动比率 2009 年和 2008 年前三季度分别为 9.07 和 2.46。通常流动比率的数值以 2 为宜，因此 2008 年公司的流动比率数值较为理想，而 2009 年公司的流动比率过高，说明公司的资产利用效率存在问题。速动比率 2009 年和 2008 年前三个季度分别为 4.94 和 1.25。通常速动比率的数值为 1 较为理想，因此，2008 年公司的速动比率数值近似接近理想数值，而 2009 年公司的速动比率则过高，这主要是因为公司 2009 年存货过多、现金资产较少导致的。反映到现金比率上，2009 年和 2008 年前三个季度公司现金比率仅为 0.917 9 和 0.147 1，都处于比较低的水平。长期偿债能力指标中，股东权益比率 2009 年和 2008 年前三季度分别为 52.33% 和 63.65%，均处在相对较高的水平上。资产负债率 2009 年和 2008 年前三季度分别为 47.67% 和 36.35%，均不高。因此总的来看，短期偿债能力较弱，而长期偿债能力相对较强。

1. 业务流程图

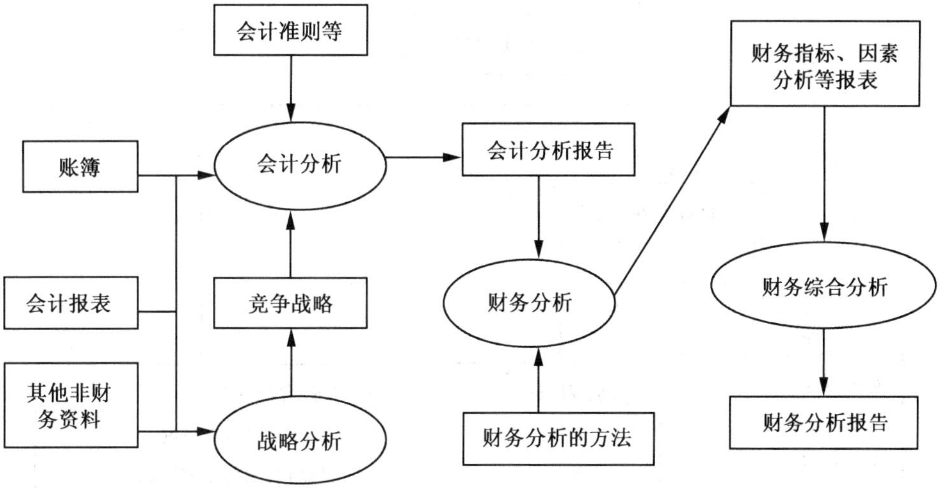

2. 主要岗位职责

职责内容

(1) 对公司整体财务运行情况分析，做出书面报告。
(2) 对公司资产、负债、所有者权益情况进行具体量化分析，发现问题与异常，提出合理化建议。
(3) 对预算执行情况、费用开支、资金收支计划进行分析，甄别异常情况，提出改进建议。
(4) 负责提交相关财务报表，保证准确及时，报表包括（但不限于）资产负债表、利润表、利润分配表、现金流量表、费用分析表、趋势分析表等。
(5) 分析公司收入、利润实现情况，提出增收合理化建议。
(6) 对公司内控制度等执行情况进行分析总结，提出改进建议与措施。

任务一　财务分析基本方法

【知识目标】

1. 了解财务分析的目的和内容；
2. 掌握比较分析法、比率分析法、趋势分析法、因素分析法。

【技能目标】

1. 认识财务分析目的和内容的构成；
2. 学会使用比较分析法、比率分析法、趋势分析法、因素分析法。

一、财务分析概述

财务分析是根据企业财务报表等信息资料，采用专门方法，系统分析和评价企业财务状况、经营成果以及未来发展趋势的过程。企业财务报告包括资产负债表、利润表、现金流量表、股东权益变动表及相关附表和财务状况说明书，财务报告框架如图 10—1 所示。

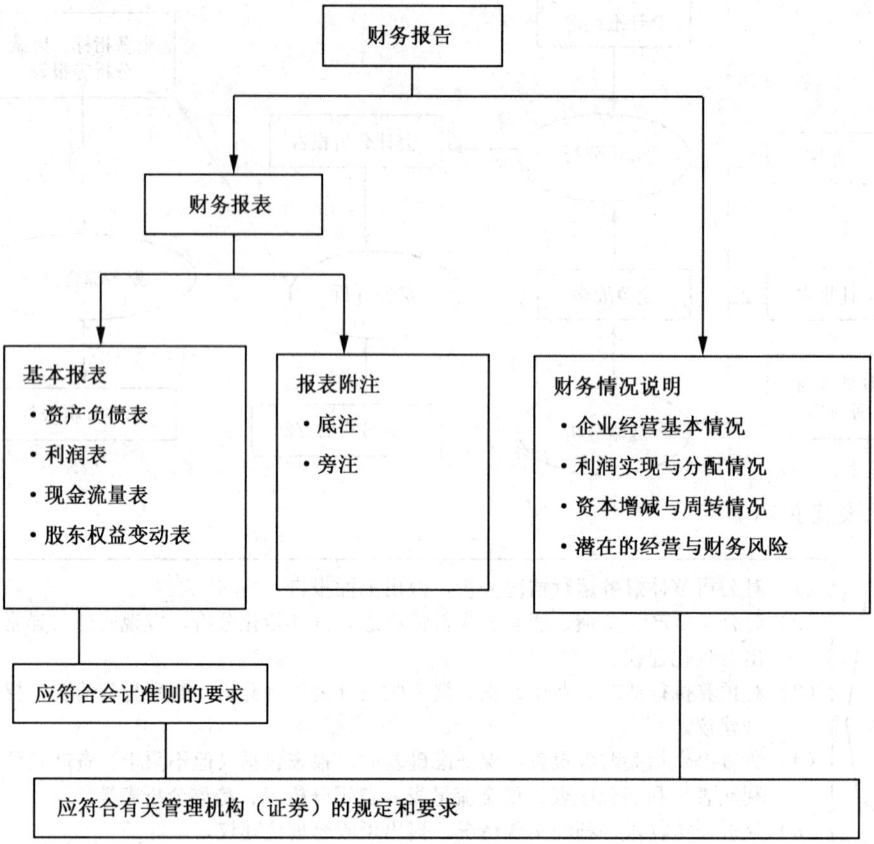

图 10—1 财务报告框架

财务分析既是对于已完成财务活动的总结，又是财务预测的前提，在财务管理循环中起着承上启下的重要作用。

(一)财务分析的目的

财务分析的主要目的一般可概括为：评价企业过去的经营业绩，反映企业在运营过程中的利弊得失，衡量现在的财务状况，预测未来的发展趋势，为财务报表使用者作出相关决策提供可靠的依据。

财务报表的使用者主要有投资者、债权人、经理人员、供应商、政府、雇员、中介机构等。不同主体由于利益倾向的差异，在对企业进行财务分析时的目的也有所不同。

1. 企业投资者的目的

投资者作为企业的所有者或股东，必然高度关心其资本的保值和增值状况，即对企业投资的回报率极度关注。

2. 企业债权人的目的

企业的债权人也十分关注债务企业的经营状况。他们最关心的不是企业是否具有强劲的获利能力，而主要是这种获利能力最终能否形成有效的支付能力，以保证其债务本息及时足额地予以偿还。

3. 企业经营管理人员的目的

企业经营者必须对企业经营理财的各个方面，包括营运能力、偿债能力、盈利能力与社会贡献能力等加以关注。

4. 政府部门的目的

政府部门，如财政、税务及有关经济管理部门，从国家财政收入和宏观经济的角度，也要对企业的财务状况及发展趋势进行评估，衡量企业对国家或社会的贡献水平。

尽管不同企业的经营状况、经营规模、经营特点不同，作为运用价值形式进行的财务分析，归纳起来其分析的内容不外乎偿债能力分析、营运能力分析、获利能力分析、发展能力分析和综合能力分析五个方面。

(二)财务分析方法的局限性

(1)企业财务报表存在局限。财务分析所依据的财务报表数据常常由于企业所采用的会计处理方法的不同而异，另外，会计政策选择的不同也会影响报表的可比性。

(2)会计记录是以历史成本为依据的，资产价格的变化有时不反映在财务报表中，当资产的价格发生较大变化时，依据财务报表上的数据所做的财务分析就不能真实地反映企业的财务状况和经营成果，往往导致企业资产不实、利润虚假。

(3)通货膨胀会使资产负债表、利润表中的各项数据严重地歪曲。会计核算以货币计量为基本前提，而币值稳定是货币计量假设的内容之一。而现实的情况是，通货膨胀普遍存在，币值稳定假设受到严峻的挑战。

(4)企业往往采用粉饰技术蒙骗会计报表使用者。一般而言，财务分析的诸多指标中，凡是以时点指标为基础计算的大多可以“乔装打扮”。例如，企业为表现良好的偿债能力和营运能力，可以在报表日前放宽信用条件，扩大销售，增加销售收入；抛售短期有价证券；提前办理大额增资并偿还部分流动负债；期末压缩或延缓进货等。

(5)有时财务报告中的数据并不全面，会有表外因素存在，主要表现如下：未做记录的或有负债。依照我国《企业会计准则》，除已贴现的商业承兑汇票作为资产负债表的一个附注反映外，其他或有负债可能在报表中没有反映，而一旦成为事实上的负债，其债务负担必然加大。担保责任引起的负债，也会产生这样的担忧。

(6)财务分析指标存在局限。会计以货币作为主要的计量手段，一些非货币计量因素（如开发研制新产品、发明新技术、提高企业人员素质等）对企业未来的发展有重大影响，可是财务分析对这类因素的评价显得力不从心。

财务分析是一个认识过程，通常只能发现问题，而不能提供解决问题的答案，只能做出评价而不能改善企业的财务状况。

二、财务分析的方法

财务分析的基本程序包括：明确财务分析的目的；收集有关信息资料；选择适当的分析方法；发现财务管理中存在的问题；提出改善财务状况的具体方案。

财务分析方法有多种，主要有比较分析法、比率分析法、因素分析法、趋势分析法。

(一)比较分析法

比较分析法也称对比分析法，是通过对两个或两个以上相关指标进行对比，确定数量差异，揭示企业财务状况和经营成果的一种分析方法。比较分析法的具体运用主要有三种方式：

1. 重要财务指标的比较

即将不同时期财务报告中的相同指标或比率进行纵向比较，直接观察其增减变动情况及变动幅度，考察发展趋势，预测发展前景。不同时期财务指标的比较主要有以下两种方法：

(1)定基动态比率,是以某一时期的数额为固定的基期数额而计算出来的动态比率。

$$定基动态比率=\frac{分析期数额}{固定基期数额}\times 100\%$$

(2)环比动态比率,是以每一分析期的数据与上期数据相比较计算出来的动态比率。

$$环比动态比率=\frac{分析期数据}{前期数额}\times 100\%$$

2. 会计报表的比较

即将连续数期的会计报表的金额并列起来,比较各指标不同期间的增减变动金额和幅度,据以判断企业财务状况和经营成果发展变化的一种方法。具体包括资产负债表比较、利润表比较和现金流量表比较等。

【做中学 10—1】 表 10—1 是广宇公司的比较利润表。

表 10—1 **广宇公司比较利润表**

2013～2014 年 单位:万元

项 目	2014 年	2013 年	增加(减少)	
			金 额	百分比(%)
营业收入	2 200	2 120	80	3.77
营业成本(销售成本)	1 050	1 000	50	5
管理费用	480	490	—10	—2.56
财务费用(利息支出)	123	120	3	2.5
营业费用	215	205	9	4.37
营业利润	332	304	28	9.21
加:投资收益	10	10	0	0
营业外收入	32	28	4	14.29
减:营业外支出	20	16	4	25
利润总额	354	326	28	8.59
所得税(25%)	88.5	81.5	7	8.59
净利润	265.5	244.5	21	8.59

3. 会计报表项目构成的比较

会计报表项目构成的比较是在会计报表比较的基础上发展而来的,是以会计报表中的某个总体指标作为 100%,再计算出各组成项目占该总体指标的百分比,从而比较各个项目百分比的增减变动,以此来判断有关财务活动的变化趋势。

【做中学 10—2】 根据表 10—1 提供的数据,把营业收入作为 100%,编制广宇公司的比较百分比利润表,见表 10—2。

表 10—2 **广宇公司比较百分比利润表**

2013～2014 年 单位:%

项 目	2014 年	2013 年
营业收入	100	100
营业成本(销售费用)	47.7	47.2
管理费用	21.8	23.1

续表

项目	2014年	2013年
财务费用(利息支出)	5.6	5.7
营业费用	9.8	9.7
营业利润	15.1	14.3
加:投资收益	0.5	0.5
营业外收入	1.5	1.3
减:营业外支出	0.9	0.8
利润总额	16	15
所得税(25%)	4	3.75
净利润	12	12.25

采用比较分析法时,应当注意三点:(1)用于对比的各个时期的指标,其计算口径必须保持一致;(2)应剔除偶发性项目的影响,使分析所利用的数据能反映正常的生产经营状况;(3)应运用例外原则对某项有显著变动的指标作重点分析,研究其产生的原因,以便采取对策,趋利避害。

(二)比率分析法

比率分析法是指利用财务报表中两项相关数值的比率揭示企业财务状况和经营成果的一种方法。在财务分析中,比率分析法的应用广泛,因为只采用有关数值的绝对数指标对比不能深入揭示事物的内在矛盾,而比率分析是从财务现象到财务本质的一种深化,更具科学性、可比性。根据分析的目的和要求不同,比率分析主要有以下三种:

1. 构成比率

构成比率又称结构比率,是某个经济指标的各个组成部分与总体的比率,反映部分与总体的关系,可以考察总体中某个部分的形成和安排是否合理,以便协调各项财务活动。其计算公式为:

$$构成比率=\frac{部分数额}{总体数额}$$

2. 效率比率

它是某项经济活动中所费与所得的比率,反映投入与产出的关系。利用效率比率指标,可以进行得失比较,考察经营成果,评价经济效益。如将利润项目与销售成本、销售收入、资本等项目加以对比,可计算出成本利润率、销售利润率以及资本利润率指标,可以从不同角度比较企业获利能力的高低及增减变化情况。

3. 相关比率

它是根据经济活动客观存在的相互依存、相互联系的关系,以某个项目和与其有关但又不同的项目加以对比所得的比率,反映有关经济活动的相互关系。利用相关比率指标,可以考察有联系的相关业务安排得是否合理,以保障企业运营活动能够顺畅进行。如将流动资产与流动负债加以对比,计算出流动比率,就可以判断企业的短期偿债能力。

财务比率可以进行纵向比较,也可以进行横向比较。纵向比较又称内部比较,是把企业现在的财务比率同其过去比率或未来比率相比较。可以观察财务比率的增长变动趋势,从而反映企业存在的问题。

比率分析法的优点是计算简便，计算结果容易判断，而且可以使某些指标在不同规模的企业之间进行比较。但采用这一方法时，对比率指标的使用应该注意对比项目的相关性、计算比率的子项和母项两个指标口径的一致性、衡量标准的科学性。

(三)因素分析法

因素分析法是从数值上测定各个相互联系的因素的变动对有关经济指标影响程度的一种分析方法。经济指标的变动，往往是由于许多因素共同影响的结果，这些因素同方向或反方向地变动对经济指标有着重要推动作用。要测定各个因素对经济指标变动的影响程度，就需要假定影响经济指标变动的诸因素中的其他因素不变，来研究其中某一个因素变动的影响。因素分析法又分为连环替代法和差额计算法两种。

1. 连环替代法

它是用来确定几个相互联系的因素对分析对象——综合财务指标或经济指标的影响程度的一种分析方法。

(1)确定经济指标对比差异，即确定分析对象。

(2)根据影响经济指标的各个因素之间的内在联系，建立反映经济因素与经济指标之间关系的分析模型。

(3)以基数(计划数或上期数等)经济模型为计算基础，按因素顺序以实际指标的各个因素逐次替换基数指标的各个因素，有几个因素就替换几次，直到所有因素均被替换为实际数为止。

(4)将每次替换后的结果与前一次的计算结果相比较，两者之差即为某个因素的变动对经济指标差异的影响数额。

(5)综合各个因素的影响数之和，即为该项经济指标的对比差异数。

经济关系式：设 N 为材料费用总额、a 为产品产量、b 为单耗、c 为单价、0 为计划指标、1 为实际指标。

材料费用总额＝产品产量×单耗×单价

即：

$$N=abc$$

步骤：

(1)连环替代法。

①计算 $\Delta N=N_1-N_0$

②计划指标：$a_0b_0c_0$

第一次替代：$a_1b_0c_0$

第二次替代：$a_1b_1c_0$

第三次替代：$a_1b_1c_1$

③计算 $\Delta a=a_1b_0c_0-a_0b_0c_0$

$\Delta b=a_1b_1c_0-a_1b_0c_0$

$\Delta c=a_1b_1c_1-a_1b_1c_0$

④$\Delta N=\Delta a+\Delta b+\Delta c$

(2)差额计算法。

①计算 $\Delta N=N_1-N_0$

②由于产量增加对材料费用的影响：$\Delta a=(a_1-a_0)b_0c_0$

③由于单耗节约对材料费用的影响：$\Delta b=(b_1-b_0)a_1c_0$

④由于单价提高对材料费用的影响：$\Delta c=(c_1-c_0)a_1b_1$

⑤$\Delta N=\Delta a+\Delta b+\Delta c$

【做中学 10－3】 科华公司生产的 A 产品材料消耗的计划和实际资料如表 10－3 所示。

表 10－3 材料消耗计划和实际资料表

项 目	单 位	计 划	实 际
产品产量	件	1 000	1 100
单位产品材料消耗量	千克	20	18
材料单价	元	4	5
材料费用总额	元	80 000	99 000

根据表 10－3 的资料可知，材料费用总额实际值比计划值增加 19 000 元(99 000－80 000)，这是分析对象。以下分析各因素变动对材料费用总额的影响程度：

计划指标：1 000×20×4＝80 000(元) ①

第一次替代：1 100×20×4＝88 000(元) ②

第二次替代：1 100×18×4＝79 200(元) ③

第三次替代：1 100×18×5＝99 000(元) ④

产量增加对材料费用的影响：

②－①＝88 000－80 000＝8 000(元)

材料消耗节约对材料费用的影响：

③－②＝792 00－88 000＝－8 800(元)

单价提高对材料费用的影响：

④－③＝99 000－79 200＝19 800(元)

全部因素的影响程度：

8 000－8 800＋19 800＝19 000(元)

从上例可知，连环替代法可全面分析各因素对某一经济指标的综合影响，又可以单独分析某个因素对某一经济指标的影响，这是其他分析方法所不具备的。

应用这一方法时，应明确以下问题：(1)替代因素时，必须按照各因素的排列顺序依次替代，不可随意加以颠倒，否则就会得出不同的计算结果。(2)确定各因素排列顺序的一般原则是：如果既有数量因素又有质量因素，先计算数量因素变动的影响，后计算质量因素变动的影响；如果既有实物数量因素又有价值数量因素，先计算实物数量因素变动的影响，后计算价值数量因素变动的影响；如果同时有几个数量和质量因素，还应区分主要和次要因素变动的影响。

2. 差额计算法

差额计算法是连环替代法的一种简化形式，是根据各项因素的实际数与基数的差额来计算各项因素的影响程度的方法。

【做中学 10－4】 仍以表 10－3 所列数据为例，采用差额计算法确定各因素变动对材料消耗的影响。

(1)产品数量变动的影响：(1 100－1 000)×20×4＝8 000(元)

(2)单位产品消耗量变动的影响：1 100×(18－20)×4＝－8 800(元)

(3)单价变动的影响：1 100×18×(5－4)＝19 800(元)

应用因素分析法时，要注意以下几个问题：

第一，指标构成因素的相关性。即确定构成经济指标的各个因素与经济指标之间客观上存在着的因素关系，或者说，组成经济指标的各个因素能够反映经济指标差异的内在原因，否则就失去了分析的意义。

第二，因素替换计算的顺序性。即因素的排列顺序要遵循一定的原则，确定正确的替代顺序。在实际工作中，往往将这一原则具体为先替换数量性指标，后替换质量性指标；先替换实物量指标，后替换价值量指标；先替换主要指标，后替换次要指标。

第三，计算程序的连环性。即因素替换和指标对比要连环地进行，使各因素的影响数与经济指标差异数相符。所谓因素替换的连环性，一是指因素替换要按顺序依次进行，不能间隔地替换；二是指替换过的数要用实际数，尚未替换过的数用基期数。

任务二　财务指标的计算分析

【知识目标】

1. 掌握偿债能力、营运能力、盈利能力、发展能力指标；
2. 了解上市公司财务分析指标。

【技能目标】

1. 能够进行偿债能力指标的计算与分析；
2. 能够进行营运能力指标的计算与分析；
3. 能够进行盈利能力指标的计算与分析；
4. 能够进行发展能力指标的计算与分析；
5. 能够阅读报表进行上市公司的指标计算。

财务活动是一种复杂的经济活动，单纯一种财务比率不能提供足以分析判断企业财务状况和经营成果的充分信息。只有分析一组比率，才能从某个侧面反映企业的财务状况和经营水平。

根据财务比率反映的内容，财务比率可以分为四类：偿债能力指标、营运能力指标、盈利能力指标、发展能力指标。每一类指标都从一个侧面反映了企业的财务状况和经营水平。前两类指标可以根据资产负债表提供的数据计算得出，后两类指标可以根据利润表提供的数据算出。随着财务信息的增加，可以计算的财务比率有许多，但是分析评价企业财务状况和经营成果需要的基本财务比率并不是很多。

一、偿债能力分析

偿债能力是指企业偿还到期债务的能力。偿债能力分为短期偿债能力和长期偿债能力两个方面。短期偿债能力反映企业以流动资产偿还债务的能力，长期偿债能力则分析企业以未来的现金流量偿还债务本息的能力。

(一)短期偿债能力

短期偿债能力是指企业的流动资产偿还流动负债的能力，即企业偿还日常债务的能力。

短期偿债能力的强弱是企业财务状况好坏的重要标志。因此，不论是投资人、债权人还是企业管理者，都非常重视企业的短期偿债能力。反映短期偿债能力的指标主要有流动比率、速动比率和现金流动负债比率三项指标。

1. 流动比率

流动比率是指流动资产与流动负债的比率。一般情况下，流动比率越高，企业短期偿债能力越强。国际上通常认为该比率等于 2 较适当，过高则表明企业流动资产占用较多，会影响资金使用效率和企业的筹资成本，从而影响获利能力。其计算公式为：

$$流动比率=\frac{流动资产}{流动负债}$$

【做中学 10—5】 光华公司 2014 年度资产负债表、利润表简表如表 10—4、表 10—5 所示。

表 10—4 **2014 年度资产负债表** 单位：万元

资　产	期末余额	年初余额	负债和所有者权益	期末余额	年初余额
流动资产：			流动负债：		
货币资金	900	800	短期借款	2 300	2 000
交易性金融资产	500	1 000	应付账款	1 200	1 000
应收账款	1 300	1 200	预收账款	400	300
预付账款	70	40	其他应付款	100	100
存货	5 200	4 000	流动负债合计	4 000	3 400
其他流动资产	80	60	非流动负债：		
流动资产合计	8 050	7 100	长期借款	2 500	2 000
非流动资产：			非流动负债合计	2 500	2 000
持有至到期投资	400	400	负债合计	6 500	5 400
固定资产	14 000	12 000	所有者权益：		
无形资产	550	500	实收资本(或股本)	12 000	12 000
非流动资产合计	14 950	12 900	盈余公积	1 600	1 600
			未分配利润	2 900	1 000
			所有者权益合计	16 500	14 600
资产总计	23 000	20 000	负债及所有者权益总计	23 000	20 000

表 10—5 **2014 年度利润表** 单位：万元

项　目	本期金额	上期金额
一、营业收入	21 200	18 800
减：营业成本	12 400	10 900
营业税金及附加	1 200	1 080
销售费用	1 900	1 620
管理费用	1 000	800
财务费用	300	200
加：投资收益	300	300

续表

项　目	本期金额	上期金额
二、营业利润	4 700	4 500
加：营业外收入	150	100
减：营业外支出	650	600
三、利润总额	4 200	4 000
减：所得税费用	1 680	1 600
四、净利润	2 520	2 400

根据表10—4的数据，计算：

$$年初流动比率=\frac{7\ 100}{3\ 400}=2.09$$

$$年末流动比率=\frac{8\ 050}{4\ 000}=2.01$$

光华公司年初、年末流动比率均超过合理标准，说明公司具有较强的短期偿债能力。

与流动比率相联系的另一个概念是营运资本。营运资本是指流动资产超过流动负债的部分。其计算公式为：

营运资本＝流动资产－流动负债

【做中学10—6】 根据表10—4的数据，计算：

营运资本＝8 050－4 000＝4 050(万元)

营运资本也是衡量短期偿债能力的一个主要指标，它可以反映企业规模的大小。

2. 速动比率

速动比率是指企业速动资产与流动负债的比例关系。速动资产是指流动资产减去变现能力较差且不稳定的存货、预付账款、一年内到期的非流动资产和其他流动资产等之后的余额。由于剔除了存货等变现能力较弱且不稳定的资产，因此，速动比率较之流动比率能够更加准确、可靠地评价企业资产的流动性及其偿还短期负债的能力。其计算公式为：

$$速动比率=\frac{速动资产}{流动负债}$$

其中：

速动资产＝货币资金＋交易性金融资产＋应收账款＋应收票据

＝流动资产－存货－预付账款－一年内到期的非流动资产－其他流动资产

说明：报表中如有应收利息、应收股利和其他应收款项目，可视情况归入速动资产项目。

一般速动比率越高，表明企业偿还流动负债的能力越强。国际上通常认为速动比率等于1较为适当。如果速动比率小于1，会使企业面临很大的偿债风险；如果速动比率大于1，尽管债务偿还的安全性很高，但却会因企业现金及应收账款资金占用过多而大大增加企业的机会成本。

【做中学10—7】 根据表10—4的数据，计算：

$$年初速动比率=\frac{800+1\ 000+1\ 200}{3\ 400}=0.88$$

$$年末速动比率=\frac{900+500+1\ 300}{4\ 000}=0.67$$

分析表明该公司2014年年末的速动比率比年初有所降低，虽然该公司流动比率超过一般公认标准，但由于流动资产中存货所占比重过大，导致公司速动比率未达到一般公认标准，公司的实际短期偿债能力并不理想，需采取措施加以扭转。

3. 现金流动负债比率

现金流动负债比率又称即付比率，是指企业现金类资产与流动负债的比率。由于有利润的年份不一定有足够的现金(含现金等价物)来偿还债务，所以利用以收付实现制为基础计量的现金流动负债比率指标，能充分体现企业经营活动所产生的现金净流量可以在多大程度上保证当期流动负债的偿还，直观地反映出企业偿还流动负债的实际能力。其计算公式为：

$$\text{现金流动负债比率}=\frac{\text{年经营现金净流量}}{\text{流动负债}}$$

现金比率是衡量企业短期偿债能力的最直接的指标。现金比率反映企业随时还债的能力，但是现金比率并非越高越好。现金比率过高反映企业不善于利用现金资源，没有把现金投入经营；相反，现金比率过低则反映企业支付流动负债比较困难。

【做中学10－8】 假设光华公司2013年度和2014年度的经营现金净流量分别为3 000万元和5 000万元(经营现金净流量的数据可以从公司的现金流量表中获得)。

根据表10—4的数据，计算：

$$\text{2013年度的现金流动负债比率}=\frac{3\ 000}{3\ 400}=0.88$$

$$\text{2014年度的现金流动负债比率}=\frac{5\ 000}{4\ 000}=1.25$$

2014年度现金流动负债比率比2013年度有明显提高，表明短期偿债能力增强。

流动比率、速动比率和现金流动负债比率从总体上构成企业偿还短期债务的结构体系。

(二)长期偿债能力

长期负债是指偿还期在1年以上的债务，包括长期借款、应付长期债券、长期应付款等。长期偿债能力分析主要是为了确定企业偿还债务本金和支付利息的能力，从两方面对企业进行分析：一方面是对企业获利能力的分析。企业一般不可能以资产偿还债务，所以企业的获利能力是分析长期偿债能力的重要方面。另一方面是资本结构的分析，如果债务占的比例很大，说明大部分经营风险由债权人负担。债务比例越大，企业无力偿还债务本息的可能性就越高。

反映企业长期偿债能力的财务指标主要有资产负债率、产权比率、已获利息倍数。

1. 资产负债率

资产负债率是指企业负债总额对资产总额的比率。资产负债率越高，说明企业总资产中举债筹措的资金越多，财务风险越大；资产负债率越低，企业的偿债保证程度越强。

资产负债率较高，说明投资人运用了较少的自有资金。由于借款利息在税前支付，在投资报酬率高于借款利率的情况下，可以利用财务杠杆的原理，举债经营对提高投资人收益是有益的。保守的观点认为资产负债率不应高于50%，而国际上通常认为资产负债率等于60%较为适当。其计算公式为：

$$\text{资产负债率}=\frac{\text{负债总额}}{\text{资产总额}}\times 100\%$$

【做中学10－9】 根据表10—4的数据，计算：

$$\text{年初资产负债率}=\frac{5\ 400}{20\ 000}\times 100\%=27\%$$

$$年末资产负债率=\frac{6\ 500}{23\ 000}\times100\%=28.26\%$$

年初和年末的资产负债率都不高，表明公司长期偿债能力较强，有利于增强债权人的贷款信心。

2. 产权比率

产权比率也称资本负债比率，是负债同所有者权益的比率，它反映了企业资产中有多少是所有者投入的，有多少是债权人提供的。其计算公式为：

$$产权比率=\frac{负债总额}{所有者权益}\times100\%$$

【做中学 10—10】 根据表 10—4 的数据，计算：

$$年初产权比率=\frac{5\ 400}{14\ 600}\times100\%=36.99\%$$

$$年末产权比率=\frac{6\ 500}{16\ 500}\times100\%=39.39\%$$

年初和年末的产权比率都不高，表明公司长期偿债能力较强，债权人的保障程度比较高。

产权比率与资产负债率对评价偿债能力的作用基本相同，主要区别是：资产负债率侧重于分析债务偿付安全性的物质保障程度，产权比率则侧重于揭示财务结构的稳健程度以及自有资金对偿债风险的承受能力。一般来说，所有者投入资本大于债权人投入资本的，其企业财务结构比较稳定。

3. 已获利息倍数

已获利息倍数是指企业一定时期息税前利润与利息支出的比率。国际上通常认为指标为 3 较为适当。从长期来看，已获利息倍数至少应当大于 1，且比值越高，企业长期偿债能力一般也就越强。其计算公式为：

$$已获利息倍数=\frac{息税前利润}{利息支出}$$

公式中分子采用“息税前利润”是为了反映企业经营业务收益，避免纳税对收益的影响。

但是在短期内，在已获利息倍数低于 1 的情况下，企业仍有可能支付利息。这是因为有些费用如折扣、摊销等不需要当期支付现金。企业在确定合理的已获利息倍数时，应注意和行业水平比较。特别是与本行业平均水平进行比较，来分析决定本企业的指标水平。

【做中学 10—11】 根据表 10—5 的数据（假定报表中财务费用全部为利息支出），计算：

$$2013\ 年已获利息倍数=\frac{4\ 000+200}{200}=21$$

$$2014\ 年已获利息倍数=\frac{4\ 200+300}{300}=15$$

连续两年已获利息倍数均较高，表明公司具备较强的偿债能力。

二、营运能力分析

营运能力是指企业的资金周转能力。通过营运能力分析，可以了解企业的经营状况和管理水平，找出存在的问题，采取措施强化管理，改善财务状况。

评价企业资金周转状况的财务比率主要有三方面：流动资产周转分析、固定资产周转分析和总资产周转分析，具体比率指标有应收账款周转率、存货周转率、营业周期、流动资产周转率、固定资产周转率和总资产周转率。

(一)应收账款周转率

应收账款周转率是指赊销净额与应收账款平均余额之比。这一指标用于衡量企业应收账款回收的快慢。其计算公式为：

$$应收账款周转率(次数)=\frac{主营业务收入净额}{平均应收账款余额}$$

$$平均应收账款余额=\frac{应收账款年初数+应收账款年末数}{2}$$

【做中学 10—12】 根据表 10—4、表 10—5 的数据，计算：

$$平均应收账款余额=\frac{1\ 200+1\ 300}{2}=1\ 250(万元)$$

$$应收账款周转率(次数)=\frac{21\ 200}{1\ 250}=16.96(次)$$

计算应收账款周转率时需注意以下几个问题：

(1)公式中的应收账款包括会计核算中的“应收账款”和“应收票据”等全部赊销账款在内，且其金额应为扣除坏账准备后的净额；

(2)如果应收账款余额的波动性较大，应尽可能使用更详尽的计算资料，如按每月的应收账款余额来计算其平均占用额；

(3)分子、分母的数据应注意时间的对应性。

应收账款周转率(次数)是指一定时期内主管业务收入净额与平均应收账款余额的比率。考察应收账款回收速度的快慢，还可以利用应收账款周转天数这一指标，它与应收账款周转次数互为倒数关系。其计算公式为：

$$应收账款周转天数=\frac{平均应收账款余额}{主营业务收入净额}\times 360$$

【做中学 10—13】 根据表 10—4、表 10—5 的数据，计算：

$$应收账款周转天数=\frac{1\ 250}{21\ 200}\times 360=21.23(天)$$

应收账款周转次数越高，周转天数越短，企业收回账款的速度越快，资产的流动性越强，资金周转状况越好。考察应收账款的回收速度，必须与企业的赊销条件相结合。

(二)存货周转率

存货周转率是指一定时期内企业主营业务总成本与存货平均余额的比率，反映企业销售能力和流动资产流动性。其计算公式为：

$$存货周转率(次数)=\frac{主营业务成本}{平均存货}$$

其中：

$$平均存货=\frac{存货年初数+存货年末数}{2}$$

$$存货周转天数=\frac{平均存货}{主营业务成本}\times 360$$

【做中学 10—14】 根据表 10—4、表 10—5 的数据，计算：

$$平均存货=\frac{4\ 000+5\ 200}{2}=4\ 600(万元)$$

$$存货周转率(次数)=\frac{12\ 400}{4\ 600}=2.70(次)$$

$$存货周转天数=\frac{4\ 600}{12\ 400}\times 360=133.55(天)$$

存货周转速度的快慢，不仅反映出企业采购、储存、生产、销售各环节管理工作状况的好坏，而且对企业的偿债能力及获利能力产生决定性的影响。

计算存货周转率时需注意以下几个问题：

(1)存货计价方法对存货周转率具有较大的影响，因此，在分析企业不同时期或不同企业的存货周转率时，应注意存货计价方法的口径是否一致；

(2)分子、分母的数据应注意时间上的对应性。

一般存货周转次数越大，存货变现速度就越快，企业经营状况就越好。存货是流动资产中较大的部分，存货的流动性将直接影响流动资产周转水平，进而影响企业的短期偿债能力。

(三)营业周期

营业周期是指企业从购买原材料开始到销售产品收回现金为止的整个期间。营业周期的长短取决于存货周转天数和应收账款周转天数。一般情况下，营业周期短，说明资金周转速度快。其计算公式为：

$$营业周期=应收账款周转天数+存货周转天数$$

【做中学 10－15】 根据表 10－4、表 10－5 的数据，计算：

营业周期＝21.23＋133.55＝154.78(天)

利用营业周期评价流动资金使用时，应注意影响应收账款周转次数和存货周转次数的因素，同样也影响营业周期。

(四)流动资产周转率

流动资产周转率是指一定时期主管业务收入净额与全部流动资产的平均余额的比值，它反映的是全部流动资产的利用效率。其计算公式为：

$$流动资产周转率(次数)=\frac{主营业务收入净额}{平均流动资产总额}$$

$$平均流动资产总额=\frac{流动资产总额年初数+流动资产总额年末数}{2}$$

$$流动资产周转期(天数)=\frac{平均流动资产周转总额}{主营业务收入总额}\times 360$$

【做中学 10－16】 根据表 10－4、表 10－5 的数据，计算：

$$平均流动资产总额=\frac{7\ 100+8\ 050}{2}=7\ 575(万元)$$

$$流动资产周转率(次数)=\frac{21\ 200}{7\ 575}=2.80(次)$$

$$流动资产周转期(天数)=\frac{7\ 575}{21\ 200}\times 360=128.63(天)$$

流动资产周转次数是分析流动资产周转情况的一个综合性指标，这项指标越高，说明流动资产周转速度越快，节约流动资产数额越大。

(五)固定资产周转率

固定资产周转率是指一定时期主管业务收入净额与平均固定资产净值的比率。其计算公式为：

$$固定资产周转率=\frac{主营业务收入净额}{平均固定资产净值}$$

$$平均固定资产净值=\frac{固定资产净值年初数+固定资产净值年末数}{2}$$

【做中学 10－17】 根据表 10－4、表 10－5 的数据，计算：

$$平均固定资产净值=\frac{12\ 000+14\ 000}{2}=13\ 000(万元)$$

$$固定资产周转率=\frac{21\ 200}{13\ 000}=1.63$$

这项比率主要用于分析对厂房、设备等固定资产的利用效率，比率高，说明利用率高、管理水平好。同时也说明企业固定资产投资得当，结构合理，能够充分发挥效率。公式中的平均固定资产净值可采用年初、年末的平均数。与流动资产不同，固定资产是形成企业生产能力的投资，应该注意的是：在应用固定资产周转率指标时，采用了固定资产净值，它会因计提折旧而逐年减少，而且不同的折旧方法也会对它有影响。

(六)总资产周转率

总资产周转率是指企业主营业务收入净额与平均资产总额的比率，它反映企业全部资产的利用效率。其计算公式为：

$$总资产周转率=\frac{主营业务收入净额}{平均资产总额}$$

$$平均资产总额=\frac{资产总额年初数+资产总额年末数}{2}$$

【做中学 10－18】 根据表 10－4、表 10－5 的数据，计算：

$$平均资产总额=\frac{20\ 000+23\ 000}{2}=21\ 500(万元)$$

$$总资产周转率=\frac{21\ 200}{21\ 500}=0.99$$

这一比率可用来分析企业全部资产的使用效率。如果这个比率较低，说明企业利用资产的效率较差，会影响企业的获利能力。资产总额既可采用年初、年末平均数，亦可用年末数。

三、盈利能力分析

(一)一般企业盈利能力分析

盈利能力就是企业资金增值的能力，它通常体现为企业收益数额的大小与水平的高低。由于企业会计的六大会计要素有机统一于资金运动过程中，并通过筹资、投资活动取得收入，补偿成本费用，从而实现利润。因此，可以按照会计基本要素设置营业利润率、成本费用利润率、总资产报酬率、净资产收益率四项指标，评价企业各要素的获利能力。

此外，上市公司经常使用的盈利能力指标还有每股收益、每股股利、市盈率、股利支付率和每股净资产等。

1. 营业利润率

营业利润率是指企业一定时期内营业利润与营业收入的比率。其计算公式为：

$$营业利润率=\frac{营业利润}{营业收入}$$

营业利润率越高，表明企业市场竞争力越强，发展潜力越大，从而获利能力越强。

说明:从利润表来看,企业的利润包括营业利润、利润总额和净利润三种形式。而营业收入包括主营业务收入和其他业务收入,收入来源有商品销售收入、提供劳务收入和资产使用权让渡收入等。因此,在实务中也经常使用销售净利率、销售毛利率等指标来分析企业经营业务的获利水平。此外,通过考察营业利润占整个利润总额比重的升降,可以发现企业经营理财状况的稳定性、面临的危险。

$$销售净利率=\frac{净利润}{销售收入}$$

$$销售毛利率=\frac{销售收入-销售成本}{销售收入}$$

【做中学 10—19】 根据表 10—5 的资料,该公司 2013 年度和 2014 年度的营业利润率的计算如表 10—6 所示。

表 10—6 **营业利润率计算表** 单位:万元

项　目	2013 年	2014 年
营业利润	4 500	4 700
营业收入	18 800	21 200
营业利润率	23.92%	22.17%

分析可以看出:公司的营业利润率略有下降。这种下降趋势主要是由于公司 2013 年的成本费用增加所至,由于下降幅度不大,可见公司的经营和产品结构仍符合现有市场需求。

2. 成本费用利润率

成本费用利润率是指企业一定时期内利润总额与成本费用总额的比率。其计算公式为:

$$成本费用利润率=\frac{利润总额}{成本费用总额}$$

其中:

成本费用总额=营业成本+营业税金及附加+销售费用+管理费用+财务费用

该指标越高,表明企业为取得利润而付出的代价越小,成本费用控制得越好,获利能力越强,同利润一样,成本费用的计算口径也可以分为不同的层次,如主营业务成本、营业成本等。

【做中学 10—20】 根据表 10—6 的资料,该公司 2013 年度和 2014 年度的成本费用利润率的计算如表 10—7 所示。

表 10—7 **成本费用利润率计算表** 单位:万元

项　目	2013 年	2014 年
营业成本	10 900	12 400
营业税金及附加	1 080	1 200
销售费用	1 620	1 900
管理费用	800	1 000
财务费用	200	300
成本费用总额	14 600	16 800
利润总额	4 000	4 200
成本费用利润率	27.4%	25%

3. 总资产报酬率

总资产报酬率是指企业税后利润与资产总额的比率,反映了资产的盈利能力(当分子为息税前利润时,该指标就是总资产报酬率)。其计算公式为:

$$总资产报酬率=\frac{息税前利润总额}{平均资产总额}$$

其中:

$$\begin{aligned}息税前利润总额&=利润总额+利息支出\\&=净利润+所得税+利息支出\end{aligned}$$

总资产报酬率全面反映了企业全部资产的获利水平,企业所有者和债权人对该指标都非常关心。一般情况下,该指标越高,表明企业的资产利用效益越好。企业还可以将该指标与市场资本利率进行比较,如果前者较后者大,则说明企业可以充分利用财务杠杆,适当举债经营,以获得更多的收益。

【做中学 10—21】 根据表 10—4 和表 10—5 的资料,同时假设表中财务费用全部为利息支出,该公司 2012 年度的年末资产总额为19 000万元。该公司 2013 年度和 2014 年度总资产报酬率的计算如表 10—8 所示。

表 10—8 **总资产报酬率** 单位:万元

项　目	2013 年	2014 年
利润总额	4 000	4 200
利息支出	200	300
息税前利润总额	4 200	4 500
资产年末总额	20 000	23 000
平均资产总额	19 500	21 500
总资产报酬率	21.54%	20.93%

4. 净资产收益率

净资产收益率又称自有资金利润率或权益净利率,是指企业一定时期内的净利润与平均净资产(所有者权益)的比率。其计算公式为:

$$净资产收益率=\frac{净利润}{平均净资产}$$

其中:

$$平均净资产=\frac{所有者权益年初数+所有者权益年末数}{2}$$

【做中学 10—22】 根据前列资料,该公司 2013 年和 2014 年净资产收益率的计算如表 10—9所示。

表 10—9 **净资产收益率** 单位:万元

项　目	2013 年	2014 年
净利润	2 400	2 520
年末净资产额	14 600	16 500
平均净资产	13 800	15 550
净资产收益率	17.39%	16.21%

该公司2014年度的净资产收益率比2013年度降低了1%左右，这是所有者权益的增长快于净利润的增长所引起的，根据前列资料可以求该公司的所有者权益增长率和净利润增长率：

$$所有者权益增长率=\frac{15\ 550-13\ 800}{13\ 800}\times100\%=12.68\%$$

$$净利润增长率=\frac{2\ 520-2\ 400}{2\ 400}\times100\%=5\%$$

净资产收益率是评价企业自有资本及其积累获取报酬水平的最具综合性与代表性的指标，反映企业资本运营的综合效益。该指标通用性强，适应范围广，不受行业局限，在国际上的企业综合评价中使用率非常高。

通过对该指标的综合对比分析，可以看出企业获利能力在同行业中所处的地位，以及与同类企业的差异水平。一般认为，净资产收益率越高，企业盈利能力越强；反之，则说明企业盈利能力较弱。

所有者权益（净资产）是指企业资产总额扣除负债总额后的差额。它包括实收资本、资本公积、盈余公积和未分配利润四个部分。

（二）上市公司盈利能力分析

反映上市公司盈利能力的指标主要有每股收益、每股股利、市盈率、股利支付率、每股净资产等。

1. 每股收益

每股收益（EPS）又称每股利润、每股盈余，是指一定时期的净利润与期末普通股股份总数的比值，是衡量上市公司盈利能力的指标。普通股投资者对该指标较为看重，上市公司若发行了优先股股票，计算时净利润中需扣除支付的优先股股利。其计算公式为：

$$每股收益=\frac{净利润}{期末普通股股份总数}$$

该指标反映每一普通股的获利水平，指标越高，表明每一普通股可获得的利润越多，股东的投资收益越好；反之，则表明股东的投资收益越差。利用该指标进行分析时，可以进行公司间的比较，以评价公司的相对盈利能力；也可以对同一公司的不同时期进行比较，以了解公司盈利能力的变化趋势。须注意的是，每股收益多，并不一定意味着公司会多分红，分红的多少还要看公司的股利分配政策。

【做中学10－23】 宏远股份公司是一家上市公司，年末普通股股数为120 000万股，其2014年实现的净利润为48 240万元。则该公司2014年每股收益为：

$$每股收益=\frac{48\ 240}{120\ 000}=0.40(元/股)$$

2. 每股股利

每股股利是指一定时期的普通股股利总额与期末普通股股份总数的比值。其计算公式为：

$$每股股利=\frac{普通股股利总额}{期末普通股股份总数}$$

该指标反映每一普通股获取股利的能力，指标越高，表明股本的获利能力越强。

【做中学10－24】 宏远股份公司经股东大会讨论决定2014年发放股利21 600万元。则该公司2014年每股股利为：

每股股利$=\frac{21\ 600}{120\ 000}=0.18$(元/股)

3. 市盈率

市盈率是指普通股每股市价为每股收益的倍数。用每股收益与市价进行比较，目的是反映普通股股票当期盈余与市场价格之间的关系，它可以为投资者提供重要的决策参考。其计算公式为：

$$市盈率=\frac{每股市价}{每股收益}$$

市盈率是市场对公司的共同期望指标，市盈率越高，表明市场对公司的未来越看好。在市价确定的情况下，每股收益越高，市盈率越低，投资风险越小；反之亦然。在每股收益确定的情况下，市价越高，市盈率越高，投资风险越大；反之亦然。仅从市盈率高低横向比较看，高市盈率说明公司能够获得市场信赖，具有良好的前景；反之亦然。

【做中学 10－25】 宏远股份公司每股市价为 5.4 元，则宏远股份公司的市盈率为：

市盈率$=\frac{5.4}{0.18}=30$(倍)

市盈率的高低受市价的影响，市价变动的因素很多，包括投机炒作等，因此观察市盈率的长期趋势非常重要。市盈率太高或太低的股票都不适宜投资。由于一般的期望报酬率为 5%～20%，故正常的市盈率为 5～20 倍。投资者购买高市盈率股票的真正动机也许不是为了获得上市公司的股利分配，而是期待股票市场价格的继续上涨所带来的股票交易利润，这就可能引起股票市场上的价格泡沫。

4. 股利支付率

股利支付率是指普通股每股股利与每股收益的比率。

5. 每股净资产

每股净资产又称每股账面价值或每股权益，是指上市公司年末净资产(即股东权益)与年末普通股股份总数的比值。

四、发展能力分析

发展能力是企业在生存的基础上，扩大规模发展的潜在能力。通常是指企业未来生产经营的发展趋势和发展水平，包括企业资产、营业收入、营业利润等方面的增长趋势和速度。

(一)总资产增长率

总资产增长率是指企业本年总资产增长额同年初资产总额的比率，它反映企业本期资产规模的增长情况。其计算公式为：

$$总资产增长率=\frac{本年总资产增长额}{年初资产总额}\times 100\%$$

式中：

$$本年总资产增长额=资产总额年末数-资产总额年初数$$

【做中学 10－26】 根据表 10－4 的资料，计算该公司 2014 年度的总资本增长率为：

总资产增长率$=\frac{23\ 000-20\ 000}{20\ 000}\times 100\%=15\%$

总资产增长率是从企业资产总量扩张方面衡量企业的发展能力，表明企业规模增长水平对企业发展后劲的影响。该指标越高，表明企业一定时期内资产经营规模扩张的速度越快。

对总资产增长率进行具体分析时,应该注意:

(1)总资产增长率越高并不意味着企业的资产规模增长就一定适应。

(2)正确分析企业总资产的增长。

(3)正确评价企业资产规模的增长能力。

(二)营业收入增长率

营业收入增长率是指企业本年营业收入增长额同上年营业收入总额的比率。该指标是衡量企业经营状况和市场占有力、预测企业经营发展趋势的重要标志。若该指标大于0,表示企业本年的营业收入有所增长,指标值越高,表明增长速度越快,前景越好。其计算公式为:

$$营业收入增长率=\frac{本年营业收入增长额}{上年营业收入总额}\times 100\%$$

【做中学 10—27】 根据表 10—5 的资料,计算该公司 2014 年度的营业收入增长率为:

$$营业收入增长率=\frac{212\ 000-18\ 800}{18\ 800}\times 100\%=12.77\%$$

该指标应结合企业历年的营业收入水平、企业市场占有情况、行业未来发展及其他影响企业发展的潜在因素进行前瞻性预测,或者结合企业前三年的营业收入增长率作出趋势性分析判断。

(三)资本保值增值率

资本保值增值率是指企业扣除客观因素后的本年年末所有者权益总额与年初所有者权益总额的比率,反映企业当年资本在自身努力下的实际增减变动情况,揭示了投资者投入资本的完整性和保全性,是评价企业财务收益状况的辅助指标。其计算公式为:

$$资本保值增值率=\frac{扣除客观因素后的年末所有者权益总额}{年初所有者权益总额}\times 100\%$$

【做中学 10—28】 根据表 10—4 的资料,计算该公司 2014 年度的资本保值增值率为:

$$资本保值增值率=\frac{16\ 500}{14\ 600}\times 100\%=113.01\%$$

一般认为,资本保值增值率越高,表明企业的资本保全状况越好,所有者权益增长越快,债权人的债务越有保障。该指标通常应当大于100%。

(四)资本积累率

资本积累率是指本年所有者权益的增长额同年初所有者权益的比率,反映企业当年资本的积累能力,是评价企业发展潜力的重要指标。其计算公式为:

$$资本积累率=\frac{本年所有者权益增长额}{年初所有者权益}$$

式中:

$$本年所有者权益增长额=所有者权益年末数-所有者权益年初数$$

【做中学 10—29】 根据表 10—4 的资料,计算该公司 2014 年度的资本积累率为:

$$资本积累率=\frac{16\ 500-14\ 600}{14\ 600}\times 100\%=13.01\%$$

资本积累率反映了企业所有者权益在当年的变动水平,体现了资本的积累情况。该指标若大于0,则指标值越高表明企业的资本积累越多,应对风险、持续发展的能力越大;该指标如为负值,表明企业资本受到侵蚀,所有者利益受到损害。

(五)营业利润增长率

营业利润增长率是指企业本年营业利润增长额与上年营业利润总额的比率,反映企业营业利润的增减变动情况。由于企业的价值主要取决于其盈利及其增长能力，所以企业的收益增长是反映企业增长能力的重要方面。其计算公式为：

$$营业利润增长率=\frac{本年营业利润增长额}{上年营业利润总额}$$

式中：

$$本年营业利润增长额=本年营业利润总额-上年营业利润总额$$

【做中学 10－30】 根据表 10—4 的资料，计算该公司 2014 年度的营业利润增长率为：

$$营业利润增长率=\frac{4\ 700-4\ 500}{4\ 500}\times 100\%=4.44\%$$

任务三 财务综合分析的实践运用

【知识目标】

1. 掌握杜邦财务分析方法；
2. 了解计分综合分析法。

【技能目标】

1. 学会杜邦财务分析体系的计算和运用；
2. 能够进行计分综合分析法的分析。

财务综合分析，就是将偿债能力、营运能力、盈利能力、发展能力等诸方面的分析纳入一个有机的分析系统之中，全面分析企业经营状况、财务状况，从而对企业经济效益的优劣作出准确的评价与判断。

财务分析的最终目的在于全方位地了解企业经营理财的状况，并借以对企业经济效益的优劣作出系统的、合理的评价。单独分析任何一项财务指标，都难以全面评价企业的财务状况和经营成果，要想对企业财务状况和经营成果有一个总的评价，就必须进行相互关联的分析，采用适当的标准进行综合性的评价。

综合指标分析的特点，体现在其财务指标体系的要求上。一个健全有效的综合财务指标体系必须具备三个基本要素：

(1)指标要素齐全适当。这是指所设置的评价指标必须能够涵盖企业营运能力、偿债能力和盈利能力等诸方面总体考核的要求。

(2)主辅指标功能匹配。强调两个方面：第一，在确立营运能力、偿债能力和盈利能力诸方面评价的主要指标与辅助指标的同时，进一步明晰总体结构中各项指标的主辅地位；第二，不同范畴的主要考核指标所反映的企业经营状况、财务状况的不同侧面与不同层次的信息有机统一，应当能够全面而详实地揭示出企业经营理财的实绩。

(3)满足多方信息需要。这要求评价指标体系必须能够提供多层次、多角度的信息资料，既能满足企业内部管理当局实施决策对充分而具体的财务信息的需要，同时又能满足外部投资者和政府凭以决策和实施宏观调控的要求。

常用的综合分析法包括杜邦财务分析体系法、沃尔比重评分法、计分综合分析法。

一、杜邦财务分析体系法

这种方法是由美国杜邦公司率先采用的一种方法，故称杜邦分析法。

根据表10—4和表10—5的资料，可以计算该公司2014年度杜邦财务分析体系中的各项指标(如图10—2所示)。

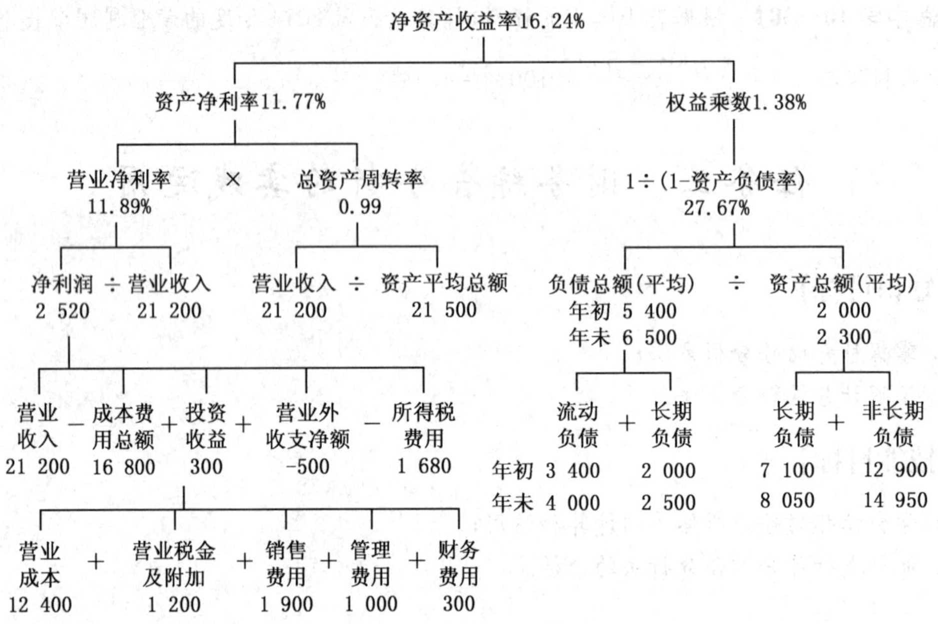

图10—2 杜邦财务分析图

杜邦分析图可以提供下列主要财务指标关系：

(一)净资产收益率

净资产收益率是综合性最强的财务比率，也是杜邦财务分析系统的核心指标。净资产收益率反映所有者权益的获利能力，反映企业筹资、投资、资产运营等活动的效率，提高净资产收益率是所有者利润最大化的基本保证。从公式中看，净资产收益率的高低，取决于资产净利率和权益乘数。

净资产收益率是所有比率中综合性最强、最具有代表性的一个指标。其计算公式为：

$$\text{净资产收益率}=\text{营业净利率}\times\text{总资产周转率}\times\text{权益乘数}$$

杜邦体系关系式：

(1)资产净利率＝营业净利率×总资产周转率。

(2)净资产收益率＝资产净利率×权益乘数。

(3)净资产收益率＝营业净利率×总资产周转率×权益乘数。

从公式中看，决定净资产收益率高低的因素有三个方面：营业净利率、总资产周转率和权益乘数，这样分解之后，可以把净资产收益率这样一项综合性指标发生升、降变化的原因具体化，比只用一项综合性指标更能说明问题。

$$\text{净资产收益率}=\frac{\text{净利润}}{\text{所有者权益}}=\frac{\text{净利润}}{\text{资产总额}}\times\frac{\text{资产总额}}{\text{所有者权益}}$$

其中：

$$\frac{资产总额}{所有者权益}=\frac{资产总额}{资产总额-负债总额}$$

$$=\frac{1}{1-\frac{负债总额}{资产总额}}=\frac{1}{1-资产负债率}$$

企业的负债越多，公式中“$\frac{1}{1-资产负债率}$”的数值越大，便可以给企业带来更多的财务杠杆利益。因此，“$\frac{1}{1-资产负债率}$”被称为权益乘数。当然，企业的负债增加时，企业的财务风险也加大。

其中：“资产净利率＝营业净利率×总资产周转率”这一等式被称为杜邦等式。

(二)资产净利率

资产净利率是综合性较强的重要财务比率，它是营业净利率和总资产周转率的乘积，因此，需要进一步从销售成果和资产运营两方面来分析。

(三)营业净利率

营业净利率反映了企业净利润与主营业务收入净额的关系，提高营业净利率是提高企业盈利能力的关键所在。影响营业净利率的主要因素，一是主营业务收入净额，二是成本费用。分析时，要从这两个方面入手进行详尽分析。

(四)总资产周转率

总资产周转率是反映运用资产以获得主营业务收入净额能力的财务指标。对总资产周转率的分析，要从影响资产周转的各因素进行分析。除了对资产的各构成部分从占用量上是否合理进行分析外，还应对流动资产周转率、存货周转率、应收账款周转率等各有关资产组成部分的使用效率作深入分析，以找出影响总资产周转的问题所在。

(五)权益乘数

权益乘数反映所有者权益同总资产的关系，它主要受资产负债率的影响。负债比例越大，权益乘数就越高，说明企业有较高的负债程度，既可能给企业带来较多的杠杆利益，也可能带来较大的财务风险。

从杜邦分析图中可以看出，净资产收益率与企业的销售规模、成本水平、资产运营、资本结构有着密切的关系，这些因素构成一个相互依存的系统。只有把这个系统内的各个因素协调好，才能保证净资产收益率最大，进而实现企业的理财目标。杜邦分析法有助于企业管理层更加清晰地看到权益资本收益率的决定因素，以及营业净利率与总资产周转率、债务比率之间的相互关联关系，给管理层提供了一张明晰的考察公司资产管理效率和是否最大化股东投资回报的路线图。

【做中学10－31】 华洋公司2014年净资产收益率为12.54%，营业净利率为12%，总资产周转率为0.95，权益乘数为1.1；2013年净资产收益率为15.12%，营业净利率为14%，总资产周转率为0.9，权益乘数为1.2。净资产收益率总差异为－2.58%，要求对该企业的净资产收益率的差异进行因素分析。

净资产收益率＝营业净利率×总资产周转率×权益乘数

(1)先分析营业净利率的变动对净资产收益率的影响程度。营业净利率由14%变为12%，对净资产收益率的影响为：

$(12\%-14\%)\times0.9\times1.2=-2.16\%$

(2)在分析营业净利率的基础上,分析总资产周转率的变动对净资产收益率的影响程度。总资产周转率由0.9变为0.95,对净资产收益率的影响为:

$12\%\times(0.95-0.9)\times1.2=0.72\%$

(3)在分析营业净利率、总资产周转率的基础上,分析权益乘数的变动对净资产收益率的影响程度。权益乘数由1.2变为1.1,对净资产收益率的影响为:

$12\%\times0.95\times(1.1-1.2)=-1.14\%$

(4)所有因素的变动,即营业净利率、总资产周转率和权益乘数三因素的变动对净资产收益率的影响程度为:

$-2.16\%+0.72\%+(-1.14\%)=-2.58\%$

以上合计数说明,营业净利率、总资产周转率和权益乘数的共同变动对净资产收益率的影响程度为-2.58%,刚好等于净资产收益率总差异。

从企业绩效评价的角度来看,杜邦分析法只包括财务方面的信息,不能全面反映企业的实力,有一定的局限性,在实际运用中需要加以注意,必须结合企业的其他信息加以分析。杜邦分析法的局限性主要表现在:(1)对短期财务结果过分重视,有可能助长公司管理层的短期行为,忽略企业长期的价值创造。(2)财务指标反映的是企业过去的经营业绩,但在目前的信息时代,顾客、供应商、雇员、技术创新等因素对企业经营业绩的影响越来越大,而杜邦分析法在这些方面是无能为力的。(3)在目前的市场环境中,企业的无形资产对提高企业长期竞争力至关重要,杜邦分析法却不能解决无形资产的估值问题。

二、沃尔比重评分法

亚历山大·沃尔在其20世纪初出版的《信用晴雨表研究》和《财务报表比率分析》等著作中提出了信用能力指数概念,将流动比率、产权比率、固定资产比率、存货周转率、应收账款周转率、固定资产周转率、自有资金周转率七项财务比率用线性关系结合起来,并分别给定各自的分数比重,然后通过与标准比率进行比较,确定各项指标得分及总体指标的累计分数,从而对企业的信用水平进行评价。

沃尔比重评分法有两个缺陷:一是选择这7个比率及给定的比重缺乏说服力;二是如果某一个指标严重异常时,会对总评分产生不合逻辑的重大影响。

三、计分综合分析法

计分综合分析法是源于沃尔比重评分法的一种应用,它首先分析计算企业财务指标的分数,然后求出汇总分数,再将其与行业标准分数进行对比来评价企业财务状况。财政部颁发了一套企业经济效益评价指标体系,主要包括:

(1)销售利润率 $=\dfrac{\text{利润总额}}{\text{产品销售净额}}$;

(2)总资产报酬率 $=\dfrac{\text{息税前利润总额}}{\text{平均资产总额}}$;

(3)资本收益率 $=\dfrac{\text{利润净额}}{\text{实收资本}}$;

(4)资本保值增值率 $=\dfrac{\text{期末所有者权益总额}}{\text{期初所有者权益总额}}$;

(5)资产负债率$=\frac{\text{负债总额}}{\text{资产总额}}$；

(6)流动比率(或速动比率)$=\frac{\text{流动资产(或速动资产)}}{\text{流动负债}}$；

(7)应收账款周转率$=\frac{\text{赊销净额}}{\text{平均应收账款余额}}$；

(8)存货周转率$=\frac{\text{产品销售成本}}{\text{平均存货余额}}$；

(9)社会贡献率$=\frac{\text{企业社会贡献总额}}{\text{平均资产总额}}$；

(10)社会积累率$=\frac{\text{上交国家财政总额}}{\text{企业社会贡献总额}}$。

上述指标可以分成四类：(1)～(4)项为盈利能力指标，(5)～(6)项为偿债能力指标，(7)～(8)项为营运能力指标，(9)～(10)项为社会贡献指标。

计分综合分析评分标准如表 10－10 所示。

表 10－10　　计分综合分析评分标准

指　标	评分值	标准比率(%)	行业最高比率(%)	最高评分	最低评分	每分比率的差
盈利能力：						
销售利润率	15	15	20	20	9	1
总资产报酬率	15	10	20	20	9	2
资本收益率	15	12	20	20	10	1.6
资本保值增值率	10	8	15	15	4	1.4
偿债能力：						
资产负债率	5	50	60	10	2	2
流动比率	5	2	3	10	1	20
营运能力：						
应收账款周转率	5	4	6	10	2	40
存货周转率	5	2	3	10	1	20
社会贡献能力：						
社会贡献率	10	20	30	15	3	2
社会积累率	15	40	50	20	9	2
合　计	100			150	50	

该套指标体系的综合评分一般方法如下：

(1)选择具有代表性的财务指标，以行业平均先进水平为标准值。

(2)确定各项财务指标的标准值与标准评分值。

标准值的重要性权数总计为 100 分，其中销售利润率 15 分、总资产报酬率 15 分、资本收益率 15 分、资本保值增值率 10 分、资产负债率 5 分、流动比率(或速动比率)5 分、应收账款周转率 5 分、存货周转率 5 分、社会贡献率 10 分、社会积累率 15 分。

(3)计算分项指标分数和综合分数。根据企业财务报表，分项计算 10 项指标的实际值，然后加权平均计算10项指标的综合实际分数。

综合分数是用各指标的实际得分汇总得到的。实际得分的计算公式如下：

$$\text{实际得分}=\text{指标的标准评分值}\times\frac{\text{指标的实际值}}{\text{指标的标准值}}$$

(4)作出综合评价。计分综合分析法时，分数若大于100，则说明财务状况超过行业平均水平或历史有关水平，企业财务状况比较好；反之，则说明企业财务状况比较差。

【做中学10－32】 某公司综合财务评分表见表10－11。

表10－11　　某公司综合分析评分情况

指　标	标准比率(%)	实际比率(%)	比率差异	每分比率	调整分数	标准得分	实际得分
	(1)	(2)	(3)＝(2)－(1)	(4)	(5)＝(3)/(4)	(6)	(7)＝(5)＋(6)
盈利能力：							
销售利润率	15	20	5	1	5	15	20
总资产报酬率	10	8	－2	2	－1	15	14
资本收益率	12	9	－3	1.6	－1.9	15	13.1
资本保值增值率	8	10	2	1.4	1.43	10	11.43
偿债能力：							
资产负债率	50	55	5	2	2.5	5	7.5
流动比率	2	2.5	0.5	20	0.025	5	5.025
营运能力：							
应收账款周转率	4	5	1	40	0.025	5	5.025
存货周转率	2	1.5	－0.5	20	－0.025	5	4.975
社会贡献能力：							
社会贡献率	20	15	5	2	2.5	10	12.5
社会积累率	40	15	－25	2	－12.5	15	2.5
合　计	—	—	—	—	—	100	96.055

计分综合分析法在对企业总体财务状况评价中，得分的准确性依赖于标准评分值和标准比率的正确确定。

拓展阅读

会计报表粉饰的常见手段

进一步理解财务报表资料的局限性，研究其可能对财务报表分析带来的不利影响，并讨论这种影响能否有效克服。

一、利用资产重组调节利润

资产重组是企业为了优化资本结构，调整产业结构，完成战略转移等目的而实施的资产置换和股权置换。然而，资产重组现已被滥用，以至提起资产重组，人们立即联想到做假账。近年来，在一些企业中，特别是在上市公司中，资产重组确实被广泛用于粉饰会计报表。不难发现，许多上市公司扭亏为盈的“秘诀”在于资产重组。

典型做法是:(1)借助关联交易,非上市的国有企业以优质资产置换上市公司的劣质资产;(2)由非上市的国有企业将盈利能力较高的下属企业廉价出售给上市公司;(3)由上市公司将一些闲置资产高价出售给非上市的国有企业。

二、利用关联交易调节利润

我国的许多上市公司由国有企业改组而成,在股票发行额度有限的情况下,上市公司往往通过对国有企业局部改组的方式设立。股份制改组后,上市公司与改组前的母公司及母公司控制的其他子公司之间普遍存在着错综复杂的关联关系和关联交易。利用关联交易粉饰会计报表、调节利润已成为上市公司乐此不疲的"游戏"。

利用关联交易调节利润,其主要方式包括:(1)虚构经济业务,人为抬高上市公司业务和效益。(2)采用大大高于或低于市场价格的方式,进行购销活动、资产置换和股权置换。(3)以旱涝保收的方式委托经营或受托经营,抬高上市公司经营业绩。(4)以低息或高息发生的资金往来,调节财务费用。(5)以收取或支付管理费,或分摊共同费用调节利润。

利用关联交易调节利润的最大特点是,亏损大户可在一夜之间变成盈利大户,且关联交易的利润大多体现为"其他业务利润""投资收益"或"营业外收入",但上市公司利用关联交易赚取的"横财"往往带有间发性,通常并不意味着上市公司的盈利能力发生实质性的变化。利用关联交易调节利润的另一个特点是,交易的结果是非上市的国有企业的利润转移到上市公司,导致国有资产流失。

三、利用资产评估消除潜亏

按照会计制度的规定和谨慎原则,企业的潜亏应当依照法定程度,通过利润表予以体现。然而,许多企业,特别是国有企业,往往在股份制改组、对外投资、租赁、抵押时,通过资产评估,将坏账、滞销和毁损存货、长期投资损失、固定资产损失以及递延资产等潜在亏损确认为评估减值,冲抵"资本公积",从而达到粉饰会计报表、虚增利润的目的。

四、利用虚拟资产调节利润

根据国际惯例,资产是指能够带来未来经济利益的资源。不能带来未来经济利益的项目,即使符合权责发生制的要求列入资产负债表,严格地说,也不是真正意义上的资产,由此就产生了虚拟资产的概念。所谓虚拟资产,是指已经实际发生的费用或损失,但由于企业缺乏承受能力而暂时挂列为"待摊费用""递延资产""待处理流动资产损失"和"待处理固定资产损失"等资产科目。

利用虚拟资产科目作为"蓄水池",不及时确认、少摊销或不摊销已经发生的费用和损失,也是国有企业和上市公司粉饰会计报表、虚盈实亏的惯用手法。其"合法"的借口包括权责发生制、收入与成本配比原则、地方财政部门的批示等。

五、利用利息资本化调节利润

根据现行会计制度的规定,企业为在建工程和固定资产等长期资产而支付的利息费用,在这些长期资产投入使用之前,可予以资本化,计入这些长期资产的成本。利息资本化本是出于收入与成本配比原则,区分资本性支出和经营性支出的要求。然而,在实际工作中,有不少国有企业和上市公司滥用利息资本化的规定,蓄意调节利润。

利用利息资本化调节利润的更隐秘的做法是,利用自有资金和借入资金难以界定的事实,通过人为划定资金来源和资金用途,将用于非资本性支出的利息资本化。

六、利用股权投资调节利润

由于我国的产权交易市场还很不发达,对股权投资的会计规范尚处于起步阶段,有不少国有企业和上市公司利用股权投资调节利润。除了借助资产重组之机，利用关联交易将不良股权投资以天价与关联公司置换股权获取“暴利”外，还有不少国有企业利用成本法和权益法粉饰会计报表。典型的做法是，对于盈利的被投资企业，采用权益法核算，而对于亏损的被投资企业，即使股权比例超过20%，仍采用成本法核算。

七、利用其他应收款和其他应付款调节利润

根据现行会计制度规定，“其他应收款”和“其他应付款”科目主要用于反映除应收账款、预付账款、应付账款、预收账款以外的其他款项。在正常情况下，其他应收款和其他应付款的期末余额不应过大。然而，我们在审计过程中发现，许多国有企业和上市公司的其他应收款和其他应付款期末余额巨大，往往与应收账款、预付账款、应付账款和预收账款的余额不相上下，甚至超过这些科目的余额。其所以出现这些异常现象，主要是因为许多国有企业和上市公司利用这两个科目调节利润。事实上，注册会计师界已经将这两个科目戏称为“垃圾桶”（因为其他应收款往往用于隐藏潜亏）和“聚宝盆”（因为其他应付款往往用于隐瞒利润）。

八、利用时间差（跨年度）调节利润

一些上市公司为了在年度结束后能给股东一份“满意”的答卷，往往借助时间差调节利润。传统的做法是在12月份虚开发票，次年再以质量不合格为由冲回。较为高明的做法是，借助与第三方签订“卖断”收益权的协议，提前确认收入。

（资料来源：黄世忠：《报表的粉饰与识别》，《中国财经报》，1999年4月29日。）

案例分析

林业上市公司的财务分析———以景谷林业为例

景谷林业是由云南省景谷县林业企业总公司、景谷县林业投资有限责任公司等联合发起设立的股份有限公司。主营业务：脂松香、脂松节油、α蒎烯、β蒎烯等林产化工产品及相关技术出口。2000年7月发行上市A股4 000万股，总股本为10 500万股。

一、财务比率分析

（一）变现能力分析

根据1999～2003年的财务数据，计算出流动比率和速动比率，如下表所示。

流动比率和速动比率

年　份	流动资产（元）	流动负债（元）	存货（元）	流动比率	速动比率
1999	155 638 809.54	120 832 225.82	37 263 863.94	1.288	0.980
2000	383 075 006.59	207 405 543.42	56 341 175.27	1.847	1.575
2001	334 040 540.74	152 279 632.44	63 506 536.51	2.194	1.777
2002	219 560 126.10	141 190 158.76	35 521 765.91	1.555	1.303
2003	193 944 806.04	251 810 504.34	43 359 560.61	0.770	0.598

由上表可知，公司于2001年流动比率和速动比率达到最高，但随后逐步下降至2003年的最低点。5年中的流动比率和速动比率总体是下降的，流动比率年均下降12.1%，速动比率年

均下降11.6%。说明公司的变现能力下降了,即短期偿债能力在下降。公司未来的持续经营能力令人担忧。

(二)资产管理水平分析

根据公司历年的财务信息,计算出相关的资产管理方面的财务指标,如下表所示。

资产管理方面的财务指标

单位:天

年 份	营业周期	应收账款周转天数	存货周转天数	流动资产周转天数	总资产周转天数
1999	351.34	213.55	137.79	346.69	640.56
2000	403.88	214.03	189.85	628.26	935.84
2001	341.99	149.02	192.98	694.66	1 030.22
2002	285.02	122.32	162.70	630.72	1 259.81
2003	192.68	83.79	108.89	389.23	1 154.73

公司的营业周期从1999年的351.34天降到2003年的192.98天,缩短了158.66天。这说明公司的应收账款和存货的管理效率有很大提高。特别是应收账款周转天数年均下降19%,是营业周期缩短的主要原因。流动资产周转天数从2002年的630.72天降到2003年的389.23天,说明虽然2003年以前流动资产营运能力不高,但从2003年开始流动资产的营运状况有了很大的改善。很值得重视的是,总资产周转天数从1999年的640.56天延长至2003年的1 154.73天,说明公司这几年长期资产(如固定资产和长期投资)增加过快,而销售收入的增加却大大滞后。如果增加的长期资产不能为企业带来相应比例的收入增量,那么就意味着公司的资产质量在下降,或者说对长期资产的投资是失败的。

(三)负债比率分析

根据公司历年的财务信息,计算出相关的负债比率方面的财务指标,如下表所示。

负债比率方面的财务指标

年 份	资产负债率	产权比率	有形净值债务率	已获利息倍数
1999	65.11	1.866 0	1.871 6	5.57
2000	39.96	0.665 7	0.667 1	5.93
2001	44.30	0.795 4	0.796 0	5.26
2002	41.25	0.702 0	0.702 0	3.33
2003	48.60	0.945 4	0.945 4	2.38

公司的资产负债率和产权比率在5年中呈下降趋势,说明公司举债经营的能力在下降,同时也说明债权人投入的资本受股东权益的保障程度在提高。同年的有形净值债务率和产权比率几乎相等,说明公司的无形资产净值非常少(2000年无形资产净值为68万元,2001年下降到23万元,而2002年和2003年该公司的无形资产净值都为零),公司基本上没有自己的专有技术和专利权,也没有持续性的品牌优势,这对公司的长期发展是十分不利的。投资者将会判定该公司未来发展潜力十分有限,公司股票的投资价值会下降。已获利息倍数从1999年的5.57下降到2003年的2.38,直接说明了公司支付利息的能力在下降,进一步说明了公司的长

期偿债能力在下降，意味着借入长期资金的能力受到了较大幅度的“蚕食”，这种“蚕食”虽然不是永久性的，但短期内难以恢复。

（四）盈利能力分析

根据公司历年的财务信息，计算出相关的盈利能力方面的财务指标，如下表所示。

盈利能力方面的财务指标

单位：%

年　份	销售净利率	销售毛利率	资产净利率	净资产收益率
1999	13.08	39.76	7.35	21.06
2000	16.51	42.50	6.35	12.45
2001	10.38	39.84	3.63	6.27
2002	13.34	30.73	3.81	6.6
2003	7.14	31.81	2.23	4.06

5 年中公司的销售净利率和销售毛利率呈波浪式下降，2003 年与 1999 年相比，销售净利率的下降幅度约为 45%，销售毛利率的下降幅度约为 20%，销售净利率的下降幅度远比销售毛利率的下降幅度大，说明公司的三项费用在迅速上升。资产净利率和净资产收益率在 5 年中大体上呈逐年快速下降趋势，说明公司的获利能力在迅速减弱。

二、杜邦财务分析体系

（一）杜邦财务分析图

使用 2000 年和 2003 年的报表数据，得到简要杜邦财务分析比较，如下图所示。

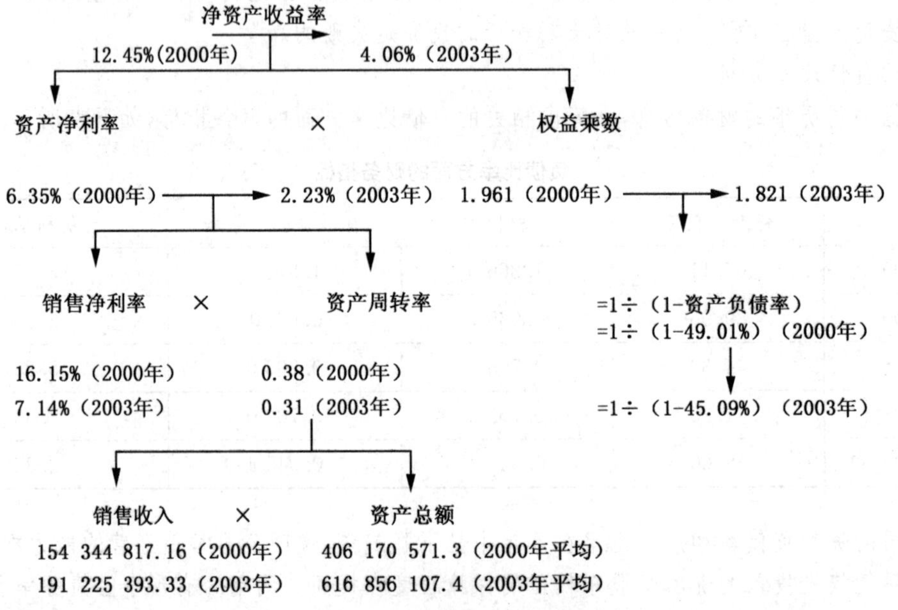

景谷林业杜邦财务分析图

（二）分析

在所有的财务比率中，净资产收益率是综合性最强、最核心的指标，所以围绕该比率分析的相关性最好。

净资产收益率＝资产净利率×权益乘数＝销售净利率×资产周转率×权益乘数

2003与2000年的净资产收益率差额＝4.06%－12.45%＝－8.39%

2003年的净资产收益率比2000年下降了8.39个百分点，运用因素分析法分析造成该差异的成因。

(1) 由于销售净利率的下降引起净资产收益率的下降 $\Delta 1=(7.14\%-16.51\%)\times 0.38\times 1.961\approx -6.98\%$

(2) 由于资产周转率下降引起净资产收益率下降 $\Delta 2=7.14\%\times(0.31-0.38)\times 1.961\approx -1\%$

(3) 由于权益乘数的下降引起净资产收益率的下降 $\Delta 3=7.14\%\times 0.38\times(1.821-1.961)\approx -0.41\%$

即：$-8.39\%=\Delta 1+\Delta 2+\Delta 3=(-6.98\%)+(-1\%)+(-0.41\%)$

由此可知，造成净资产收益率下降的主要原因是销售净利率的下降(－6.98%)，次要原因是资产周转率的下降(－1%)，更次要原因是权益乘数的下降(－0.41%)。进行更深入的分析，发现销售净利率的大幅下降是由于销售收入上涨了约24%，而净利润却下降了65%；销售收入上涨是因为进入新的业务领域而导致销售规模扩大，净利润下降主要是由于销售成本上升了约50%。公司在激烈的市场竞争中，林化产品及木材制品价格下滑，而公司管理进步不大，但技术落后设备陈旧，导致成本和费用居高不下。销售净利率代表了公司的获利能力，资产周转率代表公司的资产综合管理能力，这两者综合在一起表示公司的经营效率，说明公司的经营效率在逐年下降。权益乘数产生的影响极小，这说明公司的财务结构比较稳定，财务政策具有一致性；但从另一个角度来看，也可以认为公司的财务政策缺乏灵活性，这种僵硬的财务策略也许是导致经营效率快速下降而难以扭转的主要原因之一，起码可以认为公司目前资本结构不是最佳资本结构。

(三)主要结论

通过以上的一般财务分析，结合公司的其他方面情况，得出以下结论：

第一，公司资产流动性已经处于危险境地，面临生存危机。

措施：提高流动资产存量水平，改进流动资产管理。

从流动比率来看，其值只有0.77(大家比较认同的水平是2)，流动资产少于流动负债，全部的流动资产足额变现后仍不足以偿还当期债务(只能偿还77%的到期债务)。企业不能生存的内在原因是长期亏损，直接原因是不能偿还到期债务。因此，该公司的生存面临着极大的威胁。虽然我国的市场不符合有效市场假设，由于社会的或政府的因素，企业不偿还债务也能生存若干年。但作为企业，特别是企业的投资者绝不能以企业的生死存亡为代价与政府和社会进行弱势博弈。解决这一问题的直接对策是加强存货和应收款项的管理，并且要大幅增加流动资产的资金占用规模(建议在现有的规模基础上翻一番)，提高流动资产的变现能力。另外还应建立企业财务预警机制，降低企业破产风险。

第二，经营效率低下。

措施：提高技术水平、经营管理水平，进行有效监督和激励。

从公司的获利能力和资产管理效率等财务比率来看，其经营效率极其低下。目前的资产净利率只有2.23%，当前的较低商业贷款利率在6%以上，这意味着公司的盈利水平远远低于社会平均利率；也就是说，公司借款越多，亏损越多，企业价值越低。提高经营效率是企业的当务之急。

应采取以下措施：

(1)应提高技术水平、经营管理水平。提高技术水平有两个目的：一是通过高技术获得低成本；二是利用高技术生产高附加值的产品。经营管理的重点应放在成本管理、市场管理和管理创新方面。

(2)有效地协调好股东与经营管理人员的关系。股东的目的是股东财富最大化，而经营者的目的是增加享受成本和规避风险。再由于在两者之间存在信息不对称性，经营者将会背离股东目标(如逆向选择和道德风险)，若要避免这种背离，应当同时进行监督和激励，力求找出使监督成本、激励成本和偏离股东目标的损失三项之和最小的解决办法，它就是最佳解决办法。

第三，林业上市公司并未从投入巨大的生态建设中获利。

措施：立足长远，克服短期行为。

林业上市公司不仅未从巨大投入的生态建设中获利，反而受到一定程度的负面影响。这是因为林业上市公司依托的森林资源优势十分薄弱(可采资源不多，林木质量差)，纳入生态建设范围的数量极少。特别关键的是林业上市公司抛弃了基本的林业生产活动——管林及抚育。如景谷林业2003年1月25日公布的2002年年报显示，源于房地产项目的收益已经占到公司主营业务收入和利润的大头，在净利润中的比重已达到了57.52%，这是该公司主营业务结构首次发生重大变化。而与房地产业收益的迅猛增长相对应的是，公司的林业收入却明显减少。可见，林业上市公司现在主要从事第二和第三产业，从事初级林业生产活动的投入很少。有的个别林业上市公司仅仅是戴着“绿帽子”的工业企业或商业企业。

林业上市公司在积极开展短期见效快的经营同时，不要忘本，应立足长远发展，积极从事营林等活动。

职业能力训练

一、名词解释

财务分析　因素分析法　比较分析法　比率分析法　趋势分析法　杜邦分析法　沃尔比重评分法　计分综合分析法

二、单项选择题

1. 如果流动比率大于1，则下列结论中成立的是(　　)。

A. 速动比率大于1　　B. 现金比率大于1

C. 营运资金大于零　　D. 短期偿债能力绝对有保障

2. 某企业本年销售收入为20 000元，应收账款周转率为4，期初应收账款余额为3 500元，则期末应收账款余额为(　　)元。

A. 5 000　　B. 6 000　　C. 6 500　　D. 4 000

3. 在计算速动资产时，之所以要扣除存货等项目，是由于(　　)。

A. 这些项目价值变动较大　　B. 这些项目质量难以保证

C. 这些项目数量不易确定　　D. 这些项目变现能力较差

4. 不是评价企业短期偿债能力的指标是(　　)。

A. 产权比率　　B. 流动比率　　C. 现金比率　　D. 速动比率

5. 既是企业盈利能力指标的核心，又是整个财务指标体系核心的指标是(　　)。

A. 资本保值增值率　　B. 总资产报酬率　　C. 销售利润率　　D. 净资产收益率

6. 与产权比率相比较，资产负债率评价企业偿债能力的侧重点是(　　)。

A. 揭示财务结构的稳健程度　　B. 揭示债务偿付安全性的物质保障程度

C. 揭示主权资本对偿债风险的承受能力　　D. 揭示负债与资本的对应关系

7. 已知经营杠杆为 2，固定成本为 4 万元，利息费用为 1 万元，则已获利息倍数为(　　)。

A. 2　　B. 4　　C. 3　　D. 1

8. 净资产收益率在杜邦分析体系中是一个综合性最强、最具有代表性的指标。通过对系统的分析可知，提高净资产收益率的途径不包括(　　)。

A. 加强销售管理，提高销售净利率　　B. 加强资产管理，提高其利用率和周转率

C. 加强负债管理，提高其利用率和周转率　　D. 加强负债管理，提高产权比率

9. 年初资产总额为 100 万元，年末资产总额为 140 万元，利润总额为 24 万元，所得税为 6 万元，利息支出为 4 万元，则总资产报酬率为(　　)。

A. 20%　　B. 13.33%　　C. 23.33%　　D. 30%

10. 影响速动比率可信性的最主要因素是(　　)。

A. 存货的变现能力　　B. 短期证券的变现能力

C. 产品的变现能力　　D. 应收账款的变现能力

11. 当企业的流动比率小于 1 时，赊购原材料将会(　　)。

A. 增大流动比率　　B. 降低流动比率　　C. 降低营运资金　　D. 增大营运资金

12. 权益乘数是指(　　)。

A. 1/(1－产权比率)　　B. 1/(1－资产负债率)

C. 产权比率/(1－产权比率)　　D. 资产负债率/(1－资产负债率)

三、多项选择题

1. 分析企业短期偿债能力的比率有(　　)。

A. 流动比率　　B. 负债比率　　C. 速动比率　　D. 权益乘数

2. 影响速动比率的因素有(　　)。

A. 应收账款　　B. 存货　　C. 待摊费用　　D. 应付票据

3. 下列关于财务分析有关指标的说法中，正确的有(　　)。

A. 尽管流动比率可以反映企业的短期偿债能力，但有的企业流动比率较高，却没有能力支付到期的应付账款

B. 产权比率揭示了企业负债与资本的对应关系

C. 与资产负债率相比，产权比率侧重于揭示财务结构的稳健程度以及权益资本对偿债风险的承受能力

D. 较之流动比率或速动比率，以现金流动负债比率来衡量企业短期债务的偿还能力更为保险

4. 影响存货周转率的因素有(　　)。

A. 销售收入　　B. 销售成本　　C. 存货计价方法　　D. 进货批量

5. 反映企业营运能力的指标包括(　　)。

A. 净资产收益率　　B. 流动资产周转率　　C. 固定资产周转率　　D. 存货周转率

6. 若流动比率大于 1，则下列结论不一定成立的是(　　)。

A. 速动比率大于 1　　B. 营运资金大于零

C. 资产负债率大于 1　　D. 短期偿债能力绝对有保障

7. 产权比率与资产负债率相比较，(　　)。

A. 两个比率对评价偿债能力的作用基本相同

B. 资产负债率侧重于分析债务偿付安全性的物质保险程度

C. 产权比率侧重于揭示财务结构的稳健程度

D. 产权比率侧重于揭示自有资金对偿债风险的承受能力

8. 影响总资产报酬率的因素有(　　)。

A. 净利润　　B. 所得税　　C. 利息　　D. 资产平均总额

9. 已获利息倍数指标所反映的企业财务层面包括(　　)。

A. 盈利能力　　B. 长期偿债能力　　C. 短期偿债能力　　D. 举债能力

10. 反映企业盈利能力状况的财务指标有(　　)。

A. 主营业务利润率　　B. 总资产报酬率　　C. 净资产收益率　　D. 资本保值增值率

11. 在其他条件不变的情况下,会引起总资产周转率指标上升的经济业务是(　　)。

A. 用现金偿还负债　　B. 借入一笔短期借款

C. 用银行存款购入一台设备　　D. 用银行存款支付一年的电话费

12. 下列对资产负债率的评价中,正确的是(　　)。

A. 从债权人角度看,负债比率越大越好

B. 从债权人角度看,负债比率越小越好

C. 从股东角度看,负债比率越高越好

D. 从股东角度看,当全部资本利润率高于债务利息率时,负债比率越高越好

13. 由杜邦分析体系可知,提高净资产收益率的途径是(　　)。

A. 提高总资产周转率　　B. 提高销售利润　　C. 降低负债率　　D. 提高权益乘数

四、判断题

1. 某公司今年与上年相比,销售收入增长10%,净利润增长8%,资产总额增加12%,负债总额增加9%。可以判断,该公司净资产收益率比上年下降了。(　　)

2. 流动比率与速动比率之差等于现金流动负债比率。(　　)

3. 如果已获利息倍数低于1,则企业一定无法支付到期利息。(　　)

4. 尽管流动比率可以反映企业的短期偿债能力,但有的企业流动比率较高,却没有能力支付到期的应付账款。(　　)

5. 本应借记"应付账款"科目却误借记"应收账款"科目,这种错误必然会导致流动比率上升。(　　)

6. 在总资产报酬率不变的情况下,资产负债率越低,权益资金利润率越高。(　　)

7. 权益乘数的高低取决于企业的资金结构,负债比率越高,权益乘数越低,财务风险越大。(　　)

8. 因素分析法既可以全面分析各因素对某一经济指标的影响,又可以单独分析某个因素对某一经济指标的影响。(　　)

五、简答题

1. 简述财务分析的基本方法。

2. 如何对企业的偿债能力进行分析?

3. 如何对企业的营运能力进行分析?

4. 如何对企业的盈利能力进行分析?

5. 什么是杜邦分析体系?

六、实务训练题

1. 近一段时期,杉木百货公司的流动比率大大提高,同时速动比率却有所下降,这是什么原因?该公司的流动性是否有所提高?该公司目前的净营运现金流为50 000元,流动负债为180 000元,存货为100 000元,计算该公司目前的流动比率及速动比率。

2. 公司最近一年的净利润为4 950元,所得税税率为25%,公司共支付了1 200元的利息费用,扣除折旧

1 300 元。

要求：

(1)计算该公司目前的流动比率及速动比率。

(2)计算该公司当年的利息倍数比率。

3. 某公司当年年末的资产负债表摘录如下，该公司的全部账户都在表中，表中打问号的项目数字需利用表中的其他数据及补充资料计算得出。

资产负债表

资　产		负债及所有者权益	
货币资金	5 000	应付账款	?
应收账款净额	?	应交税额	5 000
存货	?	长期负债	?
固定资产净值	58 800	实收资本	60 000
		未分配利润	?
资产总计	86 400	负债及所有者权益总计	?

补充资料：

(1)年末流动比率 1.5；

(2)产权比率 0.8；

(3)以销售额和年末存货计算的存货周转率 15 次；

(4)以销货成本和年末存货计算的存货周转率 10.5 次；

(5)本年毛利(销售额减去销货成本)63 000 元。

要求：

(1)计算存货账户余额。

(2)计算应付账款账户余额。

(3)计算未分配利润账户余额。

4. 某公司 2014 年的资产负债表如下：

资产负债表

2014 年 12 月 31 日　　　　单位：万元

资　产		负债及所有者权益	
货币资金	50	应付账款	100
应收账款		长期负债	
存货		实收资本	100
固定资产		留存收益	100
资产总计		负债及所有者权益总计	

其他有关资料如下：

(1)长期负债与所有者权益之比 0.5；

(2)销售毛利率 10%；

(3)存货周转率(存货按年末数计算)9 次；

(4)平均收现期(应收账款按年末数计算)18 天；

(5)总资产周转率(总资产按年末数计算)2.5 次。

要求:利用上述资料,填充公司资产负债表的空白部分(写出计算分析过程)。

5. 某企业 2014 年销售收入为125 000元,毛利率为 52%,赊销比例为 80%,净利润率为 16%,存货周转率为 5 次,期初存货余额为10 000元,期初应收账款余额为12 000元,期末应收账款余额为8 000元,速动比率为 1.6,流动比率为 2.16,流动资产占总资产的 27%,负债比例为 37.5%,该公司只发行普通股一种,流通在外的股数为5 000股,每股市价 25 元,该公司期末无待摊费用。

要求:

(1)计算应收账款周转率。

(2)计算资产净利率。

附　录

附录一　1元复利终值系数表

利率 期数	1%	2%	3%	4%	5%	6%	7%	8%	9%	10%
1	1.0100	1.0200	1.0300	1.0400	1.0500	1.0600	1.0700	1.0800	1.0900	1.1000
2	1.0201	1.0404	1.0609	1.0816	1.1025	1.1236	1.1449	1.1664	1.1881	1.2100
3	1.0303	1.0612	1.0927	1.1249	1.1576	1.1910	1.2250	1.2597	1.2950	1.3310
4	1.0406	1.0824	1.1255	1.1699	1.2155	1.2625	1.3108	1.3605	1.4116	1.4641
5	1.0510	1.1041	1.1593	1.2167	1.2763	1.3382	1.4026	1.4693	1.5386	1.6105
6	1.0615	1.1262	1.1941	1.2653	1.3401	1.4185	1.5007	1.5869	1.6771	1.7716
7	1.0721	1.1487	1.2299	1.3159	1.4071	1.5036	1.6058	1.7138	1.8280	1.9487
8	1.0829	1.1717	1.2668	1.3686	1.4775	1.5938	1.7182	1.8509	1.9926	2.1436
9	1.0937	1.1951	1.3048	1.4233	1.5513	1.6895	1.8385	1.9990	2.1719	2.3579
10	1.1046	1.2190	1.3439	1.4802	1.6289	1.7908	1.9672	2.1589	2.3674	2.5937
11	1.1157	1.2434	1.3842	1.5395	1.7103	1.8983	2.1049	2.3316	2.5804	2.8531
12	1.1268	1.2682	1.4258	1.6010	1.7959	2.0122	2.2522	2.5182	2.8127	3.1384
13	1.1381	1.2936	1.4685	1.6651	1.8856	2.1329	2.4098	2.7196	3.0658	3.4523
14	1.1495	1.3195	1.5126	1.7317	1.9799	2.2609	2.5785	2.9372	3.3417	3.7975
15	1.1610	1.3459	1.5580	1.8009	2.0789	2.3966	2.7590	3.1722	3.6425	4.1772
16	1.1726	1.3728	1.6047	1.8730	2.1829	2.5404	2.9522	3.4259	3.9703	4.5950
17	1.1843	1.4002	1.6528	1.9479	2.2920	2.6928	3.1588	3.7000	4.3276	5.0545
18	1.1961	1.4282	1.7024	2.0258	2.4066	2.8543	3.3799	3.9960	4.7171	5.5599
19	1.2081	1.4568	1.7535	2.1068	2.5270	3.0256	3.6165	4.3157	5.1417	6.1159
20	1.2202	1.4859	1.8061	2.1911	2.6533	3.2071	3.8697	4.6610	5.6044	6.7275
21	1.2324	1.5157	1.8603	2.2788	2.7860	3.3996	4.1406	5.0338	6.1088	7.4002
22	1.2447	1.5460	1.9161	2.3699	2.9253	3.6035	4.4304	5.4365	6.6586	8.1403
23	1.2572	1.5769	1.9736	2.4647	3.0715	3.8197	4.7405	5.8715	7.2579	8.9543
24	1.2697	1.6084	2.0328	2.5633	3.2251	4.0489	5.0724	6.3412	7.9111	9.8497
25	1.2824	1.6406	2.0938	2.6658	3.3864	4.2919	5.4274	6.8485	8.6231	10.835

续表

利率 期数	12%	14%	15%	16%	18%	20%	24%	28%	32%	36%
1	1.1200	1.1400	1.1500	1.1600	1.1800	1.2000	1.2400	1.2800	1.3200	1.3600
2	1.2544	1.2996	1.3225	1.3456	1.3924	1.4400	1.5376	1.6384	1.7424	1.8496
3	1.4049	1.4815	1.5209	1.5609	1.6430	1.7280	1.9066	2.0972	2.3000	2.5155
4	1.5735	1.6890	1.7490	1.8106	1.9388	2.0736	2.3642	2.6844	3.0360	3.4210
5	1.7623	1.9254	2.0114	2.1003	2.2878	2.4883	2.9316	3.4360	4.0075	4.6526
6	1.9738	2.1950	2.3131	2.4364	2.6996	2.9860	3.6352	4.3980	5.2899	6.3275
7	2.2107	2.5023	2.6600	2.8262	3.1855	3.5832	4.5077	5.6295	6.9826	8.6054
8	2.4760	2.8526	3.0590	3.2784	3.7589	4.2998	5.5895	7.2058	9.2170	11.703
9	2.7731	3.2519	3.5179	3.8030	4.4355	5.1598	6.9310	9.2234	12.166	15.917
10	3.1058	3.7072	4.0456	4.4114	5.2338	6.1917	8.5944	11.806	16.060	21.647
11	3.4785	4.2262	4.6524	5.1173	6.1759	7.4301	10.657	15.112	21.199	29.439
12	3.8960	4.8179	5.3503	5.9360	7.2876	8.9161	13.215	19.343	27.983	40.037
13	4.3635	5.4924	6.1528	6.8858	8.5994	10.699	16.386	24.759	36.937	54.451
14	4.8871	6.2613	7.0757	7.9875	10.147	12.839	20.319	31.691	48.757	74.053
15	5.4736	7.1379	8.1371	9.2655	11.974	15.407	25.196	40.565	64.359	100.71
16	6.1304	8.1372	9.3576	10.748	14.129	18.488	31.243	51.923	84.954	136.97
17	6.8660	9.2765	10.761	12.468	16.672	22.186	38.741	66.461	112.14	186.28
18	7.6900	10.575	12.375	14.463	19.673	26.623	48.039	85.071	148.02	253.34
19	8.6128	12.056	14.232	16.777	23.214	31.948	59.568	108.89	195.39	344.54
20	9.6463	13.743	16.367	19.461	27.393	38.338	73.864	139.38	257.92	468.57
21	10.804	15.668	18.822	22.574	32.324	46.005	91.592	178.41	340.45	637.26
22	12.100	17.861	21.645	26.186	38.142	55.206	113.57	228.36	449.39	866.67
23	13.552	20.362	24.891	30.376	45.008	66.247	140.83	292.30	593.20	1178.7
24	15.179	23.212	28.625	35.236	53.109	79.497	174.63	374.14	783.02	1603.0
25	17.000	26.462	32.919	40.874	62.669	95.396	216.54	478.90	1033.6	2180.1

附录二　1元复利现值系数表

期数＼利率	1%	2%	3%	4%	5%	6%	7%	8%	9%	10%
1	0.9901	0.9804	0.9709	0.9615	0.9524	0.9434	0.9346	0.9259	0.9174	0.9091
2	0.9803	0.9612	0.9426	0.9246	0.907	0.89	0.8734	0.8573	0.8417	0.8264
3	0.9706	0.9423	0.9151	0.889	0.8638	0.8396	0.8163	0.7938	0.7722	0.7513
4	0.961	0.9238	0.8885	0.8548	0.8227	0.7921	0.7629	0.735	0.7084	0.683
5	0.9515	0.9057	0.8626	0.8219	0.7835	0.7473	0.713	0.6806	0.6499	0.6209
6	0.942	0.888	0.8375	0.7903	0.7462	0.705	0.6663	0.6302	0.5963	0.5645
7	0.9327	0.8706	0.8131	0.7599	0.7107	0.6651	0.6227	0.5835	0.547	0.5132
8	0.9235	0.8535	0.7894	0.7307	0.6768	0.6274	0.582	0.5403	0.5019	0.4665
9	0.9143	0.8368	0.7664	0.7026	0.6446	0.5919	0.5439	0.5002	0.4604	0.4241
10	0.9053	0.8203	0.7441	0.6756	0.6139	0.5584	0.5083	0.4632	0.4224	0.3855
11	0.8963	0.8043	0.7224	0.6496	0.5847	0.5268	0.4751	0.4289	0.3875	0.3505
12	0.8874	0.7885	0.7014	0.6246	0.5568	0.497	0.444	0.3971	0.3555	0.3186
13	0.8787	0.773	0.681	0.6006	0.5303	0.4688	0.415	0.3677	0.3262	0.2897
14	0.87	0.7579	0.6611	0.5775	0.5051	0.4423	0.3878	0.3405	0.2992	0.2633
15	0.8613	0.743	0.6419	0.5553	0.481	0.4173	0.3624	0.3152	0.2745	0.2394
16	0.8528	0.7284	0.6232	0.5339	0.4581	0.3936	0.3387	0.2919	0.2519	0.2176
17	0.8444	0.7142	0.605	0.5134	0.4363	0.3714	0.3166	0.2703	0.2311	0.1978
18	0.836	0.7002	0.5874	0.4936	0.4155	0.3503	0.2959	0.2502	0.212	0.1799
19	0.8277	0.6864	0.5703	0.4746	0.3957	0.3305	0.2765	0.2317	0.1945	0.1635
20	0.8195	0.673	0.5537	0.4564	0.3769	0.3118	0.2584	0.2145	0.1784	0.1486
21	0.8114	0.6598	0.5375	0.4388	0.3589	0.2942	0.2415	0.1987	0.1637	0.1351
22	0.8034	0.6468	0.5219	0.422	0.3418	0.2775	0.2257	0.1839	0.1502	0.1228
23	0.7954	0.6342	0.5067	0.4057	0.3256	0.2618	0.2109	0.1703	0.1378	0.1117
24	0.7876	0.6217	0.4919	0.3901	0.3101	0.247	0.1971	0.1577	0.1264	0.1015
25	0.7798	0.6095	0.4776	0.3751	0.2953	0.233	0.1842	0.146	0.116	0.0923

续表

利率 期数	12%	14%	15%	16%	18%	20%	24%	28%	32%	36%
1	0.8929	0.8772	0.8696	0.8621	0.8475	0.8333	0.8065	0.7813	0.7576	0.7353
2	0.7972	0.7695	0.7561	0.7432	0.7182	0.6944	0.6504	0.6104	0.5739	0.5407
3	0.7118	0.6750	0.6575	0.6407	0.6086	0.5787	0.5245	0.4768	0.4348	0.3975
4	0.6355	0.5921	0.5718	0.5523	0.5158	0.4823	0.4230	0.3725	0.3294	0.2923
5	0.5674	0.5194	0.4972	0.4761	0.4371	0.4019	0.3411	0.2910	0.2495	0.2149
6	0.5066	0.4556	0.4323	0.4104	0.3704	0.3349	0.2751	0.2274	0.1890	0.1580
7	0.4523	0.3996	0.3759	0.3538	0.3139	0.2791	0.2218	0.1776	0.1432	0.1162
8	0.4039	0.3506	0.3269	0.3050	0.2660	0.2326	0.1789	0.1388	0.1085	0.0854
9	0.3606	0.3075	0.2843	0.2630	0.2255	0.1938	0.1443	0.1084	0.0822	0.0628
10	0.3220	0.2697	0.2472	0.2267	0.1911	0.1615	0.1164	0.0847	0.0623	0.0462
11	0.2875	0.2366	0.2149	0.1954	0.1619	0.1346	0.0938	0.0662	0.0472	0.0340
12	0.2567	0.2076	0.1869	0.1685	0.1372	0.1122	0.0757	0.0517	0.0357	0.0250
13	0.2292	0.1821	0.1625	0.1452	0.1163	0.0935	0.0610	0.0404	0.0271	0.0184
14	0.2046	0.1597	0.1413	0.1252	0.0985	0.0779	0.0492	0.0316	0.0205	0.0135
15	0.1827	0.1401	0.1229	0.1079	0.0835	0.0649	0.0397	0.0247	0.0155	0.0099
16	0.1631	0.1229	0.1069	0.0930	0.0708	0.0541	0.0320	0.0193	0.0118	0.0073
17	0.1456	0.1078	0.0929	0.0802	0.0600	0.0451	0.0258	0.0150	0.0089	0.0054
18	0.1300	0.0946	0.0808	0.0691	0.0508	0.0376	0.0208	0.0118	0.0068	0.0039
19	0.1161	0.0829	0.0703	0.0596	0.0431	0.0313	0.0168	0.0092	0.0051	0.0029
20	0.1037	0.0728	0.0611	0.0514	0.0365	0.0261	0.0135	0.0072	0.0039	0.0021
21	0.0926	0.0638	0.0531	0.0443	0.0309	0.0217	0.0109	0.0056	0.0029	0.0016
22	0.0826	0.0560	0.0462	0.0382	0.0262	0.0181	0.0088	0.0044	0.0022	0.0012
23	0.0738	0.0491	0.0402	0.0329	0.0222	0.0151	0.0071	0.0034	0.0017	0.0008
24	0.0659	0.0431	0.0349	0.0284	0.0188	0.0126	0.0057	0.0027	0.0013	0.0006
25	0.0588	0.0378	0.0304	0.0245	0.0160	0.0105	0.0046	0.0021	0.0010	0.0005

附录三 1元年金终值系数表

期数 \ 利率	1%	2%	3%	4%	5%	6%	7%	8%	9%	10%
1	1.0000	1.0000	1.0000	1.0000	1.0000	1.0000	1.0000	1.0000	1.0000	1.0000
2	2.0100	2.0200	2.0300	2.0400	2.0500	2.0600	2.0700	2.0800	2.0900	2.1000
3	3.0301	3.0604	3.0909	3.1216	3.1525	3.1836	3.2149	3.2464	3.2781	3.3100
4	4.0604	4.1216	4.1836	4.2465	4.3101	4.3746	4.4399	4.5061	4.5731	4.6410
5	5.1010	5.2040	5.3091	5.4163	5.5256	5.6371	5.7507	5.8666	5.9847	6.1051
6	6.1520	6.3081	6.4684	6.6330	6.8019	6.9753	7.1533	7.3359	7.5233	7.7156
7	7.2135	7.4343	7.6625	7.8983	8.1420	8.3938	8.6540	8.9228	9.2004	9.4872
8	8.2857	8.5830	8.8923	9.2142	9.5491	9.8975	10.260	10.637	11.028	11.436
9	9.3685	9.7546	10.159	10.583	11.027	11.491	11.978	12.488	13.021	13.579
10	10.462	10.950	11.464	12.006	12.578	13.181	13.816	14.487	15.193	15.937
11	11.567	12.169	12.808	13.486	14.207	14.972	15.784	16.645	17.560	18.531
12	12.683	13.412	14.192	15.026	15.917	16.870	17.888	18.977	20.141	21.384
13	13.809	14.680	15.618	16.627	17.713	18.882	20.141	21.495	22.953	24.523
14	14.947	15.974	17.086	18.292	19.599	21.015	22.550	24.215	26.019	27.975
15	16.097	17.293	18.599	20.024	21.579	23.276	25.129	27.152	29.361	31.772
16	17.258	18.639	20.157	21.825	23.657	25.673	27.888	30.324	33.003	35.950
17	18.430	20.012	21.762	23.698	25.840	28.213	30.840	33.750	36.974	40.545
18	19.615	21.412	23.414	25.645	28.132	30.906	33.999	37.450	41.301	45.599
19	20.811	22.841	25.117	27.671	30.539	33.760	37.379	41.446	46.018	51.159
20	22.019	24.297	26.870	29.778	33.066	36.786	40.995	45.762	51.160	57.275
21	23.239	25.783	28.676	31.969	35.719	39.993	44.865	50.423	56.765	64.002
22	24.472	27.299	30.537	34.248	38.505	43.392	49.006	55.457	62.873	71.403
23	25.716	28.845	32.453	36.618	41.430	46.996	53.436	60.893	69.532	79.543
24	26.973	30.422	34.426	39.083	44.502	50.816	58.177	66.765	76.790	88.497
25	28.243	32.030	36.459	41.646	47.727	54.865	63.249	73.106	84.701	98.347

续表

利率 期数	12%	14%	15%	16%	18%	20%	24%	28%	32%	36%
1	1.0000	1.0000	1.0000	1.0000	1.0000	1.0000	1.0000	1.0000	1.0000	1.0000
2	2.1200	2.1400	2.1500	2.1600	2.1800	2.2000	2.2400	2.2800	2.3200	2.3600
3	3.3744	3.4396	3.4725	3.5056	3.5724	3.6400	3.7776	3.9184	4.0624	4.2096
4	4.7793	4.9211	4.9934	5.0665	5.2154	5.3680	5.6842	6.0156	6.3624	6.7251
5	6.3528	6.6101	6.7424	6.8771	7.1542	7.4416	8.0484	8.6999	9.3983	10.146
6	8.1152	8.5355	8.7537	8.9775	9.4420	9.9299	10.980	12.136	13.406	14.799
7	10.089	10.730	11.067	11.414	12.142	12.916	14.615	16.534	18.696	21.126
8	12.300	13.233	13.727	14.240	15.327	16.499	19.123	22.163	25.678	29.732
9	14.776	16.085	16.786	17.519	19.086	20.799	24.712	29.369	34.895	41.435
10	17.549	19.337	20.304	21.321	23.521	25.959	31.643	38.593	47.062	57.352
11	20.655	23.045	24.349	25.733	28.755	32.150	40.238	50.398	63.122	78.998
12	24.133	27.271	29.002	30.850	34.931	39.581	50.895	65.510	84.320	108.44
13	28.029	32.089	34.352	36.786	42.219	48.497	64.110	84.853	112.30	148.47
14	32.393	37.581	40.505	43.672	50.818	59.196	80.496	109.61	149.24	202.93
15	37.280	43.842	47.580	51.660	60.965	72.035	100.82	141.30	198.00	276.98
16	42.753	50.980	55.717	60.925	72.939	87.442	126.01	181.87	262.36	377.69
17	48.884	59.118	65.075	71.673	87.068	105.93	157.25	233.79	347.31	514.66
18	55.750	68.394	75.836	84.141	103.74	128.12	195.99	300.25	459.45	700.94
19	63.440	78.969	88.212	98.603	123.41	154.74	244.03	385.32	607.47	954.28
20	72.052	91.025	102.44	115.38	146.63	186.69	303.60	494.21	802.86	1 298.8
21	81.699	104.77	118.81	134.84	174.02	225.03	377.46	633.59	1 060.8	1 767.4
22	92.503	120.44	137.63	157.41	206.34	271.03	469.06	812.00	1 401.2	2 404.7
23	104.60	138.30	159.28	183.60	244.49	326.24	582.63	1 040.4	1 850.6	3 271.3
24	118.16	158.66	184.17	213.98	289.49	392.48	723.46	1 332.7	2 443.8	4 450.0
25	133.33	181.87	212.79	249.21	342.60	471.98	898.09	1 706.8	3 226.8	6 053.0

附录四　1元年金现值系数表

期数＼利率	1%	2%	3%	4%	5%	6%	7%	8%	9%	10%
1	0.9901	0.9804	0.9709	0.9615	0.9524	0.9434	0.9346	0.9259	0.9174	0.9091
2	1.9704	1.9416	1.9135	1.8861	1.8594	1.8334	1.8080	1.7833	1.7591	1.7355
3	2.9410	2.8839	2.8286	2.7751	2.7232	2.6730	2.6243	2.5771	2.5313	2.4869
4	3.9020	3.8077	3.7171	3.6299	3.5460	3.4651	3.3872	3.3121	3.2397	3.1699
5	4.8534	4.7135	4.5797	4.4518	4.3295	4.2124	4.1002	3.9927	3.8897	3.7908
6	5.7955	5.6014	5.4172	5.2421	5.0757	4.9173	4.7665	4.6229	4.4859	4.3553
7	6.7282	6.4720	6.2303	6.0021	5.7864	5.5824	5.3893	5.2064	5.0330	4.8684
8	7.6517	7.3255	7.0197	6.7327	6.4632	6.2098	5.9713	5.7466	5.5348	5.3349
9	8.5660	8.1622	7.7861	7.4353	7.1078	6.8017	6.5152	6.2469	5.9952	5.7590
10	9.4713	8.9826	8.5302	8.1109	7.7217	7.3601	7.0236	6.7101	6.4177	6.1446
11	10.368	9.7868	9.2526	8.7605	8.3064	7.8869	7.4987	7.1390	6.8052	6.4951
12	11.255	10.575	9.9540	9.3851	8.8633	8.3838	7.9427	7.5361	7.1607	6.8137
13	12.134	11.348	10.635	9.9856	9.3936	8.8527	8.3577	7.9038	7.4869	7.1034
14	13.004	12.106	11.296	10.563	9.8986	9.2950	8.7455	8.2442	7.7862	7.3667
15	13.865	12.849	11.938	11.118	10.380	9.7122	9.1079	8.5595	8.0607	7.6061
16	14.718	13.578	12.561	11.652	10.838	10.106	9.4466	8.8514	8.3126	7.8237
17	15.562	14.292	13.166	12.166	11.274	10.477	9.7632	9.1216	8.5436	8.0216
18	16.398	14.992	13.754	12.659	11.690	10.828	10.059	9.3719	8.7556	8.2014
19	17.226	15.678	14.324	13.134	12.085	11.158	10.336	9.6036	8.9501	8.3649
20	18.046	16.351	14.877	13.590	12.462	11.470	10.594	9.8181	9.1285	8.5136
21	18.857	17.011	15.415	14.029	12.821	11.764	10.836	10.017	9.2922	8.6487
22	19.660	17.658	15.937	14.451	13.163	12.042	11.061	10.201	9.4424	8.7715
23	20.456	18.292	16.444	14.857	13.489	12.303	11.272	10.371	9.5802	8.8832
24	21.243	18.914	16.936	15.247	13.799	12.550	11.469	10.529	9.7066	8.9847
25	22.023	19.523	17.413	15.622	14.094	12.783	11.654	10.675	9.8226	9.0770

续表

期数\利率	12%	14%	15%	16%	18%	20%	24%	28%	32%	36%
1	0.8929	0.8772	0.8696	0.8621	0.8475	0.8333	0.8065	0.7813	0.7576	0.7353
2	1.6901	1.6467	1.6257	1.6052	1.5656	1.5278	1.4568	1.3916	1.3315	1.2760
3	2.4018	2.3216	2.2832	2.2459	2.1743	2.1065	1.9813	1.8684	1.7663	1.6735
4	3.0373	2.9137	2.8550	2.7982	2.6901	2.5887	2.4043	2.2410	2.0957	1.9658
5	3.6048	3.4331	3.3522	3.2743	3.1272	2.9906	2.7454	2.5320	2.3452	2.1807
6	4.1114	3.8887	3.7845	3.6847	3.4976	3.3255	3.0205	2.7594	2.5342	2.3388
7	4.5638	4.2883	4.1604	4.0386	3.8115	3.6046	3.2423	2.9370	2.6775	2.4550
8	4.9676	4.6389	4.4873	4.3436	4.0776	3.8372	3.4212	3.0758	2.7860	2.5404
9	5.3282	4.9464	4.7716	4.6065	4.3030	4.0310	3.5655	3.1842	2.8681	2.6033
10	5.6502	5.2161	5.0188	4.8332	4.4941	4.1925	3.6819	3.2689	2.9304	2.6495
11	5.9377	5.4527	5.2337	5.0286	4.6560	4.3271	3.7757	3.3351	2.9776	2.6834
12	6.1944	5.6603	5.4206	5.1971	4.7932	4.4392	3.8514	3.3868	3.0133	2.7084
13	6.4235	5.8424	5.5831	5.3423	4.9095	4.5327	3.9124	3.4272	3.0404	2.7268
14	6.6282	6.0021	5.7245	5.4675	5.0081	4.6106	3.9616	3.4587	3.0609	2.7403
15	6.8109	6.1422	5.8474	5.5755	5.0916	4.6755	4.0013	3.4834	3.0764	2.7502
16	6.9740	6.2651	5.9542	5.6685	5.1624	4.7296	4.0333	3.5026	3.0882	2.7575
17	7.1196	6.3729	6.0472	5.7487	5.2223	4.7746	4.0591	3.5177	3.0971	2.7629
18	7.2497	6.4674	6.1280	5.8178	5.2732	4.8122	4.0799	3.5294	3.1039	2.7668
19	7.3658	6.5504	6.1982	5.8775	5.3162	4.8435	4.0967	3.5386	3.1090	2.7697
20	7.4694	6.6231	6.2593	5.9288	5.3527	4.8696	4.1103	3.5458	3.1129	2.7718
21	7.5620	6.6870	6.3125	5.9731	5.3837	4.8913	4.1212	3.5514	3.1158	2.7734
22	7.6446	6.7429	6.3587	6.0113	5.4099	4.9094	4.1300	3.5558	3.1180	2.7746
23	7.7184	6.7921	6.3988	6.0442	5.4321	4.9245	4.1371	3.5592	3.1197	2.7754
24	7.7843	6.8351	6.4338	6.0726	5.4509	4.9371	4.1428	3.5619	3.1210	2.7760
25	7.8431	6.8729	6.4641	6.0971	5.4669	4.9476	4.1474	3.5640	3.1220	2.7765

参考文献

[1]中国注册会计师协会:《财务成本管理》,中国财政经济出版社 2012 年版。

[2]财政部会计资格评价中心:《财务管理》,经济科学出版社、中国财政经济出版社 2014 年版。

[3]王化成:《财务管理》,中国人民大学出版社 2010 年版。

[4]王庆成、李相国:《财务管理学》,中国经济科学出版社 2006 年版。

[5]胡玄能:《公司财务管理》,清华大学出版社、北京交通大学出版社 2008 年版。

[6]谷祺、刘淑莲:《财务管理》,东北财经大学出版社 2007 年版。

[7]袁振兴:《经典财务管理案例分析教程》,立信会计出版社 2009 年版。

[8]张红、景云霞:《财务管理教程与实训》,北京大学出版社 2007 年版。

[9]盛均全、原晓燕:《财务管理学》,北京大学出版社 2007 年版。